ABOUT MONEY
돈의 인문학

→ 지금 우리에게 필요한 돈과 경제에 대한 통찰 ←

· 홍익희 지음 ·

가나다

지금껏 가본 적 없는
새로운 상황에 처한 세계 경제

위기가 판을 바꾼다

2020년 3월. 미국에서 장단기 금리 역전이 일어난 지 딱 1년 만에 코로나19가 세계 경제위기의 방아쇠를 당겼다. 세계 경제에 몰아친 위기는 늘 같은 얼굴이 아니었다.

1929년에는 풍부한 유동성을 갑자기 옥죄면서 세계 대공황이 엄습했다. 2008년 글로벌 금융위기는 무리하게 부동산 경기를 부양시켜 경제를 살리려다 파생상품이 트리거(trigger, 어떤 일이 촉발하게 되는 계기)가 되어 발생했다.

2008년 금융위기 당시 경제위기를 대처하는 과정에서 미 연방준비위원회(FED, 이하 연준으로 통칭)는 월스트리트의 버티기 작전에 휘말려 부실채권을 제대로 해결하지 못하자 유동성을 살포하는 양적완화 정책을 시행했다. 당시 연준 의장이었던 벤 버냉키가 '헬리콥터 버냉키'라는 별명을 얻은 이유다.

대량의 유동성 살포에도 이는 시장 전체에 골고루 퍼지지 않고 금융권을 통해 극소수 상위층에 흡수되어 주식과 부동산 등 자산 가격만 부풀려졌다. 중산층과 서민들은 소외되어 사회 전체적으로 소비 부진이란 결과를 낳았다. 이러한 소득불평등과 부의 편중으로 인한 금융자본주의의 문제인 심각한 빈부격차는 코로나19라는 전염병을 맞아 수면 위로 노출되었다.

이번 경제위기를 대처하는 과정에서 자본주의 종주국인 미국이 대규모 재정부양책을 발표하면서 그 속에 포퓰리즘 논란을 일으킨 '기본소득'과 정부 주도 통화정책인 '현대통화이론'을 전격 받아들였다. 기존 통화시스템이 자산시장만 부풀려 빈부격차를 늘렸다는 반성의 시작이었다. 연준 자료를 통해 소득불평등과 부의 편중의 심각성을 살펴보자.

2017년 연준이 발표한 자료를 보면 그동안 미국에서 소득이 늘어나는 계층은 최상위 1%밖에 없었다. 2016년에 최상위 1%가 미국 전체 소득의 23%가량을 차지했다. 이 비율은 24%로 정점을 찍은 1929년 세계 대공황 이래 최고 수준이다. 소득 정체 현상을 보이는 차상위 9%는 전체 소득의 25%가량을 가져갔다.

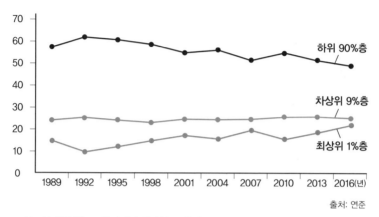

미국의 소득 계층별 소득점유율 (단위%)

출처: 연준

···→ 2017년 연준 발표, 맨 아래의 최상위 1%층만 소득이 늘고 있다.

이 둘을 합하면 상위 10%가 미국 전체 소득의 절반 가까이 가져간다. 남은 절반을 미국 전 국민의 90%가 나누어 갖는데, 불행하게도 이 수치는 매년 줄어들고 있다. 극단적인 소득불평등이 발생하고 있는 것이다. 이런 현상은 다시 말하면 중산층이 붕괴해 하류로 전락하고 있다는 의미다. 사회의 허리인 중산층이 줄어들면 건전한 자본주의 사회는 지탱하기 어렵다. 자본주의에 대한 심각한 도전이다.

이러한 현상을 바로잡으려고 나온 대안이 '기본소득'과 '현대통화이론'이다. 2008년 글로벌 금융위기 이후 나온 양적완화 정책의 수혜를 상위 10%가 독점했다. 미국 정부는 이를 의식하며 이번 부양책은 하위 90%와 소상공인의 재해를 보상할 수 있는 '점적관수'*식 지원책을 채택했다.

역사적으로 소득불평등과 빈부격차를 해소한 사례를 보면 큰 규모의 인구이동을 수반하는 전쟁, 혁명, 국가 붕괴, 전염병 창궐 등이 원인**이었다. 코로나19 역시 금융 자본주의의 판을 '포용 자본주의'로 바꾸고 있다. 포용 자본주의의 핵심은 소득 양극화를 해소할 불평등하고 불합리한 제도의 개선이다. 이를 위해서는 기득권의 독점적 자본과 권력의 결탁을 끊어내는 시스템 개혁이 필요하다.

이번 경제위기에는 연준의 통화정책 보다는 정부의 재정정책에 무게가 실렸다. 월스트리트가 아닌 메인스트리트 곧 금융시장이 아닌 실물시장의 소비자와 기업들에게 직접 돈을 공급하기 시작한 것이다. 비록 긴급재난상황이긴 하지만 '통화주도권'이 연준에서 정부로 넘어오고 있다. 통화시장의 판이 원천적으로 바뀌고 있는 것이다. 자정능력을 상실했던 통화금융 판에 코로나19가 새로운 방안을 제시하고 있다.

---

* 물을 스프링클러로 공중에 대고 살포하지 않고 호스에 작은 구멍을 뚫어 작물 뿌리에 필요한 양만큼만 정확히 공급하는 방법이다.
** 《불평등의 역사》, 에코리브르, 발터 샤이델

사상 초유의 경제 환경, '저금리, 저투자, 저성장, 저물가'

인류는 지금까지 접하지 못했던 초유의 경제 환경에 직면해 있다. '저금리, 저투자, 저성장, 저물가'가 바로 그것이다.

이론상 금리가 낮으면 투자와 소비가 살아나는 법이다. 그런데 세계적인 초저금리임에도 투자와 소비가 살아나지 않고 있다. 그러다 보니 성장이 둔화되고 저물가가 지속되고 있다.

이러한 현상이 어제오늘의 일이 아니라 2008년 글로벌 금융위기 이후 발생한 현상으로 이제는 거의 일상화되어가고 있다. 금융인들과 일부 경제학자들은 이를 '뉴노멀(New Normal)'이라 부른다. 새로운 경제적 기준이란 뜻이다. 이 단어는 '저성장, 저소득, 저수익률, 고위험'을 특징으로 하는 새로운 투자기준을 의미하기도 한다. 저수익임에도 큰 위험이 따를 수 있다는 투자 리스크를 암시하고 있다. 그러다 보니 기업들은 투자를 선뜻 결정하지 못하고 사내유보금만 쌓여가고 있는 실정이다.

세계 경제는 2008년 글로벌 금융위기 이후 저성장의 늪에 빠져 있다. 최근 들어 저성장이 더욱 가속화되고 있다. 우리 경제도 이러한 현상에서 예외가 아니다. 활력이 심각하게 둔화되고 있다. 장기불황 경고음이 울리고 있는 것이다.

사상 최대 유동성, 사상 최대 재정 적자, 사상 최대 부채

이러한 현상을 타개하기 위해 각국 정부는 '사상 최대'라는 무기들을 동원했다. '사상 최대 유동성, 사상 최대 재정 적자, 사상 최대 부채'로 밀어붙이고 있다.

2008년 이전까지만 해도 미국 연준의 자산 곧 본원통화발행액은 9,000억 달러를 넘지 않았다. 그나마 달러 지폐의 60%는 해외에서 유통되고 있었다. 그러던 통화시장에 연준의 돈 풀기 작전, 곧 양적완화가 실행되었다. 이로써 2008년 글로벌 금융위기로 인한 전대미문의 미국의 양적완화는 3차까지 이어지며 6년간 약 3조 7,000억 달러가 풀렸다. 미국은 이 과정에 재정정책도 곁들여 사상 최대의 재정 적자를 펼치며 수요를 견인했다. 이 결과는 당연히 사상 최대의 부채를 동반할 수밖에 없었다. 2019년 말 미국의 실업률은 놀랍게도 3.5%였다. 돈을 풀고 재정 적자를 늘려 미국 경제를 살린 것이다.

이러한 '사상 최대 유동성, 사상 최대 재정 적자, 사상 최대 부채'는 미국만의 정책이 아니라 중국, EU, 일본 등도 마찬가지다. 경제를 살리기 위해 일단 지르고 보는 것이다. 특히 중국은 미국보다 더 많은 유동성을 풀어 경제 성장을 유도했다.

그런데 이번 코로나19 사태로 이 기록이 깨졌다. 연준은 2020년 3월~5월, 3개월 만에 자산이 4조 2,000억 달러에서 69% 증가해

7조 1,000억 달러에 달했다. 연준은 부채 위기의 기업들을 구하기 위해 국채나 모기지 채권뿐 아니라 회사채와 기업어음도 사주고 있다. 연말에는 연준의 자산, 곧 본원통화 발행액이 9조 달러에 달할 전망이다. 이번에도 미국만이 아니라 중국, EU, 일본 등도 대량의 유동성을 풀어 위기에 대처하고 있다.

2020년 4월 27일 기준, 연준 자산 6조 5,000억 달러, 일본은행 610조 엔(5조 달러), EU중앙은행(ECB) 5조 유로(5조 9천억 달러)로 달러 기준 세계 3대 중앙은행의 총자산은 17조 5,000억 달러에 달한다. 일본이 EU보다도 더 많은 돈을 풀었다는 점이 특이하다. 중국은 공개하고 있지는 않지만 이들 나라 못지않은 유동성

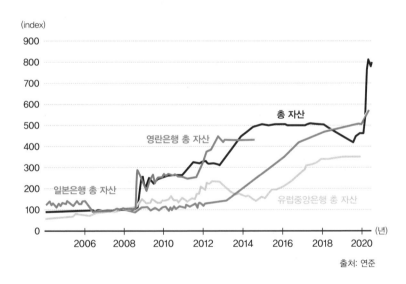

출처: 연준

을 풀어 위기에 대처하고 있는 것으로 추정된다.

각국이 유동성의 홍수로 경제를 지탱하고 있다. 문제는 홍수가 지나치면 경제를 싹 쓸어갈 수도 있다는 점이다.

구조적 장기불황이 인구절벽과 겹치면서 복합적 사회문제로
현대의 구조적 장기불황의 문제는 '공급과잉과 수요부진'이 가장 큰 원인이다. 정보통신기술의 발달과 생산성의 획기적 증대로 공급은 과잉인 반면에 사상 최대의 소득불평등과 가계부채로 수요는 부진하다. 세상은 이 문제들을 해결하지 않는 한 더 이상 성장이 어려운 환경이 되었다.

여기에 더해 인공지능 등 과학기술의 발전은 인류에게 많은 유익도 주겠지만 근본적으로 인간의 일자리를 위협하고 있다. 우리는 한 번도 도래한 적 없는 낯선 세계와 마주하고 있다.

특히 인구감소는 저출산과 고령화가 맞물리면서 국가 소멸을 걱정해야 하는 처지가 되었다. 2019년 기준 우리나라 합계 출산율은 0.92명이다. 이는 세계 '꼴찌'이다. 1971년 우리나라의 출생 아동 수는 100만 명이 넘었는데 이제는 30만 명대로 떨어졌다. 매년 태어나는 신생아 수가 50년도 채 안되어 3분의 1 이하로 감소하면서, 세계에서 인구가 가장 빨리 줄어드는 나라가 되었다.

당장 2020년부터 사망자가 출생아보다 많아지는 인구 자연감소가 시작되면서 인구절벽이 현실로 다가왔다.

유엔이 예측하는 향후 최장수국가가 우리나라이다. 하지만 이러한 최장수 예측이 마냥 기쁘지만은 않은 것은 우리나라 노인의 삶의 질이 OECD 국가 중 최하위로 노인 자살률이 가장 높기 때문이다. 노인 인구 절반이 인간의 마지막 인격조차 보호하기 힘든 극빈층에 속해 있다. 우리나라는 과거 여성인력을 산업화하여 경제부흥을 이루었듯이 앞으로는 노인 인구를 산업화하여야 이 절박한 위기를 극복할 수 있다.

이렇게 구조적 장기불황이 저출산·고령화와 겹치면서 우리나라는 이제까지 인류가 겪어보지 못했던 엄청난 어려움과 혼란에 직면할 것이다. 당장 많은 학교와 학원들이 사라질 것이고, 종국에는 인구절벽이 부동산시장을 붕괴시킬 것이다. 노동 가능 인구의 급격한 감소로 생산이 줄어들고 세수 또한 감소하여 국가의 재정지출조차 어려워지는 상황이 도래할 수 있다. 또한 청장년층이 줄어들면서 나라의 활력이 떨어지고 내수시장의 수축 또한 불가피하다. 이렇게 국력 문제만이 아니라 경제, 사회, 문화, 교육 등 전반적 분야에서 엄혹한 현실과 마주해야 한다.

금융자본주의의 근본적 문제

1971년 닉슨쇼크로 금과 달러의 고리가 떨어져 나간 이후 미국은 근원인플레이션*이 허용하는 한도 내에서 달러를 무제한으로 발행해 왔다. 이로 인해 노동으로 부가가치를 높이는 GDP보다 금융자산으로 부를 늘리는 자산소득이 서너 배 앞서가는 금융자본주의가 세계 경제와 부를 주도해 왔다.

1970년만 해도 세계 금융자산의 규모는 세계 총생산 규모의 절반에 불과했다. 그러던 것이 10년 마다 2배씩 증가하여 2000년대 들어서는 세계 금융자산의 규모가 세계 총생산 규모의 거의 4배에 육박했다. 심지어 헤지펀드가 주로 운영했던 파생상품 중 신용부도스와프 시가총액은 2007년 말에 62조 달러에 달해 당시 세계 총생산액 54조 달러보다도 커졌다. 인간의 속성이 투기로 치달아 단일 파생상품의 규모가 세계 총생산액보다도 커진 것이다. 이로 인해 터진 게 2008년 글로벌 금융위기였다.

2008년 글로벌 금융위기의 교훈은 약효가 떨어진 지 오래다. 글로벌 금융위기 이후 양적완화로 유동성이 폭증하자 투기 거래가 급등했다. 2017년 연말 기준 세계 파생상품 시가총액은 무려 544조 달러에 달해 세계 총생산액 규모 78조 달러, 세계 주식시

---

*　현행 소비자 물가에서 일시적 외부충격에 의한 물가 변동이 큰 상품 곧 곡물 이외의 농산물, 석유류 등을 제외한 물가상승률을 말함

장 규모 81조 달러, 세계 채권시장 규모 215조 달러보다도 훨씬 더 커졌다. 인간의 탐욕, 특히 월가의 탐욕은 끝을 모른다.

이러한 금융자산과 유동성의 획기적 증대는 주식과 부동산 등 자산 가격의 상승을 불러와 저성장, 저소득 국면에도 자산가들의 소득과 부를 급격히 늘려주고 있다. 사회적으로는 이로 인한 경제 양극화가 극에 달하고 있다. '소득불평등 심화, 부의 편중' 등이 그것이다. 이제는 상위 1%의 부가 세계 전체 부의 거의 절반에 육박한다. 금융자본주의의 폐해가 누적되고 있는 것이다.

소득불평등 심화와 부의 편중은 결국 중산층의 붕괴로 이어져 자본주의 존속을 위험하게 할 뿐 아니라 당장 사회 전체의 소비 감소로 이어져 세계 경제는 더 어려워질 수밖에 없다.

사회적 양극화 극에 달해

이러한 양극화 문제는 경제적 현상에 국한되지 않고 사회, 정치, 외교 등 전 방위적으로 확산되고 있다. 있는 자와 없는 자, 기득권자와 신규 진입 세력, 세대 간 갈등, 보수와 진보, 자유경제주의와 사회주의 등 계층 간 갈등과 각종 이데올로기 문제로 갈라져 싸우는 게 일반화되었다.

국제 관계도 보편적, 합리적 질서가 아닌 자국 중심주의가 판치고 있다. 각자 자기 살기 바쁜 것이다. 심지어 일부 정치가들의 독선과 아집이 세계를 더욱 예측 불가능한 상황으로 몰고 가고 있다. 이때 튀어나온 것이 '미중 무역전쟁'이다.

이로 인해 미래에 대한 불가측성이 높아지고 있다. 무역전쟁은 본격적인 환율전쟁과 심각한 패권전쟁으로 치달을 수밖에 없다. 이제는 경제와 정치 그리고 경제와 국제 관계를 따로 떼어내어 생각할 수 없는 환경에 이르렀다.

많은 경제학자와 애널리스트들이 지금의 경제위기 상황을 분석한다. 경제 이론적으로 분석하기도 하고, 정치적으로 분석하기도 하고, 투자 측면에서 실용적으로 분석하여 대안을 내놓기도 한다. 나는 인문학자의 입장에서 경제사적 반추와 사회학적 조망으로 지금의 경제 현상을 분석하고자 한다.

이 책에서는 앞에서 이야기한 경제 현상에 대해 더 자세히 알아보고, 그 배경을 추적하고자 한다. 더불어 우리나라와 개인은 어떻게 뉴노멀 시대를 건널 수 있을지, 대안도 살펴볼 생각이다.

CONTENTS

1부
한국 경제에서 돈의 흐름을 쫓다

2부
세계 경제에서 돈의 흐름을 읽다

3부

화폐경제에서 돈의 흐름을 보다

4부

뉴노멀 시대 돈의 흐름을 예측하다

ABOUT MONEY

한국 경제에서
돈의 흐름을 쫓다

세계 최빈국 한국은 어떻게 수출 6강이 되었을까?

폐허에서 시작한 기록적인 경제 성장

6·25전쟁의 잿더미에서 맨손으로 출발한 우리 경제가 이제는 수출 규모 세계 7위이다(2019년 기준). 무에서 유를 창조한 것이나 다름없다. 더구나 그 격동기에 우리나라는 선진국들이 200년 이상에 걸쳐 이룬 '산업화와 민주화'를 압축적으로 일구어냈다. 우리 선배들이 땀과 피로 이룬 것이다.

1950년대 한국은 아프리카의 나라들보다도 못했다. 전쟁이 끝난 1953년의 1인당 소득은 67달러로 세계 최빈국 중 하나였다. 8년이 지난 1961년에조차 1인당 소득은 82달러로, 179달러였던 아프리카 가나의 절반에도 못 미쳤다. 그마저도 미국 원조 덕이었다. 전쟁 복구가 시작된 1953년부터 1961년까지 미국으로부터 무려 23억 달러 규모의 원조를 받았다. 당시 수출액과 비교해보면 이것이 얼마나 큰 금액이었는지 알 수 있다.

1962년 무렵 우리 수출 규모는 5,000만 달러였다. 그해 정부 주도로 처음 경제 개발계획이 시작되었다. 같은 해 '대한무역진흥공사'(KOTRA)가 설립되었다. 당시 수출 거리라곤 광물과 수산물밖에 없었다. 변변한 자원은 없지만 한번 해보자고 무역 진흥의 기치를 내걸고 달리기 시작했다.

1963년, 농촌 아낙들이 키운 누에고치에서 생산해낸 생사* 수출량이 크게 늘면서 1964년에 1억 달러 수출을 달성했다. 이를 기념하여 '수출의 날'**이 제정되었다. 이때부터 수출에 나라의 명운을 걸고 전 국민이 달렸다.

그리고 6년 뒤 1970년에 수출 10억 달러를 넘어섰다. 또 그로부터 7년 뒤 수출 100억 달러를 돌파했다. 100억 달러! 당시로써는 쉽게 믿기지 않는 숫자였다. 당시 대통령은 그날 일기에 이렇게 적었다고 한다.

---

* 고치에서 뽑아낸 가공하지 않은 실
** 11월 30일. '무역의 날'의 첫 명칭

"10억 불에서 100억 불이 되는 데 서독은 11년, 일본은 16년 걸렸다. 우리는 불과 7년 걸렸다. 새로운 출발점으로 삼자. 새로운 각오와 의욕과 자신을 가지고 힘차게 새 전진을 다짐하자."

이렇게 달려 2011년 수출액은 5,500억 달러를 넘어섰다. 이탈리아를 제치고 수출 7대국의 하나가 되었다. 50년도 채 안 된 사이에 11,000배나 증가한 것이다. 2015년 3월 프랑스 신문은 '한국에게 수출 총액이 추월당했음'을 보도했다. 이로써 우리는 프랑스를 제치고 수출 6강이 되었다.

세계은행에 따르면 1960년대 이후 30년 동안 한국의 경제 성장률이 세계 197개국 가운데 가장 높았다 한다. 우리는 자그마치 30년을 1등으로 달려온 민족이다. 세계 경제사에 유례가 없다. 바깥을 향한 경제 정책이 우리 민족을 일으켜 세운 것이다.

1960년 이후 50년간 세계 경제는 6배 커졌고 우리나라 국내 총생산은 34.5배나 늘어났다. 이 역시 역사상 가장 빠른 성장이다. 유대인이 주축이 되어 이룩한 근대 경제사도 우리 한민족의 업적에는 비할 바가 못 된다. 16세기 식민지 개척으로 근대 최초의 제국을 건설했던 스페인은 1,000년 동안에 1.6배, 16~17세기 해상무역 강국이었던 네덜란드는 200년 사이에 5.6배, 18세기 산업혁명으로 패권 국가가 된 영국은 170년 동안에 9.4배 성장했다. 미국은 1870년부터 1940년까지 9.5배, 일본은 1913년부터 1970년까지 14.1배 각각 성장했다.

1950년대, 중석이 한국 수출을 먹여 살리다

광복 직후인 1946년 우리나라의 대표적인 수출 품목은 중석*과 오징어, 수출 대상국은 미국과 일본 단 두 나라였다. 연간 수출액은 350만 달러에 불과했다. 1950년대에 와서도 우리에게는 이렇다 할 수출 품목이 없었다. 땅속과 바닷속에서 찾아낸 광물과 수산물이 고작이었다. 땅속에서 파낸 광물은 미국에 팔고 바닷속에서 건져올린 수산물은 일본에 팔았다.

수출 품목 중 광물의 비중이 60~80%, 광물 중에도 중석의 주요 생산지였다. 당시 세계 최대의 중석 광산은 강원도 영월의 상동광산으로 한때 세계 생산량의 15%를 점유했다.

1950년 한국전쟁은 세계적으로 군수산업에 대한 관심을 높여 해외시장에서 중석을 비롯한 광산물 수요를 급증시켰다. 이로 인해 중석 가격이 폭등했고 1951년부터 광산물 수출이 활기를

---

* 텅스텐(tungsten), 금속 중 가장 높은 섭씨 3,410도의 녹는 점을 가짐. 강철에 중석을 5% 섞으면 강철이 더욱 강해져 높은 온도에도 변형되지 않아 강한 열을 이겨내야 하는 필라멘트, 무기 재료, 특수강, 초경합금의 소재로 쓰임.

띠었다. 중석은 1950년대 내내 우리나라 1위 수출 상품이었다.

특히 중국이 공산화되면서 중석 확보에 어려움을 겪고 있던 미국은 1952년 3월, 2년에 걸쳐 1만 5,000톤을 수입해가기로 계약했다. 이듬해 우리나라 수출 총액 3,958만 달러 가운데 68%가 중석 수출로 벌어들인 돈이었다.

한국 수출 역사를 함께 한 대한중석

우리나라 중석의 역사는 1916년 4월 강원도 영월의 상동광산에 광물이 발견되자 1923년 일본인이 광산을 여는 것으로 시작된다. 이후 1952년 대한중석이 설립되어 강원 상동광산과 경북 달성광산을 인수해 운영했다. 1960년도 당시 대한중석은 우리나라 유일의 외화벌이 국영기업이었다. 회사의 수출액이 국가 전체 수출액의 약 60%를 차지했다.

그 무렵 정부는 농업 중심의 1차 산업에서 2차 산업인 제조업으로 발전시키려면 무엇보다 산업의 쌀인 철강생산이 절실하다고 판단했다. 그리고 정부는 제2차경제개발 5개년 계획(1967년~1971년)에 종합제철소 건설 계획을 포함했다. 당시 믿을 건 '중석불'뿐이었다. 1968년 4월 정부는 대한중석과 합작으로(정부 75%, 대한중석 25%) 포항제철을 설립했다.

1970년대 대한중석은 중석을 소재로 하는 초경합금 공장을
건설해 제조업에 뛰어들었다. 그러나 1980년대 이후 세계 최대
매장국인 중국이 중석 수출 시장에 뛰어들면서 공급이 넘쳐났다.
중석의 국제 시세가 톤당 38달러로 폭락했다. 당시 국내 생산원
가는 98달러였다. 우리 중석 산업은 사양 산업이 되었다. 1994년
결국 상동광산은 폐쇄되었다.

　　같은 해 3월, 문민정부의 공기업 민영화 방침으로 거평그룹이
대한중석을 인수했다. 민영화 1호 기업이 되었다. 그러나 이후
불어 닥친 외환위기로 거평그룹조차 부도가 나 망하자 대한중석
은 낙동강 오리알이 되었다. 이때 대한중석을 눈여겨본 이스라엘
에 본사를 둔 금속가공 다국적기업 IMC(International Metalworking
Companies)그룹은 1998년 대한중석을 인수했다. 1호 외국 매각기
업이었다.

　　IMC는 대한중석 상호를 '대구텍(TaeguTec)'으로 바꾸고 지금
까지 절삭공구를 생산하고 있다. 대구텍이 IMC에 인수될 당시
매출은 1,000억 원 수준이었지만 현재 연 매출은 약 5,000억 원
이다. 대구텍은 한국 절삭 분야 1위일뿐 아니라 생산량의 65%
이상을 수출하고 있다.

워런 버핏이 투자한 대구텍

이런 IMC의 경영활동을 눈여겨보는 사람
이 있었다. 바로 세계 최대 갑부이자 투자
가인 워런 버핏이다. 그는 2006년 대구텍
을 포함해 IMC의 경영상황을 철저하게 분
석한 후 이를 사들였다. 버핏은 이에 그치지
않고 상동광산 운영업체인 상동마이닝을

워런 버핏

주목해 2007년과 2011년 두 번이나 한국을 방문했다.

2012년 3월 초 상동마이닝은 IMC그룹과 총 7,500만 달러 규
모의 투자협약을 체결하고 상동광산 재개발에 착수했다. 광물 탐
사 및 경제성 평가기관인 워드롭사(Wardrop Engineering Inc.)가 발
표한 자료를 보면 상동광산 상층부 광량만 앞으로 10년 이상 개
발이 가능한 3,500만 톤에 이른다고 한다. 중석의 질도 최상급
으로 1억 300톤이 묻혀 있는 것으로 추정하고 있다. 이는 향후
100~200년간 채광이 가능한 양이다.

세계적으로 중석 수요가 늘면서 국제 가격은 1994년 10kg당
38달러에서 2013년 1월 350달러를 웃돌았다. 상동광산의 중석
과 몰리브덴 매장량의 잠재 가치가 600억 달러 이상으로 평가되
었다. 상동광산은 중석 매장량에서 단일 광산으로는 세계 최대이
다. 버핏이 이 같은 호재를 눈여겨봤을 것이라는 분석이다.

관련 업계에 따르면 버핏이 광물자원에 투자한 것은 처음이다. 중석은 희토류와 함께 세계적으로 확보전이 치열한 전략광물이다. 주로 백열등 필라멘트, 절삭공구, 무기, 골프채, 전기전자부품에 주로 쓰이지만, 최근에는 의료기기, LCD, LED, 우주산업 관련 필수 광물로 수요가 크게 늘고 있다.

상동광산은 단일 광산 기준으로 중석(텅스텐) 매장량이 세계 최대이다. 그만큼 투자처로서는 높은 가치를 지닌 곳이다. 특히 중국 정부의 희토류 수출 규제 강화로 희토류 확보 경쟁이 치열해지면서 광물 투자가 주목받고 있다. 이런 추세에 맞춰 '투자의 귀재' 워런 버핏이 상동광산에 투자한 것이다.[*]

수산물은 일본에 수출하다

광물 외에 국내 주요 수출 품목의 20~30%는 오징어, 한천(우뭇가사리 가공품), 김 등 수산물이었다. 그 무렵 품질 좋은 수산물은 일본에 수출하고 품질에 미달하는 하치들이 우리네 몫이었다.

1960년대 '수출 제1주의'를 기치로 원양업에 진출했다. 원양어업은 참치잡이가 주력이었다. 1970년대부터 수출 고도성장기

---

[*] 참고자료: '부산세관박물관장', 월간조선, 2012. 4월호, 권세진 기자 등

를 거쳐 1980년대에 10억 달러, 2000년대에 20억 달러를 달성했다. 2018년 김 제품은 국내산 수산물 중 최초로 수출 5억 달러를 달성하며 세계 1위 김 수출국이 되었다. 2019년 김 수출액은 5억8,000만 달러였다.

1953년 일본에 첫 수출을 시작한 김은 1960년대 초 수출 효자 품목으로 당시 우리나라 전체 수출액의 25%까지 차지한 적도 있었다. 1970년대는 대량 양식으로, 2000년대 조미김으로 수출이 늘어났다. 그리고 2010년, 김 수출액 1억 달러를 달성한 후 수출 실적이 연평균 30%씩 증가해 2015년에는 수출액이 3억 달러를 돌파하고, 2018년에는 무려 5억 달러를 넘어섰다.

그리고 최근 김의 세계화 현상이 두드러지고 있다. 이제는 미국이 일본을 제치고 우리 김의 최대 수입국이 되었다. 김은 웰빙, 채식 열풍과 더불어 앞으로도 성장가치가 높다. 게다가 세계적으로 주목받는 한류의 힘이 먹거리에도 변화를 일으키고 있다.

수출 품목 늘리기 위한 '수출장려보조금 제도'

6·25전쟁 후 사람들은 극심한 굶주림에 시달려야 했다. 정부는 기아 해결을 위해 국민에게 농산물 재배를 독려했다. 그 무렵 우리 국민의 70%가 농민이었다.

문제는 농민 대부분은 추수한 농작물로 빚을 갚고 이자, 세금, 학비 등을 뗀 다음, 남은 식량으로 초여름 보리 수확 때까지 견뎌야 한다는 것이었다. 대농을 제외하곤 대부분 봄이 되면 양식이 떨어졌다. 가을에 수확한 양식이 바닥나고, 보리는 미처 여물지 않은 5~6월, 이 춘궁기(春窮期)를 보릿고개라 불렀다. 1960년대까지도 이 보릿고개 때문에 농민들은 큰 어려움을 겪었다.

정부는 국민들에게 농산물 재배를 독려했다. 이렇게 국내 기아를 해결하고 생산된 곡물을 수출하려 해도 가격이 안 맞았다. 수출 원가가 국제시세보다 높았기 때문이다. 이를 타개할 묘안이 필요했다. 정부가 만든 묘안은 '수출장려보조금 제도'였다. 수출하는 게 바람직한 품목에 대해 수출로 인한 결손액을 정부가 보조하기로 한 것이다.

1954년 11월, 이 제도가 처음 시행되었다. 그 뒤 수출 부문에서 농산물이 차지하는 비중은 높아져, 1955년 6.1%, 1958년 14.9%, 1959년 21.5%, 1960년 30.5%로 늘어났다. 그간의 광물 위주의 수출에서 농수산물 비중이 그다음으로 커진 것이다.

중국보다 앞섰던 놀라운 북한 경제

북한은 태생적으로 남한보다 경제력 면에서 강할 수밖에 없었다.

일제 강점기 시절, 일본은 기본적으로 한반도 북부는 공업 위주로, 남부는 농업 위주로 판을 짰다. 수풍 발전소나 흥남비료 공장을 비롯해 산업 시설의 대부분이 북한에 있었다. 단적으로 남한의 전력 생산은 북한의 4%에 불과했고 공업 생산량 또한 14%에 지나지 않았다.

더구나 해방 후에 북한에 진주한 소련군은 일본인 기술자 900명을 붙잡아 두고 단절 없이 공장을 가동시킨 반면, 남한은 일본인을 모두 내쫓아 공장 태반이 가동을 멈추었다. 일반적으로 경제의 3대 요소를 자본·기술·경영이라고 하는데, 해방으로 일본이 한반도에서 물러간 후 일본인들이 소유하고 있던 자본과 기술과 인력이 이 땅을 빠져나가면서 남한의 산업은 마비 상태에 빠졌다.

개혁 속도도 북한이 빨랐다. 북한은 해방 이듬해 바로 토지개혁을 실시했다. 그리고 주요 산업을 모두 국유화했다. 공산당은 인력과 자원을 동원해 기간산업 건설에 매진할 수 있었다.

북한은 한국전쟁 기간 동안 많은 산업 시설이 파괴됐고, 민간인 40만~48만 명을 포함해 100만 명 이상이 죽었다. 그럼에도 북한이 이룬 성장은 놀라웠다. 좁은 땅덩이에 자원도 부족하고 원조도 거의 받을 수 없는 조건에서 급속한 성장을 이루었다.

1950~1960년대 북한은 전쟁의 폐허 위에서 기적을 만들었

다. 특히 1953년부터 1956년까지 진행된 경제 계획은 연평균 경제 성장률 41.7%라는 엄청난 기록을 가져다줬다. 이것은 세계 신기록 수준이었다. 한국전쟁 이후 10년 동안 북한의 연평균 경제 성장률은 25%를 유지했다. 노동자의 임금과 자원 동원에 거의 돈이 안 드는 공산 정권의 힘이었다.

1960년의 1인당 GDP는 북한 325달러, 남한 94달러였다. 당시 북한의 경제 규모는 세계 50위인 반면 남한은 101위였다.

1960년대 수출 주역, 아낙들의 누에치기에서 시작

양잠(養蠶)은 고대로부터 한민족의 특기이자 왕가의 중요한 장려 거리였다. 왕후가 직접 뽕잎을 따고 누에를 치는 조선 시대의 친잠례(親蠶禮)는 종묘와 사직 다음으로 중요한 행사였다. 또한 염색 기술이 일찍이 발달한 삼국시대에는 비단이 중요한 수출 상품이었다. 특히 중국에서 명품 비단으로 유명했다. 그 무렵 중국에서 생지를 들여다 염색해서 되파는 가공무역도 발달했다.

일본 강점기 때는 뽕나무 묘목과 누에를 농민들에게 강매했다. 이는 조선 농가를 일본의 잠사원료 기지화하기 위한 것이었다. 덕분에 우리 농촌에는 양잠 농가들이 어느 정도 널리 퍼져 있었다. 당시 농민이 보릿고개 곧 춘궁기인 봄에 돈을 만져볼 방법은 산비탈을 훑으며 꺾은 고사리밖에 없었다. 그러나 어지간히 꺾어봐야 몇 푼 만들기도 힘들었다.

그 때문에 1950년대 농가에서는 아낙네들이 '삼'과 '목화'를 재배해 길쌈을 했다. 그리고 짬을 내 누에를 치는 양잠을 해야만 가족이 입에 풀칠이라도 할 수 있었다. 양잠 농가는 봄부터 여름까지 방마다 잠잘 공간만 남겨둔 채 선반을 만들어 누에를 쳤다. 누에는 뽕잎을 먹기 때문에 밭 주위에는 으레 뽕나무가 있었다.

누에치기는 여간 힘든 일이 아니었다. 이른 봄 누에씨를 부화시켜 누에치기를 시작하면 못자리 할 시기와 맞물려 한 동안은 허리가 휘어진다. 억척스레 먹어치우는 누에들에게 뽕을 따다 하루 서너 차례에서 대여섯 번은 줘야 하니 식구들이 모두 뽕잎 따기에 매달렸다.

광복 후 1951년경까지 수매된 누에고치에서 뽑아낸 생사 곧 명주실은 대부분 국내용으로 쓰였다. 생사가 수출물자로 주목을 받게 된 것은 1952년 한국생사수출조합이 결성되어 수출을 시작하면서부터다. 그해 생사는 중석에 이어 수출액 2위였다. 하지만 규모는 크지 않아 200만 달러에 불과했다.

1960년대 우리의 주 소득원
이었던 누에

6·25전쟁은 양잠업의 쇠퇴를 가져왔다. 그러나 정부에서 생산 증대에 힘쓴 결과 전쟁이 끝난 1953년 이후로는 6·25전쟁 이전 수준으로 회복되고 수출도 점차 늘어났다. 그 뒤 잠업증산 5개년 계획이 추진되면서 60~70년대에는 양잠업 전성기를 맞이하게 된다.

1960년대, 농산물 수출이 광산물 수출량을 앞서다

미국의 저명한 국제 정치 전문지 〈포린어페어(Foreign Affairs)〉는 1960년 10월호에서 한국에 대해 "실업자는 노동인구의 25%, 1960년 1인당 국민총생산(GNP)은 100달러 이하, 수출은 2,000만 달러, 수입은 2억 달러. 한국의 경제 기적 가능성은 전혀 없다." 고 묘사했다.

1950년대 미국의 원조에 의존하던 한국 경제는 50년대 후반부터 원조가 급감하자 굉장히 힘들어졌다. 어떻게든 돌파구를 찾아야 했다. 그 첫 번째 대상이 농산물의 수출 산업화였다. 50년대 땅속의 광물을 찾아내어 수출하던 시대에서 1960년대는 땅에 곡물을 심고 누에를 키워 실을 지어 내다 파는 수밖에 없었다.

1959년의 수출 총액은 2,000만 달러를 밑돌아 국민 1인당 수출액이 1달러에도 미치지 못했다. 그러나 이후 누에고치에서 뽑아낸 생사가 국내 수요를 충당하고도 270만 달러어치가 수출되어 수출 3위 품목이 되면서 정부는 '누에치기'와 '생사 생산'에 각별한 공을 들였다. 매년 연초 대통령의 시·도 연두순시와 청와대 보고에서 빠지지 않았던 게 '잠업증산'과 '생사 수출' 확대였다. 공무원들 역시 뽕밭 현장을 누비며 밤새워 증산 대책을 마련했다. 이 무렵 전국 농촌에서는 가난을 딛고 일어서겠다며 누에치기를 하는 집이 많았다.

누에고치에서 비단의 원료가 되는 실 곧 생사를 뽑아내기 위한 양잠은 국가 경제발전에 크게 이바지했다. 그뿐만 아니라 지역경제 발전과 농가소득 증대에 중추적인 역할을 했다. 1962년부터 정부 주도로 '잠업증산 5개년 계획'이 시작되었다.

1962년에는 전체 수출액에서 농산물 수출이 차지하는 비중은 43%로 높아졌다. 여기에 수산물을 합치면 농수산물 수출 비중은 66%에 달했다. 이로써 60년대 들어 농산물이 광산물을 제치고 최대 수출 품목이 되었다. 주요 농산물 수출 품목 순위는 생사, 쌀, 인삼, 담뱃잎, 한약재 순이었다.

그 뒤 양잠 농가는 계속 불어나 1974년 약 50만 가구에 이르러 전성기를 맞았다. 당시 양잠산물이 3억 달러 이상 수출되어 농산물 수출의 절반을 차지했다. 10대 여공들은 손을 뜨거운 물에 넣기를 반복하며 명주실을 뽑아냈다. 1962년부터 시작한 '잠업증산 5개년 계획'이 그 후에도 계속 추진되면서 1976년에는 사상 최대의 누에고치를 생산했으며 1979년 잠사 수출액은 최대 3억 6,500만 달러에 달했다. 이 시기 종종대며 누에를 친 아낙네들과 손이 짓무르도록 생사를 생산한 어린 여공들이 농산물 수출의 대들보였다. 그들이 바로 60년대의 수출 역군이었다.

수출입국의 깃발을 올리다 'KOTRA 설립'

1960년대 우리나라는 자원도 거의 없고 내수시장도 작았다. 게다가 당장 석유와 밀가루를 수입해야 국민들이 얼어 죽거나 굶어 죽는 걸 막을 수 있었다. 수입하려면 달러가 있어야 했다.

1960년도 우리 수출액은 3,300만 달러에 불과했는데 수입 규모는 3억 4,300만 달러였다. 수입 규모가 수출보다 10배 이상 컸다. 엄청난 적자 구조였다. 미국 원조가 줄어든 상황에서 이 상태가 계속되면 나라가 파산할 수밖에 없었다. 유일한 해결책은 수출뿐이었다. 팔 수 있는 건 모두 내다 팔자는 '수출 제일주의'. 그것이 1960년대의 최우선 과제였다.

1960년도 북한 수출액은 우리의 6배가 넘는 2억 달러에 달했다. 특히 북한은 중화학공업이 발달했었다. 북한이 우리보다 전기발전량은 5배, 철광석은 10배, 화학비료는 20배를 생산했다.

시멘트 역시 비교가 되지 않았다. 경제 인프라 품목들에서 격차가 이 정도니 1인당 GNP 역시 1.5배에서 3배 정도로 북한이 남한보다 훨씬 높았다.

당시 우리는 경제 인프라마저 이렇게 빈약하다 보니 수출 역군들은 산으로 들로 바다로 팔 것을 찾아 헤매야 했다. 1961년 '10대 수출품'을 살펴보면 1위 철광석, 2위 중석으로 광산물의 수출이 가장 많았고 3위가 생사였다. 4위가 무연탄, 5위가 마른 오징어, 6위 활선어, 7위 흑연, 8위 합판, 9위 미곡, 10위에는 특이하게도 돼지털을 수출했다. 돼지털 120만 달러어치 전량이 미국으로 수출되었는데 구둣솔과 옷솔의 재료였다.

1960년대 초 수입 대체 전략은 세계적인 흐름이었다. 대부분의 개발도상국은 근대화 수단으로 수입 대체 중심의 공업화 전략을 추진했다. 세계은행 같은 국제기구와 저명한 학자들도 후진국의 개발정책으로 점진적인 수입 대체 전략이 최선이라고 권유했다. 그런데 불행하게도 한국은 수입 대체 전략, 곧 공업화 전략을 추진하고 싶어도 설비와 기계를 수입할 외환이 없었다.

미국의 원조가 급격하게 줄어들어 1962년도 당시 외화보유고는 1억 6,000만 달러가 전부였다. 그나마도 당장 필요한 석유와 밀가루 수입으로 외환은 점점 고갈되고 있었다. 당시 수입에 꼭 필요한 돈은 연간 2억 달러 이상이었다. 대한민국의 경제는 외환위기 일보 직전으로 치닫고 있었다.

대한민국은 일단 달러를 벌어야만 했다. 그래서 정부는 수입 대체 전략을 포기하고 수출 주도 전략으로 바꾸었다. 결과적으로 이것은 한국 경제에 큰 행운이었다. 1962년 정부 주도로 처음 경제개발계획을 시작하면서 같은 해 6월 '대한무역투자진흥공사(KOTRA, 코트라)'를 설립했다. 변변한 자원 하나 없는 우리 민족도 한번 해보자고 무역진흥의 기치를 높이 내걸고 달리기 시작했다. 정부는 KOTRA를 통해 해외 수출 기지 확보에 적극적으로 나섰다.

1962년 10월 홍콩무역관을 필두로 11월 뉴욕무역관, 로스앤젤레스무역관, 방콕무역관을 설치했다. 이듬해에도 이러한 노력은 계속되어 몇 년 안 되어 세계 곳곳에 100여 개 무역관이 개설되었다.

초창기 수출 전선에서 KOTRA맨들의 헌신은 우리 수출 기반 확보에 절대적인 힘이 되었다. 그들은 바이어를 발굴하고 수출 인콰이어리*를 수집해 우리 기업에 연결해주었다. 당시 대우의 김우중 회장을 포함한 수출 초창기 기업들은 KOTRA가 수집한 인콰이어리 덕분에 수출을 늘릴 수 있었다. 이러한 노력에 힘입

---

* inquiry, 구매자가 상품 공급자에게 보내는 문서 양식으로 상품 정보, 가격, 거래 조건 등이 적혀 있다.

어 가발, 공예품, 합판, 섬유로 시작한 1960년대 수출 규모는 연평균 40%라는 획기적인 신장률을 기록한다. 이는 세계 어느 곳에서도 유래 없는 기록이었다.

대외개방형 수출 경제로 전환 그리고 100% 평가절하

1960년대 당시 정부는 재정 안정화 정책을 포기하고 팽창 정책을 펼쳤다. 그 결과 인플레이션이 가속화되고 이에 따른 수입 수요가 급증해 외화보유고는 날이 갈수록 줄어들었다. 1963년 9월에는 1억 500만 달러로 떨어졌다. 정부는 견디지 못하고 그간의 수입 자유화 정책을 포기하고 외환 쿼터와 수입물량 제한으로 돌아섰다.

만성적인 무역적자에 대외 원조마저 끊기자 1964년에는 외환위기 우려까지 제기됐다. 이런 상황에서 정부는 우리 경제의 운명을 결정짓는 일대 정책 전환을 이룬다. 대외개방형 경제로 방향 전환을 한 것이다.

그 무렵 미국은 우리 정부에 환율을 현실화할 것을 요구했다. 정부는 이를 기회로 수출 증대를 위한 대폭적인 평가절하를 단행했다. 1964년 5월 환율은 '1달러=130원'이었다. 그러나 '1달러=257원'으로 거의 100% 평가절하를 단행했다. 이 작전은 주효

했다. 우리 상품의 수출 경쟁력이 살아났을 뿐 아니라 우리 임금 경쟁력이 빛을 발하기 시작했다.

이로써 약 20년 동안 시행한 복수환율제도를 폐지하고 단일 변동환율제도를 채택했다. 이는 환율이 외환시장에서 수요와 공급에 따라 결정되는 변동환율제도의 준비를 뜻했다.

그 무렵 수출 업체에 대한 지원은 대단했다. 달러당 융자 비율도 기존 110원에서 최고 200원까지 높였다. 수출용 원자재는 세금을 면제하고 수출 잘하는 기업에는 장려금을 지급했다. 대신 그간의 특혜 금리는 현실화했다.

1965년에 '금리 현실화 조치'를 실시해 예금금리는 15%에서 26~30%로, 대출금리는 14%에서 21~24%로 인상하여 시장금리에 근접하게 현실화한 것이다. 그런데도 수출 금융금리는 6%대를 고수했다. 수출 업체는 금리 차이만큼 보조금을 받은 셈이다.

애환 어린 가발 수출

1960년대 3대 수출품의 하나가 가발이었다. 가발 제조는 우리나라 여성의 섬세한 손재주, 풍부한 노동력, 그리고 무엇보다도 국내에서 조달 가능한 원료였다.

우리나라는 1964년 서울통상㈜을 통해 처음으로 가발을 수출하기 시작했다. 당시 수출액은 1만4,000달러에 불과했으나 이듬해에는 155만 달러로 100배 이상 폭증했다. 가발을 만드는 기업도 원래는 7~8개에 불과했으나 단번에 40여 개로 늘어 수출량도 증가했다.

1966년 가발의 수출액은 1,000만 달러 고지를 넘었다. 1965년 말 미국이 공산국가인 중국의 머리카락을 사용한 가발에 대해 수입금지를 한 데 따른 반사효과였다. 그동안 재미를 보던 홍콩, 대만, 일본산이 규제 대상으로 묶이자 자연스레 바이어들의 발길이 한국으로 옮겨지면서 국내 가발 산업이 활기를 찾게 됐다. 가발 공장이 우후죽순 생겨났고 머리카락 값도 덩달아 올라 1964년에 3.75kg(1관)당 7,000~8,000원 하던 머리카락이 1965년에는 3만~4만 원으로 치솟았다. 당시 생산직 근로자 월급이 5,000원이었다.

이러한 분위기를 따라 방물장수, 엿장수가 동네방네 돌면서 아낙네들의 머리카락을 흥정 끝에 잘라냈다. 모발 수집상들은 미용사 아가씨들을 대동해 농촌에 가서 서울 멋쟁이 아가씨들은 최신 유행인 파마로 멋을 낸다고 꾀어 머리를 자르게 하고 파마를 해주는 마케팅 전략을 펴기도 했다. 시골 아낙들은 돈 벌어 좋고 최신 유행 파마를 공짜로 해서 좋았다. 그야말로 온 나라가 가발 수출 열풍에 휩싸였다.

한국산 가발과 속눈썹은 미국 시장을 독점하다시피 했다. 1967년에는 2,000만 달러, 1968년에는 3,000만 달러, 1969년에는 5,336만 달러, 1970년에는 9,357만 달러에 도달하여 수출 기록은 해마다 경신되었다. 당시 미국에 이민 간 사람 중 많은 이들이 가발장사를 해서 '가발' 하면 '코리안'을 연상하던 때였다. 덕분에 재미 교포 중에는 가발로 돈 번 사람들이 많이 탄생했다. 지금도 우리나라 가발산업은 세계 최고의 위치에 있다. 세계 가발 시장의 무려 80%를 차지하고 있다. 비록 인건비 부담으로 공장은 중국, 동남아, 아프리카 등지에서 가동하지만 기술력과 디자인, 유통에서 세계를 장악하고 있다.[*]

이런 수출 품목도 있었다, 소변 수출

1960~70년대 우리나라의 주요 수출 품목에는 가발과 함께 '소변'이 상위에 올라 있었다. 산업 발달이 미비해 이렇다 할 수출품이 없던 당시 주요 수출품은 우리의 몸에서 얻어지는 것들이었다. 여인들의 풍성한 머리채는 싹둑 잘려 가발로 변모했고, 소변은 공중화장실마다 비치되었던 흰색 플라스틱 통으로 모았다.

[*] 참고자료: '대미 수출 견인 가발', 파이낸셜뉴스, 2013.04.14, 노주섭

'한 방울이라도 통 속에!'

1960년에서 1970년대 공중화장실마다 붙어 있던 안내문이다. 학교, 예비군 훈련장, 버스터미널 등의 남자 화장실에는 이런 안내문과 함께 흰색 플라스틱 통이 놓여 있었다. 바로 오줌을 수집하기 위해서였다.

사람의 오줌 속에 있는 우로키나아제(Urokinase)라는 성분은 뇌졸중 치료제를 만드는 주원료다. 당시 우로키나아제는 1kg에 2,000달러였다. 마땅히 수출할 것이 없었던 우리나라에서는 오줌을 모아 화학처리를 한 뒤 일본에 팔아 돈을 벌었다. 그 돈은 1973년에는 50만 달러, 1974년에는 150만 달러에 달했다. 1인당 국민총생산이 1,000달러 남짓하던 시절, 우로키나아제는 상당히 매력적인 고가의 수출품이라 수집 대상에서 제외할 수 없었다. 훌륭한 수출품이었던 소변은 88올림픽으로 화장실 대부분이 수세식으로 바뀌며 수거하기 어려워졌다.

참고로 우리 녹십자의 경우 중국 소변을 수입해 약을 만들었으나 품질이 낮아 북한 평양에 합작 공장을 설립해 문제를 해결했다. 북한은 에이즈 등 비뇨기성 질환이 거의 없어 좋은 품질의 소변이 수거되었다.

수출 상품 개발에 혈안이 되다

돈 되는 거라면 무엇이든지 내다 팔던 시절. 돼지털, 쥐털은 물론 다람쥐, 갯지렁이, 뱀, 메뚜기, 번데기 등도 수출했다. 귀여운 한국산 다람쥐는 세계 각국으로 팔려나가 외국인들 앞에서 열심히 쳇바퀴를 돌렸다. 덕분에 1969년 한해 다람쥐 수출로 벌어들인 외화는 24만 5,000달러였다.

길에 떨어진 은행잎은 환경미화원들이 수거해 독일의 제약회사에 팔았고 자작나무는 이쑤시개로 만들어 수출했다. 솔방울도 일본과 서독에 장식품으로 팔았다. 일본에서 레저 붐을 타고 낚시가 유행하자, 우리나라 갯벌에는 일본에 수출할 낚시 미끼용 갯지렁이를 잡기 위해 사람들이 몰려들었다.

1970년대에 들어서며 주요 수출 품목은 중석, 한천(우뭇가사리), 생사, 견직물, 도자기, 고무제품, 조개와 전복 등 어패류, 칡으로 만든 갈포벽지, 가발, 양송이버섯 통조림 등으로 다변화되었다. 원단 공장에서는 일본의 기모노를 가공해서 수출했다. 그리고 섬유에 실로 묶어 모양을 내서 염색하는 홀치기도 수출했는데 시설도 원자재도 필요 없고 인건비는 싸서 이런 상품들은 효자 노릇을 톡톡히 했다.

이때 발굴된 신규 수출 상품이란 것이 '마른 상어지느러미, 번데기 튀김, 멸치 분말, 누에똥 가공품, 꿩알, 병아리, 곶감, 은행잎, 만화영화 등'이었다. 지금 생각하면 참 소박한 것들이다. 그런데 당시에는 하나라도 더 수출할 것이 없을까 헤매던 때라 이런 것들도 수출이 될 수 있다고 믿었고 실제로 적은 금액이나마 수출했다.

이런 일화도 있다. 담배의 국내 소비를 조금만 줄이면, 그러니까 담배 길이를 1cm만 줄이면 잎담배 1,400만 달러를 수출할 수 있다는 아이디어가 나왔다. 길이를 1cm를 줄이면 국내 소비자가 싫어한다는 의견에 결국 7mm만 줄여 600만 달러어치를 수출한 적도 있었다.*

보세가공의 시작

그 무렵 우리나라는 자원과 자본이 없고 오직 인력밖에 없었다. 남의 나라 자원을 가져와 우리 인력으로 부가가치를 높여 수출하는 조립가공 산업이 유일한 대안이었다.

1961년 6월 천우사 전택보 사장의 제안은 당시 대통령이던 박정희를 솔깃하게 했다.

"1947년 홍콩에 갔을 때, 당시 홍콩에는 중국 본토에서 마오

---

* 참고자료: '임인택의 수출입국 회고', 월간 경제풍월, 2000년, 신경윤

쩌둥 군에 쫓겨 홍수처럼 밀려든 피난민들이 우글거렸습니다. 물까지 수입해서 먹는 홍콩이 몇 백만의 피난민에게 일터를 마련하고 활기차게 살아가는 모습을 보고 비결이 궁금했습니다. 알아보니 바로 '보세가공'이란 것을 해서 수백만이 살아가고 있더군요. 홍콩에 비하면 우리 여건은 잘 운영만 하면 몇 갑절 유리하다고 봅니다."

박정희는 보세가공이란 말을 처음 들었다. 좀 더 자세히 설명해달라고 부탁하자 전 사장이 말을 이었다.

"홍콩은 작은 섬이라 자기들이 직접 생산하는 원자재는 하나도 없습니다. 전부 외국에서 수입하죠. 외국에서 원자재를 들여와 가공하여 수출하는 게 보세가공입니다. 이를테면 원단을 수입해서 아동복이나 봉제완구 크리스마스 장식품을 만들어 다시 수출하는 거지요. 홍콩의 부녀자들은 재봉틀 하나를 갖고 4~5명의 식구를 먹여 살리고 있습니다. 우리 여성들의 봉제기술은 아마 세계에서 둘째가라면 서러워할 정도일 겁니다."

이렇게 해서 우리나라 봉제산업과 섬유산업이 시작됐다.

섬유류, 수출을 주도하다

1960년대에는 섬유류가 우리나라 수출을 주도하게 된다. 이병철의 제일모직 성공에 자극받은 기업가들은 앞을 다투어 대한모직, 한국모방, 경남모직 등의 회사를 창업했다. 그리고 다른 기업가들은 전시 무역으로 축적한 상업 자본을 투자하여 락희화학, 한국유리, 대한양회 같은 산업에 도전했다. 1960년대 의류제품은 삼성물산, 대우실업, 반도상사 등이 스웨터류를 주로 수출하면서 전체 수출의 40%를 차지했다. 그 외 동명목재 합판과 중소 수출업체들의 가방, 신발 등 1차 경공업 제품들의 수출 비중이 20%에서 80%로 상승했다.

의류는 상당 기간 한국 수출을 주도했다. 실질적인 무역입국의 기반을 다지기 시작한 것은 경제개발계획이 진행된 1970년대 이후였다. 제조업 전체에 차지하는 섬유업의 비중이 1967년에는 24.6%, 즉 4분의 1이었던 것이 1969년 31.6%, 1970년에는 35.3%로 급속히 증대되어 제조업 전체의 3분의 1을 넘게 되었다. 1970년대 문턱에 들어서 국내 섬유 수출은 비약적인 성장을 거듭하여 1973년 마침내 수출 10억 달러를 달성했다.

섬유 수출의 유망지로 떠올랐던 미국이 1970년대 들어서면서 섬유 수입 규제를 강화할 것이라는 정보가 감지됐다. 섬유업체들은 쿼터를 확보하기 위한 물량작전에 들어갔다. 정상 수출 가격의 20~30%에도 못 미치는 가격에 무조건 미국시장에 밀어 넣고 보자는 식이었다.

예상대로 한미 양국 정부는 1972년 1월 '인조섬유 및 모직물 교역협정'을 체결했다. 출혈 수출을 감수하며 실적을 부풀렸던 국내 섬유업체들은 경쟁국이었던 일본, 대만, 홍콩보다 많은 양의 쿼터를 배정받을 수 있었다.

중화학공업의 꿈을 심다

1961년 '경제재건촉진회'의 초대회장 이병철은 외자를 도입해 공장을 건설하는 '기간산업건설 계획안'을 직접 박정희에게 브리핑했다. 이를 토대로 정부는 1961년 10월, 재계의 의견이 많이 반영된 제1차 경제개발 5개년 계획안을 발표한다.

1962년 2월 허허벌판인 울산에 공업센터 기공식을 거행했다. 기공식은 현지 조사 후 보름 만에 전격적으로 이뤄진 것이다. 이는 3개월 후에 내한할 미국 기업인 투자단에게 우리 정부의 의지를 보이기 위한 것이었다. 그리고 3개월 후 6·25전쟁 중 미8군 사령관을 지냈던 밴프리트 장군을 단장으로 하는 미국 기업인 일행이 울산을 방문했고 빠른 속도로 투자 협상이 진행되었다.

당시 울산은 소달구지만 다니는 좁은 길뿐이고, 전역에 목욕탕이 한 개밖에 없던 곳이었다. 그러나 1968년까지 석유화학업종 관련 공장 13개가 들어서며 울산은 천지개벽 한다.

우리나라는 울산 석유화학단지의 건설로 석유뿐 아니라 PVC, 폴리에틸렌, 나일론, 아크릴, PP 등의 석유화학 제품을 얻을 수 있었다. 이 공장을 짓고 난 후에는 여기서 생산된 원료로 동양나일론, 삼양사 등에서 나일론 제품을 만들어 섬유회사들은 국산 원료로 봉제의류를 만들어 수출할 수 있었다.

중화학공업 건설은 당시에는 환영받지 못한 비전이었다. 정부 내에서도 경제기획원이나 재무부 관료들조차 반대했다. 하지만 박정희 전 대통령은 밀어붙였다. 경공업만으로는 성장에 한계가 있다고 본 것이다. 1980년대 초반까지도 중화학공업 분야는 수지를 맞추지 못해 중복 투자, 부실 투자 논란에 시달렸다. 당시에는 그게 큰 잘못으로 보였지만, 결국은 아니었다. 미래를 위한 값진 투자였다.

1983년 반도체 산업 진출 선언

우리나라가 직물과 신발 등 경공업 제품을 주력으로 팔고 있을 때, 일본은 세계 최강의 제조업 경쟁력을 바탕으로 이미 세계 최대 반도체 생산국이었다. 그 무렵 미국은 떠오르는 일본을 견제하기 위해 1983년 일본과 반도체 협상을 시작해 본격적인 규제를 가했다. 공교롭게도 같은 해에 이병철은 이른바 '도쿄 선언'을 하며 반도체 산업에 뛰어들었다.

당시 동양방송 이사로 있었던 아들 이건희의 한국반도체 인수를 짐짓 못마땅하게 생각하고 있었던 이병철이 마음을 바꾸게 된 계기는 1982년 18년 만의 미국 출장이었다.

이병철은 보스턴 대학의 명예박사 학위를 받고 돌아오는 길에 아들의 간청으로 실리콘밸리를 방문했다. 그리고 휴렛팩커드의 사무실을 방문한 그는 큰 충격을 받았다. 그곳의 직원들은 책상 위에 놓인 컴퓨터 하나로 계산, 기획, 보고까지 거의 모든 일을 해내고 있었다. 그 뒤 이병철은 IBM 반도체 공장도 방문했다.

이병철은 반도체에 도전하기로 마음먹었다. 문제는 자금이었다. 라인 하나 설치하는 데 1조 원이 필요했다. 주변은 물론 삼성임원들조차 모두 반대했다. 그런데도 1983년 3월 15일 〈중앙일보〉에는 삼성의 반도체 도전을 밝힌 기사가 실렸다.

1986년 사상 최초의 무역흑자

1986년은 우리나라 무역흑자의 원년으로 기록된다. 제5차경제개발 5개년 계획을 마무리 짓던 해였다. 1인당 GDP는 2,643달러였다. 한국의 수출이 수입을 처음으로 넘어 47억 달러의 무역흑자에 힘입어 49억 달러의 경상수지 흑자를 기록했다. 무역흑자 달성은 정말 기뻐하고 축하할 일이었다. 이제 비로소 남는 장사를 하기 시작한 것이다. 무역흑자 달성으로 국제적으로는 국가 신용이 향상되었고 경상수지 흑자와 물가안정이란 두 마리 토끼를 최초로 잡았다.

무역수지가 흑자로 돌아서자 1986년부터는 외채를 크게 줄여나갈 수 있게 되었다. 1980년대 우리나라의 연평균 경제 성장률은 무려 10.1%였다. 아시안게임이 열리던 1986년부터 올림픽의 해인 1988년까지, 한국 경제는 이른바 '단군 이래 최대의 호황'을 맞았다. 저달러, 저유가, 저금리라는 국제시장의 '3저 현상'이 한국 제품의 경쟁력을 강화했다. 게다가 일본의 엔고 현상이 우리의 수출을 돕고 있었다. 1987년 무역흑자와 경상수지 흑자는 각각 77억 달러와 100억 달러에 이르렀고 이듬해인 1988년에는 그보다도 많은 145억 달러의 경상수지 흑자를 기록한다. 꿈속에서도 상상하지 못했던 일이 벌어진 것이다.

2012년 대중국 수출액 일본 제치고 세계 1위

중국이 2009년 독일을 제치고 마침내 세계 최대 수출국으로 올라섰다. 그리고 2012년에는 우리나라가 일본을 제치고 대중국 수출 1위국으로 부상했다.

한국이 일본을 제친 것은 그동안 중국이 일본에 의존해오던 첨단부품과 설비를 우리나라가 꾸준히 대체해온 데다 우리 주력 제품이 중국 소비시장에서 입지를 다졌기 때문이다.

2014년 메모리 반도체 강국으로 부상하다

2013년부터 세계 시장에서 우리나라 반도체 시장 점유율은 일본을 추월했고, 미국에 이은 2위가 됐다. 메모리 반도체 분야는 세계 1위이다. 한국이 세계 수출 시장에서 5년 연속 1위를 차지하고 있는 품목이 32개 있는데, 그 중 수출액 10억 달러 이상으로 상승세를 타고 있는 것이 메모리 반도체다.

메모리 반도체는 2014년 32.2%에서 2018년 39.7%로 세계 시장 점유율이 상승했다. 2018년 우리나라 반도체 수출액은 1,267억 달러로 처음으로 수출 1,000억 달러를 돌파했고, 우리나라 전체 수출액에서 차지하는 비중은 20.9%를 기록했다.

안정적인 무역흑자 국가로 자리 잡다

우리나라는 1997년 IMF 외환위기 이후 무역흑자국으로 자리 잡았다. 2008년 글로벌 금융위기로 132억 달러 무역적자를 본 것을 제외하고는 거의 20년 이상을 꾸준히 무역흑자를 내고 있다. 가장 큰 흑자 대상국은 중국이다.

1992년 중국과 수교 이후 한·중 양국의 교역 규모가 크게 증가해 2019년 기준 우리나라의 국가별 수출 비중은 중국 25.1%, 미국 13.5%, 베트남 8.9%, 홍콩 5.9%로 대중국 수출이 대미 수출의 두 배 가까이 커졌다. 홍콩을 합할 경우 실질적인 대중국 수출비중은 31%를 넘어선다. 우리 원화 환율이 위안화에 가장 크게 연동되어 있는 이유이다.

무역 규모와 더불어 우리나라의 무역흑자에 가장 큰 기여를 하는 나라도 중국이다. 2000~2019년 기간 중 대중 무역수지 흑자는 6,343억 달러로 동기간 전체 무역수지 흑자 7,317억 달러 가운데 중국기여율은 86.7%에 달했다.

수출 6강에 이르다

지난 50년간 우리나라의 수출 기업들은 그야말로 불철주야 노력했다. 1964~2012년 세계 연평균 수출 증가율이 10.2%였을 때 우리나라의 수출 증가율은 그 두 배에 가까운 19.2%였다. 같은 기간 세계 90위에 불과했던 수출국 순위도 7위로 껑충 뛰어올랐다.

특히 우리의 최대 수출 경쟁국인 일본을 차근차근 따라잡았

세계 무역 수출액 순위(2015년)

국가	순위	수출액
중국	1	2,280,540
미국	2	1,504,570
독일	3	1,328,940
일본	4	624,801
네덜란드	5	566,682
한국	6	526,744
프랑스	7	505,589
홍콩	8	465,483
영국	9	459,685
이탈리아	10	458,664

(단위: 백만 달러)

다. 해외에서 우리 수출 전사들이 분투하는 모습을 보면 그들이
야말로 진정한 애국자들이란 생각이 절로 든다. 그들 덕분에 섬
유산업부터 시작해 조선산업, 전자산업, 반도체산업 등 많은 분
야에서 일본을 추월할 수 있었다.

이러한 어려운 과정을 겪으며 성장한 우리 수출이 2015년 프
랑스를 제치고 세계 수출 6강으로 올라섰다. 5위의 네덜란드는
중계무역 비중이 크기 때문에 우리나라가 사실상의 수출 5강이
다. 이 추세라면 머지않아 일본도 따라잡을 태세다.

한국 경제는 정말 일본의 잃어버린 30년과 닮았나?

한국과 일본의 경제위기는 그 시작이 다르다

외형상 한국의 경제 부진은 일본을 닮아가는 듯하다. 경제 성장률이 해가 갈수록 낮아지고 물가가 디플레이션을 걱정해야 할 정도로 안 오르며 무엇보다 경제에 활력이 없다. 그래서 많은 사람들이 이러다 '일본의 잃어버린 30년' 꼴 나는 거 아니냐고 걱정한다. 결론부터 이야기하면, 우리 경제가 비록 지금 부진한 것은 사실이지만 일본 꼴은 나지 않을 것이다. 두 나라의 부진한 모습이 닮은꼴처럼 보일지 몰라도 그 근본 사정이 다르기 때문이다.

현재 우리 경제가 부진한 것은 두 가지 이유이다.

하나는 '세계 무역경기 위축'이다. 현재 세계 무역이 급감하고 있어 우리 수출이 줄어들고 있다. 우리나라는 GDP에서 수출 비중이 높아 세계 무역경기와 궤를 같이한다. 코로나19 사태로 세계 교역이 심하게 위축되어 우리 경제도 그와 비례해 고전할 것으로 보인다.

다른 하나는 '수요부진'이다. 세계 경제는 초과공급과 수요부진에 시달리고 있는데, 우리도 예외가 아니다. 생산성 향상으로 공급은 넘쳐나는데 소득불평등과 부의 편중으로 사회 전체 수요는 줄어들어 불황이 계속되고 있다. 유동성 증가가 그간 부동산과 주식 등 자산 가격만 심하게 올리고 중산층과 서민들에게까지는 돈이 가지 않아 소비자 물가는 오르지 않는 현상을 보였다. 하지만 코로나19가 통화경제 판을 근본부터 바꾸고 있다.

우리 경제가 아주 어려운 것처럼 보이지만 다른 나라들과 상대 평가해보면 그렇지 않다. 오히려 우리나라의 GDP 순위는 올라가고 있다. 2019년 12월 유엔 집계에 의하면, 우리나라는 러시아와 캐나다를 제치고 세계 10대 경제대국에 진입했다.

경제 규모 뿐만 아니다. 비슷한 시기에 미국 〈유에스뉴스앤드월드리포트(U.S.News and World Report)〉가 와튼스쿨과 협조하여 '군사력, 경제적 영향력, 국제정치 영향력 등 종합 국력'에 대해 조사

유엔이 발표한 세계 주요 국가 GDP (2019년 12월 기준)

순위	국가	백만 달러
1	미국	19,605,100
—	유럽연합	18,362,172
2	중국	14,821,568
3	일본	5,674,329
4	독일	4,100,442
5	프랑스	3,115,791
6	영국	2,858,003
7	인도	2,823,304
8	브라질	2,237,833
9	이탈리아	2,090,422
10	대한민국	1,861,405

한 결과를 보면, 1위 미국, 2위 러시아, 3위 중국, 4위 독일, 5위 영국, 6위 프랑스, 7위 일본, 8위 이스라엘, 9위 사우디아라비아, 10위 한국으로 우리나라가 10위권에 자리하고 있다.

미국 신용평가사 무디스는 2020년 4월 28일, 코로나 사태로 경제위기를 맞은 세계 주요국 경제 성장률 전망치를 담은 보고서를 발표했다. 한국 -0.5%, 호주 -4.9%, 독일 -5.5%, 미국 -5.7%, 캐나다 -6.1%, 프랑스 -6.3%, 일본 -6.5%, 영국 -7.0%, 이탈리아 -8.7% 순이었다. G20 가입국 중 선진국으로 분류되는 10개 나라에서 한국의 성장률 전망이 상대적으로 가장 선방하는 모습을 보였다. IMF 역시 2020년 6월 24일 발표한 세계 경제 전망에서 2020년 세계 경제 성장률을 -4.9%로 발표했다. 그중 선진국 평균 성장률을 -8.0%로 예측한 가운데, 한국은 -2.1%로 선진국 중에서 역성장 폭이 가장 작았다.

한국전쟁 덕을 톡톡히 본 일본

우리 경제가 일본의 잃어버린 30년을 뒤쫓아갈 것이라는 평행이론의 오류를 알아보기 위해 일본의 잃어버린 30년은 어떻게 시작되었는지 그 실체를 복기를 통해 알아보자.

　미국의 1945년 이후 동아시아 핵심 전략은 일본이 미국의 동아시아 '대리인' 구실을 하도록 만드는 것이었다. 1950년에 터진 한국전쟁 덕분에 일본은 국가 체제와 산업 양면에서 여러모로 득을 크게 보았다.

　미국은 일본에서 한국전쟁 보급품과 군수품을 생산하도록 했다. 이로 인해 일본 경제는 극적인 호황을 맞는 전쟁특수가 일어났다. 게다가 미일상호방위조약에 의해 미국은 일본의 군수산업에 엄청난 투자를 했다. 이것은 일본 내 다른 산업에도 영향을 미쳐 1950년대 일본은 연평균 10%를 웃도는 경제 성장률을 보였다. 이를 계기로 일본은 제조업 강국으로 탈바꿈하여 1955년부터 1973년까지 연평균 GDP 성장률이 9.3%에 달해 미국과 유럽의 성장률을 압도했다.

일본, 세계 제2의 경제대국 되다

1960년대 초까지만 해도 일본이 세계 제2의 경제대국이 될 줄은 아무도 몰랐다. 일본은 카메라, 오디오, TV 등을 앞세워 놀라운 속도로 세계 시장을 장악하기 시작했다. 드디어 일본은 1968년 서독을 제치고 세계 경제대국 2위 자리에 올랐다.

1970년대 오일쇼크가 터지자 일본 자동차가 다른 나라 자동차보다 연비가 뛰어나다는 것이 알려지면서 자동차 산업을 중심으로 수출이 가파르게 성장했다.

1980년대 일본은 반도체 강국이 된다. 일본이 메모리 반도체 시장에서 세계 최대 생산국이 되면서 미국의 반도체 산업은 비상이 걸렸다. 결국, 미국의 인텔은 일본과의 경쟁력에서 밀리는 D램을 포기하고 비메모리 쪽으로 방향을 바꾸었다. 그러자 미국 정부는 자국 기업들을 보호하기 위해 일본을 압박하기 시작했다.

1980년대 중반, 미국의 경제패권이 일본의 경제력 때문에 위협받기 시작했다. 당시 일본의 자동차와 전자제품은 세계적으로 선풍적 인기를 끌며 미국상품을 시장에서 몰아내기 시작했다. 일본상품의 세계 시장점유율이 10%를 넘어섰다. 무역수지 흑자 역시 대규모로 늘어났다.

제조업 강국 일본은 철강, 자동차뿐 아니라 당시 첨단산업인 반도체에 이르기까지 미국보다 훨씬 나은 경쟁력을 보였다. 1985년 미국의 1인당 국민소득이 1만 5,000달러 정도였는데, 일본은 1만 8,000달러를 넘어서 일본의 1인당 국민소득이 미국을 앞질렀다.

1980년대 한국 GDP는 한 일본기업 시가총액에도 못 미쳐

일본의 국민소득이 올라가자 일본 정부는 저축을 장려했고, 이것은 높은 투자증가율로 이어졌다. 상품 수출 못지않게 일본의 자본 수출이 활발해졌다. 일본 은행들은 자산규모와 시장가치 면에서 세계 정상을 휩쓸었다.

1980년대 중후반 세계 10대 기업을 살펴보면, 일본통신사 NTT가 1위 그리고 일본 은행 5개, 일본 증권회사 1개, 동경전력이 포함되어 무려 8개가 일본 기업이다. 미국은 IBM(2위), 엑슨(4위) 단 2개의 기업만 있을 뿐이다. 세계 50대 기업으로 확대해도 3분의 2가 일본 기업들이었다. 미국이 긴장할 수밖에 없는 상황이었다.

이 무렵 한국의 국내총생산은 2,023억 달러로, NTT 시가총액의 70% 수준에 불과했다. 올림픽 개최국의 GDP가 일본 기업 한 곳의 시가총액보다도 적었던 것이다. 당시 일본의 경제 규모가 얼마나 엄청났는지를 짐작할 수 있다.

미국의 대일본 무역적자가 극심해지고, 일본과 서독의 경제력이 강해지자 미국의 무역적자가 급속히 늘어났다. 1985년 미국 무역적자는 GDP의 3%에 육박하는 1,336억 달러에 달했는데 이 가운데 일본과 서독으로부터의 무역적자가 각각 37.2%와 9.1%였다.

1988년 세계 20대 기업 순위
(단위: 백만달러)

순위	기업	국적	주식 시가총액
1	NTT	일본	276,840
2	IBM	미국	76,049
3	스미토모은행	일본	65,335
4	엑슨	미국	62,572
5	다이치칸교은행	일본	61,971
6	후지은행	일본	59,746
7	도쿄전력	일본	57,318
8	미쓰비치은행	일본	53,934
9	일본개발은행	일본	52,170
10	노무라증권	일본	51,154
11	로열더치쉘	영국,네덜란드	49,312
12	도요타	일본	46,334
13	산와은행	일본	46,136
14	제너럴일렉트릭	미국	39,617
15	마쓰시타전기	일본	34,852
16	신일본제철	일본	32,252
17	히타치	일본	31,721
18	도카이은행	일본	31,288
19	일본장기신용은행	일본	30,078
20	미쓰이은행	일본	29,351

미국은 무역적자가 심해지자 일본을 공격하기 시작했다. 미국은 특허법을 전면에 내세웠다. 일본 기업들이 미국 기업의 특허를 도용해 세계시장을 제패했다고 공격했다. 미국 기업들이 일본 기업들을 상대로 연이어 소송을 제기했다. 이후 일본은 오랜 기간 특허 도용 시비에 휘말리게 된다. 특히 반도체 산업과 전자 산업 분야에서 일본이 호되게 당하게 된다. 미국 정부는 1988년 슈퍼301조로 불리는 초법적인 무역법을 제정해 일본 기업들을 전 방위로 압박하기 시작했다.

비극의 씨앗 '자이테크', 일석삼조 돈놀이

일본 기업의 기세는 내부로부터 무너져 내리기 시작했다. 수출보다는 손쉬운 돈벌이의 유혹에 빠진 것이다. 1980년대 초반 일본 기업들은 '자이테크'*라는 자산운용으로 엄청난 수익을 올렸다. 자이테크 수익이 크니 자연히 영업에는 소홀하게 되었다.

자이테크 투기가 본격화된 것은 일본 기업들이 역외시장인 런던 유로본드 시장에 접근하면서부터였다. 역외시장이란 자국의 규제로부터 벗어나 자유롭게 자금을 조달할 수 있는 금융시장을 가리키는 말이다. 대표적인 역외시장으로는 유로통화시장과 유로채권시장이 있다.

1981년 일본 대장성은 금융자유화 조치의 하나로 일본기업들이 유로본드시장에서 신주인수권부사채(BW)를 발행할 수 있도록 허용했다. 신주인수권부사채란 채권을 산 사람이 일정기간 경과 후 일정 가격으로 발행회사의 신주를 인수할 수 있는 권리가 있는 채권을 말한다. 일본 기업들은 자사 주가가 오를수록 BW 채권 값이 따라 올랐기 때문에 아주 낮은 이자율로 채권을 발행할 수 있었다. 게다가 엔화 가치 상승이 지속되는 점을 이용해 달러 표시 BW를 발행한 뒤, 스와프(swap)시장에서 엔화 표시 채무

---

*   재테크의 일본식 발음.

로 바꾸어 엔화 자금을 일본으로 끌어들였다.

'통화스와프'는 만기에 계약 당시 환율로 원금을 다시 반대 방향으로 매매하는 거래이다. 이에 따라 가치가 떨어지는 달러 대신 가치가 올라가는 엔화를 조달해 만기시점에 환차익까지 덤으로 얻었다. 그리고 통화스와프는 통화의 교환 외에 금리의 교환도 수반되어 양국 간의 금리 차이를 계산했기 때문에 일본 기업들은 자금 조달 과정에서 오히려 마이너스 이자를 지급했다. 곧 돈은 돈대로 빌리면서 오히려 이자를 받았다. 더 나아가 조달한 자금을 주식시장이나 연 8%를 보장하는 증권사 투금 계정에 투자해 막대한 차익을 남겼다. 돈을 빌리면서 되레 이자까지 받고 또 빌린 돈을 예치하고 이자를 받으니 꿩 먹고 알 먹는 셈이었다. 더구나 만기 때 엔화를 달러로 바꾸어 갚으니 환차익까지 남았다. 일석삼조였다.

게다가 당시 미국은 두 자릿수 인플레이션을 잡기 위해 19% 대의 고금리를 운영하고 있었다. 이는 일본 우대금리인 6%보다 3배나 높았다. 일본 투자자 입장에서는 미국 채권에 투자하면 일본에서보다 3배 이상 높은 투자수익률을 올릴 수 있었다. 이로써 일본 기업가들 사이에선 돈 놓고 돈 먹는 일명 '자이테크' 열풍이 분 것이다.

재테크로 번 돈은 다시 일본 주식시장과 부동산에 투자되어 활황 장세를 이루었다. 그러자 자산 가격이 치솟기 시작했다. 버블이 시작된 것이다. 일본 기업들은 수출로 번 돈을 기업에 재투자하지 않고 주식시장과 부동산에 투자했다. 마침내 일본 주식시장 시가총액이 1987년 미국을 앞섰다. 땅값도 마찬가지였다. 버블이 한창일 당시 도쿄 땅을 팔면 미국 땅 전체를 살 수 있었다. 1988년이 되자 세계 10위권 은행은 모두 일본 차지가 되었다.

버블의 한가운데 있을 때는 누구도 위기를 예상하지 못했다. 일본의 장기불황은 이렇게 형성된 거품이 붕괴하면서 시작됐다.

미국의 본격적인 일본 견제, 1985년 플라자 합의

1980년대 들어 미국은 일본을 견제하기 위해 여러 계획을 모색했다. 미국은 그간 자유무역주의를 줄곧 주장해왔으나 경기 침체와 물가상승이 동시에 발생하는 스태그플레이션에 빠지자 자국 시장을 보호하기 위해 '자유롭지만 공정하기도 한 무역'을 강조하며 보호무역주의를 택했다.

그중 하나가 1983년부터 일본 반도체에 대해 본격적인 규제를 가한 것이다. 미 정부는 일본이 자국 반도체기업에 보조금 수억 달러를 줬다며, 반덤핑혐의로 조사에 나섰고 미국기업들은 특허 침해를 빌미로 공격했다. 당시 일본은 세계 최대 메모리 반도체 생산국이었으나 이로써 쇠락의 길을 걷기 시작한다. 이때 이병철이 도쿄에서 반도체 사업 시작을 선포한 것이다.

1980년대 미국은 경기 진작과 군사비 지출 확대 등으로 재정 지출이 증가해 재정 적자에 시달렸다. 이렇게 재정 적자와 무역 적자가 같이 늘어나는 것을 '쌍둥이 적자'라 한다. 미국은 이를 줄일 방안을 찾아야 했다. 그들은 손쉬운 환율로 이를 해결하기 위해 우격다짐을 과시한다.

1985년 9월 22일, 미국 재무장관 제임스 베이커는 뉴욕 플라자호텔로 선진 4개국 재무장관을 은밀히 소집했다. 베이커는 일본에게 엔화가 너무 저평가되어 미국의 무역적자가 심화되니 엔화 강세를 유도해 달라고 강력히 요청했다. 미국이 시장원리에 맡겨야 할 외환시장에 각국 정부의 개입을 요청한 것이다.

베이커의 압박에 일본과 서독은 수입 물량 조정, 관세 인상과 같은 직접적인 조치로 타격받는 것보다는 환율 조정이 그나마 받아들일 만하다고 판단했다. 특히 일본은 핵우산과 자위대 문제 그리고 과도한 무역흑자로 더 이상 미국과 마찰을 일으킬 수 없는 형편이었다. 결국 각국 재무장관들은 달러 가치, 특히 엔화에 대한 달러 가치를 떨어뜨리기로 합의했다. 이것이 이른바 '플라자 합의'다. 이 합의로 미국은 엔화와 마르크화를 대폭 평가절상시킴으로써 달러를 평가절하한 셈이 되어 위기를 넘겼다. 달러는 세계 기축통화이기 때문에 스스로 평가절하할 방법이 없다. 곧 상대방 통화를 절상시켜야 달러의 평가절하를 달성할 수 있다.

각국 정부가 외환시장 개입에 나선 뒤 1986년에는 1달러당 엔화 환율이 259엔에서 150엔까지 떨어졌다. 엔고는 처음엔 일본의 구매력을 배가시켰다. 단기간에 엔화의 구매력이 40% 오르자 달러 표시 상품 가격은 그만큼 하락했다.

일본은 미국을 사들이기 시작했다. 여기에 일본중앙은행이 엔고에 따른 경기 둔화를 우려해 기준금리를 대폭 내리자 부동산과 증시가 폭등했다. 니케이지수는 3년 동안 3배, 부동산은 한해 70%씩 뛰었다. 일본에 투기 광풍이 불었다. 게다가 배럴당 1985년 11월 31.3달러까지 치솟았던 석유 가격이 1986년 3월

플라자 합의(1985년) 직후 엔달러 환율 추이

출처: 팩스넷

10.4달러까지 떨어지면서 세계 경제에 훈풍이 불었다.

인플레이션 압력이 해소되자 각국은 국제 공조 아래 금리를 내렸다. 미국의 시장금리가 다른 나라들보다 더 빠르게 하락해 달러화는 더 큰 폭으로 떨어졌다. 1987년까지 달러 가치는 엔화 대비 42%, 마르크화 대비 38% 절하되었다. 1988년 1월 엔화는 127엔까지 하락해 2년여 사이에 2배 가까이 올랐다. 이를 현재 상황에 비추어 생각하면 얼마나 큰 변화였는지 이해할 수 있다.

사실 일본의 비극은 여기에서 싹텄다. 그동안 일본이 사들인 미국 국채의 실질 가치는 반토막 나 미국은 일본에 대한 부채를 반으로 탕감시킨 효과를 보았다.

1987년 루브르 합의와 내수 부양

플라자 합의 뒤 4차례나 더 환율 조정 협의가 있었다. 그러다 보니 미국은 이제 환율 하락 속도가 너무 지나치다고 느껴졌다. 게다가 달러화 약세에도 불구하고 미국의 무역적자 비중은 계속 확대되었다. 달러화 가치 폭락에도 미국의 적자가 개선되지 않자, 달러의 평가절하는 이제 그만하기로 했다.

미국은 다른 방법을 찾아야 했다. 그리고 이번에도 원인을 외부에서 찾았다. 일본과 서독이 미국 물건을 사주지 않아 무역적자가 늘어나는 것이라 보았다.

　미국은 1987년 2월 파리 루브르에서 선진 6개국(프랑스, 서독, 일본, 캐나다, 미국, 영국) 재무장관 모임을 주선해 미국의 뜻을 전달했다. "더 이상의 달러 가치 하락은 각국의 경제 성장을 저해한다."라며, 각국이 내수경기를 살려 미국 상품의 수입을 늘려달라는 요지였다. 미국은 금리를 인상하여 달러 약세를 막고, 다른 나라들은 금리를 내려 내수를 부양시켜 미국 상품을 수입하자는 것이 루브르 합의의 요체였다.

일본, 주택담보비율을 120%까지 올리다

루브르 합의 직후 일본은 내수부양을 위해 5조 엔의 재정투자와 1조 엔의 감세를 발표했다. 이미 금리 인하와 양적완화정책으로 과열 조짐을 보이던 일본 경제는 그 뒤 폭발적으로 팽창한다. 일본은 기준금리를 0.5% 내리고 내수부양을 위한 각종 대책을 도입했다. 그 가운데 하나가 부동산 경기부양이었다.

　당시 일본 은행들은 부동산 경기가 활황세임에도 주택담보비율(LTV:Loan to Value ratio)을 경쟁적으로 120%까지 올렸다. 10억원짜리 아파트를 대출 끼고 구입하기 위해 은행에 가면 12억 원까지 대출해주었다는 이야기이다. 이로써 너도나도 부동산 구입 대열에 끼어들어 1980년대 후반 일본의 부동산 버블이 극에 달했다. 이렇게 일본은 미국이 강제한 두 합의를 이행하는 과정에서 버블을 만들고, 그 버블이 터지면서 이른바 잃어버린 30년의 늪에 빠지게 된다.

확대되는 미·일 갈등, 반도체 협정과 소련 잠수함 사건

1985년부터 일본산 반도체 수출이 미국을 앞서기 시작했다. 반도체 공급과잉 현상이 발생하면서, 일본 기업들은 덤핑 공세를 퍼부었다. 미국은 이를 일본 정부의 보조금 지원 등 불공정 행위의 결과로 보고 일본에 대한 통상 압박을 시작했다.

통상 압박의 정점은 상무부의 직권 조사를 통해 이루어졌다. 직권 조사란 기업들의 제소 없이도 특정국 수출품의 덤핑 여부 등을 조사해 높은 관세를 부과할 수 있는 매우 강력한 무역 제재 수단이다. 결국 일본은 미국과 '미·일 반도체 협정'에 서명할 수밖에 없었다. 이에 따라 미국은 일본 반도체에 대해 관세를 100%로 높이고 일본은 당시 10% 수준이던 일본 내 미국산 반도체 점유율을 1992년까지 20%로 끌어올려야 했다. 결국 일본은 기존의 반도체 저가 수출을 중단했다.

미·일 갈등은 이뿐만이 아니다. 냉전 시대 미국은 소련 잠수함의 위치 추적을 위해 소련 기지 근처에 매복해 있다가 잠수함이 발진하면 그 뒤를 따라다니곤 했다. 그런데 어느 순간부터 미국의 수중음향탐지기에 소련 잠수함이 사라졌다. 즉 소련 잠수함이 미국 근해에 침투해도 발견하기 힘들어진 것이다.

소련 핵잠수함이 바로 미국 코앞에 와 있다고 생각하니 미국 전체에 비상이 걸렸다. 알고 보니 이는 일본의 고급공작기계가 소련으로 판매되어 일어난 일이었다. 일본의 도시바기계가 '코콤(COCOM, 대공산권수출통제위원회)'의 규제를 위반하고 몇 차례 선박 프로펠러 가공 기계를 소련에 판 것이다. 미·소가 첨예하게 대립하던 냉전 시대라 서방국가들은 '코콤'이라는 기구를 만들어 군수물자가 '적들의 손'에 들어가지 않도록 했다.

도시바기계는 이를 무시하고 몰래 소련과 거래했다. 미국은 펄펄 뛰었다. 미·일 관계는 걷잡을 수 없이 악화됐다. 나카소네 당시 일본 총리가 공개적으로 사과했고, 도시바기계의 사장은 물론 도시바그룹 회장도 물러났다. 그래도 미국 사회의 분노는 가라앉지 않았다. 미국은 제재에 들어갔고 도시바기계의 대미 수출은 4년간 중단됐다. 도시바그룹 전체가 미국 정부와 계약을 할 수 없게 됐다. 이로써 양국 간의 분위기는 냉랭해졌다.[*]

[*] 참고자료: '나라가 제2의 도시바 꼴 될 수 있다', 조선일보, 2006.10.20, 강인선 기자

일본, 거품 경제 발생

플라자 합의 당시 일본은 수출로 먹고사는 나라였다. 일본 정부는 급격한 엔고 현상으로 인한 기업의 어려움을 덜어주기 위해 저금리 정책으로 전환했다. 일본중앙은행은 수출 경쟁력 저하와 불황이 우려되자 1986년부터 1987년 초까지 1년여 만에 정책금리를 5차례에 걸쳐 5%에서 절반인 2.5%로 떨어뜨렸다.

여기서 문제가 생겼다. 금리를 내렸으면 엔화는 약세로 돌아서야 했다. 교과서에는 금리를 내리면 돈의 가치도 함께 떨어진다고 적혀있었다. 그러나 금리는 환율에 그다지 영향이 없었다. 금리가 떨어지자 유동성은 증가하는데 엔화 강세는 그대로였다. 엔고는 수입 물품 가격을 하락시켜 물가가 안정되면서 니케이지수를 강하게 끌어올렸다.

이뿐만이 아니다. 부동산이 뛰기 시작했다. 그렇지 않아도 1956년부터 1986년까지 30년 사이에 일본 땅값은 50배 이상 뛰었다. 반면 이 시기 소비자 물가는 2배 올랐다. 따라서 일본인들은 땅값은 절대 떨어지지 않는다는 신념을 갖게 되었다.

일본은 엄청난 무역수지 흑자, 엔화의 평가절상, 금리 인하로 대규모 유동성이 발생했다. 이 돈들이 주식과 부동산시장으로 흘러들어 거품을 키웠다. 게다가 엔화 강세가 장기추세로 접어들 모양새를 보이자 대량의 핫머니가 일본으로 몰려들었다. 이 때문에 부동산값이 천정부지로 치솟자 일본은 자만에 빠졌다. 여기에 일본 기업과 개인들이 엔화 가치가 2배로 뛰자 저금리로 대출을 받아 국내외 부동산을 사들였다. 외국 부동산을 반값에 사들이는 셈이었다.

1987년 10월 19일 블랙먼데이* 사태로 인한 세계적인 주가 하락에 제동을 걸기 위해 일본은 금리를 낮은 수준으로 억제했다. 이는 일본의 주가와 지가를 또 다시 끌어올리는 요인으로 작용했다. 게다가 1987년 12월에는 국제결제은행(Bank for International Settlement, BIS)의 바젤 회의에서 일본 은행의 보유 지분 가운데 미실현 이익을 자본으로 인정하자는 예외 조항이 마련되었다. 그러자 지급준비율에서 자유로워진 일본 은행들은 대출 규모를 늘려 땅값과 주가를 동시에 부양하는 전략을 채택했다. 일본의 거품 경제는 이렇게 해서 생겨난 것이다.

이로 인해 유동성이 폭증해 일본 주가는 1980년대 초 6,000 포인트에서 1980년대 후반 약 3만 8,900포인트까지 6배 넘게 올랐다. 그 짧은 기간에 말이다. 일본 은행의 단기대출시장은 세계에서 가장 큰 규모가 되었다. 그만큼 투기가 극성을 부렸다. 일본 주식시장의 버블은 일본전신전화주식회사인 NTT의 주가만 보더

* 미국 뉴욕 증시가 전일 대비 22.6% 하락한 날

라도 극명하게 나타난다. 1987년 2월 말 NTT 시가총액은 독일과 홍콩 전체 상장기업 시가총액을 합한 것보다 큰 50조 엔 수준까지 솟구쳤다. 상식으로는 도저히 있을 수 없는 일이었다. 그러나 버블의 한가운데 있을 때는 누구도 이를 알아채지 못했다.

돈놀이에 망가진 일본 기업

1980년대 후반 일본 기업들의 돈놀이, 곧 자이테크 규모는 도쿄 증시의 활황과 맞물려 기하급수적으로 늘어났다. 유로본드에서 스와프 거래를 통해 돈을 빌리면서 되레 이자까지 받고 또 빌린 돈을 예치하여 이자를 받거나 주식시장에서 수익을 올렸다. 더구나 나중에 스와프 만기가 되면 환차익까지 남았다. 이 덕분에 도쿄 증시에서는 선순환이 일어났다. 자이테크는 수익을 창출했고, 이는 주가 상승으로 이어졌고, 이로 인해 다시 자이테크의 수익성이 높아졌다.

1980년대 말 도쿄 증시의 상장기업 대부분이 자이테크를 벌인 것으로 나타났다. 도요타 등 국제적인 지명도가 있는 기업들이 낸 순이익의 절반 이상이 자이테크로 이룬 것이었다. 이 기간에 일본 기업들의 영업이익이 감소했다는 사실에는 대부분 전혀 관심을 두지 않았다. 심지어 어떤 기업은 기존의 비즈니스를 포기하고 자산운용에만 전력을 다했다. 철강회사 한와는 자이테크로 300억 달러의 돈을 굴렸다. 자이테크 수익이 영업이익의 20배를 넘었다.

플라자 합의 이후 부동산 버블이 최고조에 이르렀던 1990년까지 전체 대출의 절반 이상이 주택 대출이었다. 일본인들은 미국 부동산도 무차별적으로 사 모았다. 이러다 보니 일본에 대한 미국인들의 반감은 커졌다. 그 무렵 일본 기업들은 이미 영업이익이 급감했지만, 보유 부동산 가치를 재평가하는 식으로 기업자산은 가파르게 증가하는 기현상이 벌어졌다. 통상 담보가액의 70% 기준으로 대출을 해주던 은행은, 토지 가격의 상승을 예측해 담보물의 120% 대출을 당연시했다. 이렇게 대출된 돈은 다시일본의 부동산 가격과 주가를 더 밀어 올렸다.

바젤 회의 공습

버블로 정점을 향해 치닫는 일본에 결정타를 먹인 사건이 터졌다. 바로 1988년 7월 은행의 건전성 확보를 위해 BIS가 지급준비율을 8%로 제시한 것이다. BIS는 전 세계 은행들이 1992년까지전체 대출액의 최소 8%를 지급준비금으로 유지해야 한다는 규칙을 만들었다. 이를 맞추지 못하면 부실 은행으로 분류되어 외화차입이 불가능했다. 이는 국제금융시장과 무역시장에서의 퇴출을 의미했다. 당시 일본 은행들의 지급준비율은 6%에 불과했다. 이러한 조치는 세계에서 지급준비율이 가장 낮았던 일본에 가장 큰 타격을 주었다.

이를 두고 여러 이야기가 있는데, 그중 음모론적으로 보는 시각도 있다. 그들의 주장은 미국이 일부러 일본 은행의 지급준비율을 낮추려고 1987년 말에 국제결제은행 바젤 회의에서 일본 은행 보유 지분 중 미실현 이익을 자본으로 인정해 주는 예외 조항을 마련했다는 것이다. 이렇게 해서 일본 은행들의 대출 규모가 확대되어 지급준비율이 형편없이 낮아지자 미국의 압력을 받은 국제결제은행이 7개월 만에 판을 뒤집었다는 주장이다.

그럴듯하지만 음모론을 부정하는 시각도 있다. 당시 미국의 은행들이 무더기 도산하던 때라 일본이 목적이 아닌 미국 은행의 건전성을 강화할 필요가 있었다는 것이다.

항상 급선회 정책이 문제다

일본 은행은 과열을 해소하고 지급준비율을 맞추기 위해 대출을 억제할 필요를 느껴 서둘러 금리를 올렸다. 1989년 5월 한 번에 0.75%의 금리 인상을 시작으로 1990년 8월까지 1년여 동안 다섯 차례에 걸쳐 무려 3.5%나 인상해 2.5%에서 6%로 금리가 단기간에 두 배 이상 올랐다. 일본 정부는 각종 부동산 규제와 더불어 부동산 세금을 강화하고, '부동산 융자 총량 제한' 도입으로 부동산 대출을 금지했다. 경제사에서 보면 언제나 이러한 급선회 정책이 문제다. 이것은 일본 장기불황의 서곡이었다.

이것은 미국도 마찬가지였다. 연준은 인플레이션을 잡기 위해 이자율을 일곱 차례 잇달아 올렸다. 그러자 부동산 시장이 침체해 일본인 부동산 투자가들이 먼저 직격탄을 맞았다. 70%를 미국 은행에서 융자받고, 나머지 30%는 일본 은행이 보증한 투자여서 별안간 닥친 높은 이자율은 부동산 가격을 20%나 급락시켰다. 미국 은행은 그 20%를 보전하라며 일본 투자가들에게 현금을 요구했다. 한 부동산을 담보로 다른 부동산 2~3개를 문어발식으로 매입한 일본인들은 현금 요구를 이행하지 못해 미국 내 부동산을 헐값에 되팔아야 했다. 지금까지 저금리에 푹 빠져 있던 일본 내 개인투자자들도 단기간에 6%까지 치솟은 금리 때문에 부동산을 팔기 시작했다.

증시에도 몰락의 서곡이 울렸다. 금리가 급격히 인상되자 주식수익률이 장기국채수익률을 밑돌면서 투자자들이 주식시장에서 대거 이탈하기 시작했다. 이후 부동산 가격이 꺾이자 부동산 담보대출을 시작으로 부도 도미노가 이어졌다.

파생상품의 공습

그 무렵 일본 상장주식 시장가치는 전 세계 주식 가치의 42% 이상이었다. 이때 일본 경제를 한순간에 무너뜨릴 파생상품이 등장했다. 모건스탠리와 살로몬브러더스 같은 월스트리트 투자은행들은 색다른 파생상품과 새로운 금융기법을 구사하기 시작했다.

그들은 '주가지수 풋옵션(put option)'이라는 신상품을 개발해 일본에 판매했다. 이 상품은 일본의 주가 상승에 베팅하는 상품이었다. 당시 일본인들은 치솟는 주식 가격은 버블이 아니라 탄탄한 일본 경제의 힘에 의한 성장세로 확신하고 있었다. 이렇게 일본의 자신감이 극에 달해 있을 때, 닛케이지수가 상승하면 상승하는 만큼 투자자들에게 수익을 주는 상품이었다. 반대로 주가지수가 하락하면 투자자들이 큰 손해를 보는 상품이었다. 상품은 날개 돋친 듯 판매되어 1989년 12월 29일 닛케이지수가 3만 8,915를 돌파하면서 일본 투자자들은 큰 이익을 보는 듯했다.

그러나 1990년 1월 12일 모건스탠리와 골드만삭스 등 미국 투자은행들은 '닛케이지수 풋워런트(put warrant)'라는 신상품을 팔았다. 이는 일본의 주가 하락에 베팅하는 상품이었다. 일본에서는 일본 주가지수가 상승하면 일본 투자자들이 큰돈을 버는 '주가지수 풋옵션'을 판매하고, 미국과 유럽에서는 닛케이지수가 폭락하면 큰돈을 버는 '닛케이지수 풋워런트'를 판매해 미국 투

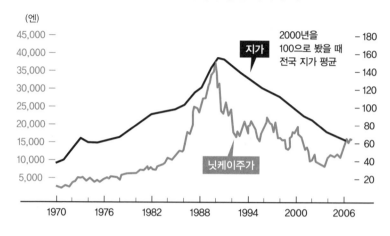

일본 닛케이주가와 부동산 가격 추이

(엔)

45,000 —

40,000 —

35,000 —

30,000 —

25,000 —

20,000 —

15,000 —

10,000 —

5,000 —

2000년을
100으로 봤을 때
전국 지가 평균

지가

닛케이주가

— 180

— 160

— 140

— 120

— 100

— 80

— 60

— 40

— 20

1970   1976   1982   1988   1994   2000   2006

출처: 블룸버그, 일본부동산연구소

자은행들은 양쪽에서 막대한 수수료를 챙겼다.

닛케이지수 풋워런트가 인기를 끈 지 한 달 만에 공매도에 시달린 일본증시는 결국 무너졌다. 5년 동안 4배나 급등해 4만 포인트 가까이 올랐던 주식시장이 하루아침에 폭락하면서 1992년에는 1만 5,000포인트까지 떨어졌다. 일본의 대형 금융기관들은 망가지고 1995년 일본의 불량자산이 50조 엔을 넘었다. 일본은 미국의 금융공격으로 완전히 무너졌다. 현재도 일본이 유대계 금융인들을 곱게 보지 않는 이유이다.

1990년 들어 버블이 급격히 빠지기 시작하자 일본 경제는 버블 전보다 더 악화되었다. 1990년 여름에는 주가 하락으로 부패 금융스캔들이 모습을 드러냈고, 수많은 투기꾼이 파산했다.

일본 기업들이 사들였던 해외자산들은 다시 헐값에 되팔려 나갔다. 또한 버블기간 동안 일본 기업의 설비투자가 과잉 투자로 드러나면서 일본 경제는 침체의 늪으로 빠져들었다. 부동산 가격은 무려 80% 폭락했다. 일본 정부는 경제와 증시 부양을 위해 1995년 9월 재할인이자율을 사상 최저수준인 0.5%까지 낮추었지만 이미 기차는 떠난 뒤였다.

결국 경기부양에 실패하고, 은행과 증권사의 도산 사태가 이어졌다. 1989년 말 3만 8,957포인트를 찍은 니케이지수가 2020년 7월 기준 2만 2,306포인트 부근에서 맴돌고 있으니 최고점 대비 61% 정도만을 회복한 수준이다.

일본, 중국의 협공에 무너지다

일본은 중국 위안화에도 심하게 당했다. 중국의 덩샤오핑(鄧小平)은 1978년에 유명한 백묘흑묘론을 내세우며 중국의 개방화와 세계화를 선언했다. 흑묘백묘론이란 "고양이 색깔이 검든 희든, 쥐만 잘 잡으면 좋은 고양이다."라는 뜻이다. "실질적인 것에 따라 사물의 진리를 찾는다."는 실사구시(實事求是)와 같은 의미다.

중국의 환율정책이 바로 그랬다. 중국은 개방 초기에 수출 기업에게는 달러당 2.8위안, 외국인 직접투자나 관광객 그리고 민간에게는 달러당 1.5위안으로 환전해주었다. 일종의 수출 보조금 제도 성격이었다. 당시 암시장 환율 등 3개의 환율이 동시에 존재해 외국인들을 힘들게 했다.

그 무렵 덩샤오핑을 위시한 중국 지도부는 중국이 수출로 일어나기 위해서는 위안화의 평가절하가 긴요하다고 보았다. 위안화의 가치가 쌀수록 수출품의 가격경쟁력은 강해지기 때문이다. 더구나 기술과 자본이 없는 후진국의 경제발전이 대부분 그렇듯 중국은 값싼 인력을 무기로 세계의 공장을 자임하는 전략을 추구했다. 이 전략의 핵심요소가 환율이었다.

중국은 1981년 위안화 암시장을 양성화해 '외환조절센터'를 설립했다. 이로써 중국 중앙은행인 인민 은행이 결정하는 공식 환율인 '공정환율'과 외환조절센터에서 기업 간 외환거래로 형성된 '조절환율'을 함께 사용하는 이중환율제도가 시작되었다.

이는 사실 중국정부가 수출을 장려하고 수입을 억제하기 위한 제도였다. 무역 거래와 비무역 거래에 적용하는 환율을 다르게 적용하여 궁극적으로 중국의 수출 진흥을 꾀한 것이다. 시장환율인 조절환율이 크게 절하되기 시작하면서 공정 환율을 견인하는 모양새가 되었다.

위안화의 가치가 싸질수록 임금이 싸져 외국기업의 중국 투자가 늘어났다. 중국 정부는 1985년 플라자 합의로 인해 가치가 떨어지는 달러에 대항하기 위해 중국 역시 위안화 공정환율의 평가절하에 속도를 내기 시작했다. 1984년 달러당 2.8위안이었던 것이 1986년에 달러당 3.2위안, 1989년에는 4.7위안, 1990년 5.2위안으로 연속적으로 평가절하를 단행했다. 이때부터 중국은 경상수지 흑자국으로 돌아섰다.

이렇게 위안화는 계속 계단식으로 평가절하 되다가 1990년대 들어 조절환율과 공정환율 간에 격차가 벌어지면서 문제가

중국 환율제도 변화에 따른 위안화 환율 추이

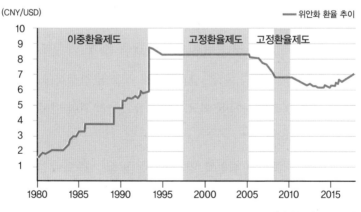

출처: 블룸버그, SK 증권
※음영처리 되지 않은 부분은 관리변동환율제도 채택 구간

발생하기 시작했다. 1993년 6월말 공정환율은 1달러당 5.7위안인 반면 시장 조절환율은 10.8위안으로 거의 배 차이가 났다.

경쟁국들은 중국이 수출 시에는 조절환율을 적용하고 원자재를 수입할 때는 공정환율을 적용해 수출에 대한 편법적인 보조금정책을 쓰고 있다고 중국을 비난했다.

중국정부는 공정환율로는 위안화 가치가 과대평가돼 시장의 수급상황을 제대로 반영하지 못하자 1994년 1월 1일을 기해 이중환율을 일원화하고 환율결정이 시장의 수급상황을 일부 반영하도록 하는 관리변동환율제도를 도입했다.

환율일원화 결과 1993년 말 1달러당 5.8145위안이던 공정환율이 이듬해 관리변동환율제를 도입하자 수직 상승해 1월 25일 8.7319위안까지 급등해 한 달도 안 되어 무려 49.8%나 평가절하되었다. 1984년 달러당 2.8위안이 10년 만에 무려 300% 이상 평가절하된 것이다. 그러나 이후 점차 하락해 1997년 9월에는 8.28위안대에서 안정됐다. 이는 결과적으로 제조업 경쟁력을 확보하고, 수출을 늘리는 동시에 외국자본을 유치하기 위한 덩샤오핑의 국가적 작전이었다.

중국의 대폭적인 위안화 평가절하는 달러 기준으로 볼 때 인건비가 3분의 1로 줄어든 셈이었다. 제조업은 인건비가 싼 나라로 몰리는 법이다. 외국인 투자자본 유입과 공장 이전 덕분에 중국은 경제 규모에서 일본을 따돌리고, 세계 2위의 경제대국으로 부상하게 된다.

1997년 말 아시아의 외환위기가 발생하면서 위안화에 대한 절하 압력이 거세지자 중국은 오히려 위안화를 달러화에 고정시키는 '페그제'를 도입해 사실상의 고정환율제도를 운용했다. 이에 따라 중국의 환율은 2005년 중반까지 1달러당 8.28위안으로 미국 달러에 고정되었다.

일본, 직격탄을 맞다

평가절하된 위안화는 전 세계에 '골디락스(goldilocks)'를 선물했다. 골디락스란 '중국의 값싼 상품이 인플레이션을 상쇄시켜 세계 경제는 차지도 덥지도 않은 알맞은 성장세를 유지한다'는 뜻이다.

중국의 저가 공산품은 주변국의 제조업을 비롯한 전 세계의 1차 산업을 무너뜨렸다. 특히 일본이 직격탄을 맞았다. 일본은 미국의 플라자 합의보다 중국의 위안화 절하로 맞은 상처가 더 깊고 아팠다. 1989년부터 1995년까지 1위안당 엔 환율은 200엔에서 50엔으로 무려 4분의 1 수준으로 추락했다. 이로써 세계에서 가장 제조업 경쟁력이 높았던 일본의 제조업 경쟁력은 중국으로 넘어갔다. 일본의 공장들이 속속 중국으로 옮겨가자 일본의 산업공동화가 본격화되었다.

일본 기업들의 자이테크 몰두와 미국과 중국 양쪽으로부터 협공당한 환율전쟁으로 인한 일본의 잃어버린 30년을 단적으로 볼 수 있는 것이 세계 수출 시장에서 일본의 비중 하락세다.

1990년 당시 일본의 세계 수출 시장 점유율은 8.2%였고 중국은 1.8%에 불과해 4배 이상의 차이가 났다. 그러나 1994년 중국이 위안화를 대폭 평가절하한 이후 가격경쟁력에서 밀린 일본의 수출 증가세는 급격하게 꺾인다. 반면 중국의 수출 증가세는 폭증하기 시작해 양국 간의 수출 비중은 드라마틱하게 역전된다. 중국은 2004년부터 일본을 앞서기 시작해 지금은 일본의 4배나 많이 수출하고 있다. 그만큼 환율의 힘이 컸다.

이뿐만이 아니다. 일본의 1인당 국민소득 증가율과 니케이지수 역시 지난 30년 동안 힘을 못 쓰고 오히려 후퇴했다. 일본의 1인당 국민소득은 1995년 4만 2,516달러 이후 횡보를 거듭하다가 2011년 3월 후쿠시마 원전사고로 방사능이 누출되면서 다시 급격하게 꺾여 2019년 말 기준 3만 8,100달러대에 머물고 있다.

경제협력개발기구(OECD)는 구매력평가지수(PPP) 기준 한국의 1인당 국내총생산이 지난 2017년부터 일본을 추월한 것으로 집계했다. OECD 홈페이지에 따르면 2017년 한국의 1인당 GDP

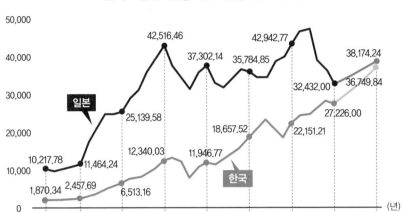

한국·일본 1인당 GDP 전망 (단위: 달러)

일본

42,516.46

37,302.14

35,784.85

42,942.77

38,174.24

36,749.84

32,432.00

25,139.58

27,226.00

10,217.78

11,464.24

12,340.03

11,946.77

18,657.52

22,151.21

한국

1,870.34 2,457.69

6,513.16

1981   1985   1990   1995   2000   2005   2010   2015   2020   (년)

⋯⋯ 2014년: 한국은행−통계청 데이터 바탕 추산, 2015년: 현대경제연구원 추산
IMF 세계 경제 전망(2015년 10월)*

는 4만 1,001달러, 일본의 1인당 GDP는 4만 827달러였다. 한국
과 일본의 1인당 GDP 통계가 집계되기 시작한 1970년 이후 약
반세기 만에 한국이 일본을 처음으로 추월한 것이다.

미국, 제조업 수출보다는 금융 중심의 성장 패러다임 채택

1985년 플라자 합의 이후 환율 조정으로도 미국의 무역적자는

* 자료 출처: 연합뉴스, 2016.03.01, 금토일 기자

회복되지 않았다. 미국은 작전을 바꾸었다. 제조업 수출이 아닌 달러 수출 곧 '금융'에서 승부를 보기로 했다. 미국은 다시 한번 선진 7개국과 모임을 갖는다. 이른바 1995년의 '역플라자 합의'다. 그리고 플라자 합의와는 정반대로 달러 강세를 만드는 데 합의했다. 플라자 합의 때는 약 달러를 통한 무역적자 축소를 목표로 했지만, 역플라자 합의에서는 강달러를 통한 기축통화 지배력 증대를 목표로 했다.

'강한 달러화→미국으로 자본 유입→주가 상승·금리 하락→소비 증가·투자 증가→수입 증대→경상수지 적자 확대→전 세계 동반성장'이라는 금융 중심의 글로벌 성장 패러다임을 미국이 선진국들의 협조를 얻어 공식적으로 채택했다. 미국은 이를 실현하기 위해 주식시장을 타깃으로 정했다.

이후 미국 달러 가치가 50% 이상 올랐다. 강세 통화로 돈이 몰리는 법이다. 미국으로 달러 유입이 급증하면서 나스닥이 5,000포인트까지 상승해 금융시장이 호황을 맞았다. 호황으로 소비와 인플레이션이 가속화되자 당시 연준 위원장이었던 그린스펀은 금리를 빠르게 올렸다. 그러자 금리 폭등과 IT 버블 붕괴로 나스닥은 5,000포인트에서 1,000포인트까지 수직 낙하했다.

달러가 중국으로 빨려 들어가자 동남아 외환위기 발생

위안화의 대폭 평가절하 이후 위안화가 너무 저평가되어 있다는 인식이 퍼지자 조금씩 절상 움직임을 보였다. 그러자 이번에는 역풍이 불었다. 외국인 자본이 일본과 아시아의 신흥국을 빠져나와 중국으로 급속히 이동했다. 이런 유동성의 이동은 일본 경제의 치명타였다.

그뿐만 아니라 이후 이러한 외국인 자본의 급속한 중국 이전은 우리나라를 포함한 아시아 외환위기의 직접적인 원인이 되었다. 달러가 중국으로 빨려 들어가자 1997년 아시아 금융위기가 발발했다. 마하티르 전 말레이시아 총리 등 일부에서는 "아시아 금융위기는 위안화가 대폭 평가절하되어 발생했다."고 말했다. 동남아 외환위기에 이어 우리나라도 그 불똥을 피하지 못했다. 1997년 한국의 IMF 외환위기가 그것이다.

한국 경제가 일본의 잃어버린 30년을
닮아간다는 평행이론에는 오류가 있다

많은 사람들이 일본의 잃어버린 30년을 말하면서 한국도 비슷한 과정을 따를 수 있다고 이야기한다. 그러나 그들이 몇 가지 간과하는 것들이 있다.

일본은 경제가 활황을 맞자 자이테크라는 돈놀이에 빠졌으며 여기에 미국과 중국 양쪽으로부터 심하게 환율 공격을 당해 빈사 상태에 놓였다. 게다가 내수경기를 부양한답시고 부동산담보대출비율을 120%까지 높이며 부동산 경기를 부추겼다. 이렇게 내부적으로는 '자이테크'라 불린 돈놀이와 외부적으로는 미국과 중국의 환율공격 그리고 바젤 회의와 파생상품의 공습이 오늘날 일본 경제를 망가트린 주범이다.

반면, 수출 중심의 우리 경제는 세계 경제가 하향국면이라 같이 둔화되고 있는 것이다. 이렇듯 일본의 잃어버린 30년과 현재 우리나라의 저성장 위기는 본질이 다른 것이다.

우리는 늘 위기에 강했다. 게다가 경제는 심리이기도 하다. 한국이 일본의 잃어버린 30년을 닮아간다는 그런 무책임한 이야기로 경제 심리를 부정적으로 어지럽혀서는 안 된다.

제2의 IMF 외환위기,
다시 찾아올까?

포스트 코로나19

2020년 3월 세계 증시의 폭락으로 인한 위기감은 그 어느 때보다도 공포스러웠다. 그래서 많은 사람들이 우리나라가 다시 IMF 외환위기와 같은 곤경에 처하는 게 아닐까 하는 두려움을 갖기도 했다. 그런데 결론부터 이야기하면, 세계 경제위기와 우리 IMF 외환위기는 별개의 문제다. 여러 복합적 요인으로 2008년과 같은 세계 금융위기는 다시 올 수 있다. 하지만 이것이 우리에게 1997년 IMF 외환위기와 같은 성격은 아니다.

먼저 이번 사태의 원인을 살펴보자. 그간의 세계적 경제위기는 대부분 고금리로 치닫는 상황에서 벌어졌다. 그런데 이번 상황은 저금리 상황에서도 경제위기가 올 수 있다는 것을 보여줬다. 이번 사태를 초래한 가장 큰 문제는 코로나19 팬데믹이었다.

여기에 몇 가지 요인들이 보태어졌다. 우선 장기 호황 끝에 온다는 '10년 위기설'과 장단기 금리역전에 따른 불안 심리가 은근히 팽배하면서 세계 경제 전망조차 하향세로 점쳐졌다.

세계 경제의 초비상이 우리 경제에도 악영향을 끼쳐 우리 경제가 다시 IMF 외환위기와 같은 국가부도나 초고환율 형국에 처하지는 않을까 하는 우려가 커지고 있다. 팬데믹으로 우리 경제가 타격을 받겠지만 IMF 외환위기는 다시 반복되지 않을 것이다. 이를 밝히기 위해 1997년 IMF 외환위기를 복기해 본다.

정권의 무리한 환율 고집으로 터진 IMF 외환위기

IMF 외환위기 당시 원-달러 환율은 800원대였다. 환율 결정요인은 수없이 많다. 하지만 길게 보면 궁극적으로 양국 간의 구매력 평가 차이에 수렴한다. 경제학 용어로 '구매력 평가설'로 장기 환율결정이론이다.

우리 경제가 본격적으로 올림픽을 준비하기 시작한 1984년의 환율이 800원대였다. 이때부터 1997년 IMF가 일어날 때까지 13년간 한미 양국 간 물가상승률의 누적 차이는 30%를 웃돌았다. 미국의 연간 물가상승률이 3% 안팎일 때 우리는 연평균 5.4%로 13년간 물가가 97.5%나 올랐기 때문이다. 구매력 평가에 따르면 우리 원화의 환율이 달러 대비 30% 이상 올라야 정상이다. 그런데도 우리 환율은 1984년에서부터 1997년까지 13년간이나 계속 800원대 내외에 머물러 있었다. 구매력 평가설에 따르면 1,100원대 이상에 있어야 할 환율이었다.

당시 정권의 논리는 단순하고 군대식이었다. 1988년 올림픽을 치르면서 국민적 긍지를 높이고 '1만 달러 시대'를 앞당겨 '선진조국을 창조'해야 한다는 논리였다. 이 정치적 캠페인이 정권의 존립 기반과 연결되어 성역화 조짐을 보였다. 정치 논리가 시장경제 논리를 무시하고 강하게 사회를 이끌면서 1만 달러 시대의 선진조국 창조에 집착하는 무리한 시장 방어가 계속되었다. 결국 외화보유고가 바닥을 드러냈다. 외국 헤지펀드들이 이걸 놓칠 리 없었다.

IMF 외환위기의 원인은 많겠지만 직접적인 주범은 인위적으로 고평가된 환율이었다. 환율만 시장에 맡겨 놓았더라도 혹독한 외환위기는 피할 수 있었을 것이다. 게다가 원화의 고평가를 유지하기 위해서는 국내 금리를 국제 금리보다 훨씬 높은 수준에서 고금리정책을 유지해야 했다. 결국 부채비율이 높은 우리 기업들만 녹아났다. 이처럼 순리에 어긋나는 일이 벌어진 것은 정권의 이해관계 때문이었다.

종금사의 돈놀이가 화를 불러

김영삼 정부의 섣부른 '세계화'는 사실상 외환과 금융에 대한 급진적 규제 철폐를 불러왔다. 그리고 감독기구 같은 것도 없이 '종합금융사(이하 종금사)'와 같은 금융업체 설립이 허가되었다. 이 종금사가 이른바 '만기 불일치' 방식의 금융업 돈벌이를 처음 선보였다. 금리가 싼 엔화 단기대출을 얻어다 금리가 비싼 국내시장과 동남아 금융시장에 투자한 것이다. 이런 일들이 세계화라는 명목으로 진행되었다.

당시 종금사는 '황금알을 낳는 거위'로 여겨졌다. 해외에서 이자가 싼 자금을 들여와 이자가 비싼 국내에서 돈놀이를 했으니 앉아서 큰돈을 벌었다. 이러니 종금사 설립은 거대한 이권이 되었다. 정권은 무더기로 종금사 허가를 내줬다. 그런데 환율이 상승하면 종금사는 환차손을 입을 수밖에 없다. 달러당 800원에 10억 달러를 들여왔다면 총 8,000억 원을 돈놀이해서 해외 이자와 국내 이자의 차이만큼 돈을 벌어야 한다. 그러나 환율이 1,100원으로 오른다면 원금은 7억3,000만 달러로 줄어든다. 환차손이 원금의 30%에 이르러, 이자 차익으로는 도저히 감당하기 어렵다. 종금사는 대부분 무너질 수밖에 없다. 정도의 차이는 있으나 모든 금융기관이 비슷한 처지였다. 이런 이해관계 때문에 당시 정권은 결사적으로 환율을 방어했다.

무리한 원고 고집의 비극, 무역적자 누증으로 인한 국가부도

원화 환율 800원대 고집은 결국 탈을 불러일으켰다. 1986년부터 흑자로 돌아섰던 우리 무역이 1990년대 들어 적자로 돌아서면서 1997년 IMF 때까지 7년간 무역적자 행진이 계속된 것이다. 특히 외환위기 직전 4년 동안의 국제수지 적자는 430억 달러로, 1990년대 중반의 외화보유고보다 두 배나 많았다.

외화보유고는 빠르게 줄어들었고, 막대한 단기외채를 들여와 외화보유고를 메워야 했다. 악순환의 연속이었다. 10년 이상 800원대를 고집한 원화의 환율을 1990년대 중반이라도 정신을 차리고 외환시장의 시장 기능에 맡겼어야 했는데 그러질 못했다. 환율이 자연스럽게 올라야 국제수지를 호전시킬 수 있었다. 그러나 당시 정권은 환율을 결사적으로 방어했다.

당시의 관치경제는 국내자금의 배분과 이자율의 결정 그리고 외환의 배분과 환율도 관주도로 결정했다. 이승만 정권과 5·16

이후의 이런 관행을 부족한 재원의 효율적 집중과 선택이라 여기고 정부 관료는 물론 언론 등 누구도 이를 심각하게 생각하지 않았다. 그만큼 세계 경제의 변화에 둔감했다.

무역적자의 누증은 국가의 외화보유고가 점점 줄어든다는 의미로 그 끝은 국가부도였다. 결국 외환위기를 맞아 그동안 시장을 무시했던 원화 가치는 한꺼번에 폭락하여 환율이 순식간에 폭등했다. IMF 뒤 1998년 1월의 평균 환율은 1,707원, 1년 전과 비교해 두 배 이상 올랐다. 이 과정에서 환율을 억지로 방어하려다 외화보유고가 고갈된 것이다. 800원대에 판 달러를 1,700원대에 다시 사들여야 했다. 엄청난 국고의 손실이었다.

"한국 관료와 종금사는 근친상간 관계에 있다."

미셸 캉드쉬 IMF 총재가 1997년 말 한국에 구제 금융을 주기 직전, 외신 기자회견에서 퍼부은 독설이다. 이 얼마나 영원히 씻기 힘든 쓰라린 비난인가. 그런데 캉드쉬만 당시 이런 얘기를 한 게 아니다.

루디거 돈부시 MIT대 교수는 "한국 정부는 모든 것을 비밀로 덮어두고 군대와 같은 수직적인 조직에 휩싸여 있다. 한국 국민은 우선 정부 관료들이 수년간 양산한 쓰레기 청소부터 해야 할 것이다."라고 했고, 독일 언론 〈디자이트(Die Zeit)〉는 "한국 경제 몰락의 원인은 지적으로 무능하고 부도덕한 금융관료 때문이다."라고 보도했다. 폴 크루그먼 당시 MIT대 교수는 "한국이 그 동안 고속성장을 이룬 것은 한국 국민의 근면성, 교육열, 저축심 때문이다. 그러나 정부와 기업이 모든 것을 망쳐놓고 있다."고 평 가하기도 했다.

워싱턴 컨센서스, 금융시장과 외환시장의 빗장을 벗기다

플라자 합의로도 미국은 수출 경쟁력을 되찾지 못했다. 그러자 미국이 제조업 대안으로 찾은 것이 '금융'이었다. 그런데 미국이 금융으로 먹고살기 위해서는 세계 곳곳에 미국의 금융 밭을 가 꾸어야 했다.

'워싱턴 컨센서스'는 1990년 전후로 등장한 미국의 경제체제 확산전략이다. 한마디로 외국의 금융시장과 외환시장 빗장을 강 제로라도 열어 미국 자본의 활동무대로 만들겠다는 전략이다.

외환위기 같은 위기발생을 제3국의 구조조정 기회로 삼아 미 국식 시장경제체제인 신자유주의를 심겠다는 미 행정부와 IMF, 세계은행 정책결정자들 사이에 이루어진 합의다.

워싱턴 컨센서스는 '거시경제안정화, 경제자유화, 사유화, 민 영화'가 그 뼈대이다. 개발도상국들이 시행해야 할 구조조정 내 용은 '정부예산 삭감, 자본시장 자유화, 외환시장 개방, 관세인하,

국가 기간산업 민영화, 외국자본에 의한 국내 우량기업 합병·매수 허용, 정부규제 축소, 재산권 보호' 등이다.

그런데 이런 권고를 수용하지 않을 때는 외환위기가 발생하면 이를 방치함으로써 구조조정 프로그램을 관철하는 기회로 삼는다는 것이다. 이처럼 제3세계의 외환위기를 구조조정의 기회로 삼아 신자유주의를 확산시킨다는 전략이다. 조지 소로스조차 이를 '시장근본주의'라고 비난했다.

미국은 그때부터 유럽과 동남아 그리고 중남미 국가들을 대상으로 각개격파에 들어갔다. 월스트리트는 미국의 해외시장 개척의 선발대가 되었으며 특히 헤지펀드가 그 선봉장 노릇을 했다. 소로스 등 헤지펀드가 중남미를 시발로 1992~1993년 유럽통화 위기 때 핫머니로 유럽 중앙은행들을 유린하고, 1997년 7월 아시아 외환위기 때 먼저 태국을 초토화시켰다.

나라의 곳간이 비다

1997년 11월 시작된 우리 외환위기 당시, 우리 정부는 환율 상승을 막기 위해 두 달 동안 118억 달러를 외환시장에 쏟아 부었다. 그러나 역부족이었다. 애당초 무지한 게임이었다.

1992년 영란은행과 이듬해 유럽 주요 국가들이 헤지펀드에

당하는 모습과 과정을 조금만 유심히 보고 공부했더라면 부리지 않았을 객기였다. 이 통에 대외부채상환용 외환만 바닥났다. 달러를 비싼 값에 사서 싼값으로 시장에 팔아치운 꼴이었다. 엄청난 국부의 손실이었다. 게다가 더 치명적인 것은 나라 곳간이 비어 국가부도 직전에 몰린 것이다.

일본과 미국의 매몰찬 반응

다급해진 정부는 IMF와 비밀 협상을 시작했다. 1997년 11월 중순 IMF와 비밀 협상을 시작한 뒤에도 재정경제부는 아시아태평양 재무차관회의가 열린 필리핀 마닐라에 엄낙용 차관보를 보내 사카키바라(新源英資) 일본 대장성 차관을 면담하고 도움을 요청했다. 일본 금융기관들이 한국 금융기관들에 빌려준 단기 채무 상환을 연장해주도록 대장성이 적극적으로 나서서 도와달라고 부탁했다. 그러나 매몰차게 거절당한다. 그 뒤에는 미국의 훈수가 있었다.

미국 정부는 한국의 위기 사태 초기부터 직접 지원 방안을 배제한 채, 오직 IMF를 통한 지원 방안만 강력히 고수했다. 그 전제는 한국 경제의 강력한 구조개혁, 즉 '완전 개방 시장경제 체제'로의 환골탈태였다. 미국 정부는 이 같은 방침을 관철하기 위해 당시 일본 정부가 추진하던 아시아통화기금을 포함해, 한국이 시도하던 다른 자금 조달 수단을 차단했다.

당시 국제 사회가 한국에 우선적으로 요구한 두 가지는 '투명성 확보와 상호 보증 해소'였다. 외환위기는 신뢰의 위기였다. 멀쩡해 보이던 한국 기업이 힘없이 쓰러지자 월스트리트의 한국 담당자들은 일제히 투명성 문제를 지적했다.

"한국은 회계가 엉망이다. 채무가 기록이 안 돼 있다." "부채 규모를 파악할 수가 없다. 상호지급보증 때문이다."

이런 지적들 때문에 국제 사회에서 '한국은 믿을 수 없는 나라'라는 인식이 박혔다. 그리고 걷잡을 수 없이 돈이 빠져나갔다.*

미국, 한국을 IMF 구제금융 쪽으로 몰아가다

IMF 외환위기 때 로렌스 서머스 미 재무부 차관은 "한국 금융기관이 안고 있는 부실채권 규모를 솔직하게 공개해야 한다. 이를 토대로 정리가 불가피한 금융기관을 선정해 조속히 처리해야 한다."고 못 박았다. 환율제도도 조속히 자유변동환율제로 전환하는 것이 좋을 것이라고 충고했다.

* 참고자료: 《위기를 쏘다: 이헌재가 전하는 대한민국 위기 극복 매뉴얼》 중앙북스, 이헌재

1997년 11월 16일 미셸 캉드쉬 IMF 총재가 입국했다. 김영삼 대통령은 삼성동 인터콘티넨탈호텔로 미셸 캉드쉬 총재를 찾아갔다. 그는 비밀 협상을 현장에서 지휘하려고 내한한 것이다. 그 와중에 대통령은 경제부총리를 경질했다. 임창렬 부총리가 한국 경제의 키를 잡은 11월 19일 오후였다. 그는 서울에 와 있던 티모시 가이트너 미국 재무부 차관보와 스탠리 피셔 IMF 부총재를 차례로 만났다.

가이트너로부터 전해들은 미국의 입장은 확고했다.

"한국이 현 금융위기를 넘기려면 IMF의 자금지원을 받는 수밖에 없다. 미국은 IMF를 통하지 않고 양자 지원을 통해 한국을 도울 수는 없다."는 요지였다.

미국 현지에서 압박도 심했다. 루빈 미 재무장관은 11월 20일 오전에 한국 관련 성명을 발표했다. "한국이 현재의 위기상황을

한국의 IMF 외환위기를 쥐락펴락 한 미국 재무부의 3인방.
왼쪽부터 로버트 루빈, 로렌스 서머스, 티모시 가이트너

벗어나기 위해서는 금융체제를 강화할 수 있는 강력하고 효과적인 행동을 신속히 취해야 한다."는 내용이었다. 더 이상 지체하지 말고 IMF에 손을 벌리라는 경고성 메시지였다.

11월 20일 외환시장은 달러가 거의 증발한 상태에서 4일째 거래가 중단되었다. 그 이튿날 재경원이 마지막 순간까지 IMF 자금지원에 대해 사실무근이라고 부인했으나, 밤 10시 20분경 임부총리가 IMF 자금지원 요청을 전격으로 발표했다.

지원 금액과 조건 등 실무협상은 11월 24일부터 시작되었다. 협상이 막바지에 들어서자 미국 대통령까지 나섰다. 클린턴은 11월 28일 김영삼 대통령에게 전화를 걸어 협상의 조속한 타결을 요구했다. "12월 첫째 주가 되면 한국은 파산이다. 협상을 조속히 마무리 짓는 게 좋을 것"이라는 게 통화의 요지였다.

외화보유액을 속인 정부

미국 정보기관은 우리 관료들이 '튼튼한 펀더멘털'을 강조하던 1997년 중반부터 이미 단기부채 급증으로 한국 경제가 심각한 유동성 위기에 빠질 가능성이 크다는 사실을 반복해서 경고했다.

11월 말 정부는 놀라운 사실을 발표한다. 장부에 남아있는 것으로 되어 있는 외화보유액 300억 달러가 실은 거의 바닥났다고 고백한 것이다. 우리 국민만 모르는 사실이었다. 정부는 마침내 IMF에 손을 내밀었다. 당시 연방준비위원회 의장 앨런 그린스펀도 그의 자서전 《격동의 시대》에서 당시 상황을 다음과 같이 기록했다.

"태스크포스팀이 사실상 24시간 움직이고 있었고, IMF는 550억 달러 규모의 금융지원종합정책을 마련했다. 역대 가장 큰 규모였다. 이 거래는 새로 선출된 김대중 대통령의 협조를 필요로 했다. 김대중 대통령이 처음으로 내린 결정은 긴급 경제개혁에 전념하겠다는 것이었다. 그동안 재무부와 연준은 수많은 세계의 대형 은행들에 연락해 한국에 빌려준 차관을 회수하지 말 것을 요청해야 했다. (중략) 곧 우리는 한국 정부가 외화보유고를 속여 왔다는 사실을 알게 되었다. 한국 정부는 갖고 있던 외환 대부분을 시중 은행에 매각하거나 융자해주었다. 이 은행들은 악성 채무 문제를 해결하는 데 이 자금을 썼다. 그들이 보유액이라고 발표하였던 자금은 이미 사용된 뒤였다."*

* 출처: 《격동의 시대》, 북@북스, 앨런 그린스펀

미국의 의도, 한국 경제를 관치에서 신자유주의로

미국이 왜 한국 경제를 IMF 관리 체제에 집어넣으려 했는지에 대한 궁금증은 IMF와 협상하는 과정에서 풀렸다. 미국은 이미 오래전부터 한국 경제를 '팍스아메리카나'로 일컬어지는 미국 주도의 경제 틀에 맞추려는 의도가 있었다.

한국의 경제력이 커지면 커질수록 미국은 한국 경제의 체질을 '관치에서 미국식 경제 체재 곧 신자유주의 경제 체제로' 바꿔야 한다고 생각했다. 그들은 한국 경제의 낡은 틀을 깨부수기 위해서는 IMF를 통한 관리가 가장 효율적이라고 생각했다.

협상 끝에 IMF는 550억 달러의 패키지 자금을 빌려주는 조건으로 우리 금융 산업의 무장 해제와 주요 경제 정책의 감독권까지 틀어쥐었다.

IMF가 아닌 미국과 벌인 협상

IMF는 출자액에 따라 지분을 갖는다. 따라서 실질적인 운영권은 줄곧 미국이 장악해왔다. 다만 IMF 구상을 처음 제안하였던 영국의 입장이 고려되어 총재만큼은 지금껏 유럽이 맡아왔다. 당시 캉드쉬 총재가 부지런히 서울을 들락거렸고, 휴버트 나이스 단장이 이끄는 대표단과 한국 정부가 협상을 밀고 당겼다.

그러나 말이 IMF 대표단과 협상이었지 실제로는 미국과의 협상이었다. 미 재무 차관보 데이비드 립튼이 1997년 11월 30일, 극비리에 서울에 들어와 협상을 막후에서 지휘했다. 립튼 차관보는 IMF를 관할하는 재무부 책임자였다. 당시 한국 상황에서는 그가 곧 IMF였다. 협상장은 힐튼호텔 19층이었고, 립튼 차관보는 이 호텔 10층에 여장을 풀었다. 나이스 단장은 부지런히 10층을 들락거리며 차관보의 지시를 받아왔고, 협상장에 돌아와서는 이를 그대로 요구했다. 협상은 칼자루를 쥔 그들 의도대로 결정되었다.

관치금융의 종말

당시 그들이 내린 결론은 간단했다.

"한국은 그간의 일본식 금융시스템 곧 관치금융을 버리고 미국식 자본주의로 대체한다."

이것은 이미 합의 이전에 워싱턴에서부터 결정되었던 사항이었다. 미국 재무부는 그 무렵 한국의 금융 관행이 일반적인 방법으로는 치료하기 힘든 중증이라고 여겼다. 로버트 루빈의 자서전 《글로벌 경제의 위기와 미국》에 아래와 같이 기록되어 있다.

"우리의 견해는 갈수록 한국에서 대대적인 개혁이 외면되는 한 그 어떤 조치로도 시장의 신뢰를 회복할 수 없다는 쪽으로 쏠렸다. (중략) 문제가 되는 한 가지 관행은 '관치금융'이었다. 그것을 통해 정부 관리들은 누구에게 융자해줄 것인지 은행들에게 지시할 수 있었다. 그 같은 관행은 이른바 '정실자본주의'라고 일컬어졌다. 결과적으로 한국의 은행들은 기강이 없었다. 기업에 호의를 베푸는 은행들은 도산하는 일이 없도록 보호받았으며, 사실상 금융에 대한 견제라고는 없는 상태였다. 한국은 경제가 되살아나기 위해서는 근본적인 문제들에 대처해야 했다. 그러나 국제통화기금 관계자들과의 협상이나 데이비드 립튼과의 대좌에서 한국 관리들이 제시한 방안은 미흡했다."*

협상이 끝난 후, 2백여 항목에 이르는 방대한 이행각서에 김영삼 대통령은 물론, 김대중 후보 등 대통령 출마자들까지 서명해야 했다. 550억 달러의 패키지 자금 가운데 실제로 갖다 쓴 돈은 195억 달러였는데, 그나마 우리 국민의 금 모으기 등으로 이마저 4년 안에 다 갚았다. 그러나 IMF의 후유증은 컸다.

*   출처:《글로벌 경제의 위기와 미국》, 지식의 날개, 로버트 루빈·제이콥 와이스버그

병 주고 약 준 미국, 위기의 순간에 돕다

1997년 12월 3일 IMF가 한국에 총 583억 달러의 자금을 지원하기로 확정했음에도 국가부도 위험으로 인해 환율이 치솟았다. 12월 5일 IMF로부터 52억 달러가 들어왔지만, 이 돈은 중앙은행의 창고에 쌓이기도 전에 곧바로 나라 밖으로 빠져나갔다.

한국 정부는 IMF와 협상이 타결되면 외국계 금융기관들의 자금인출 사태가 진정되고 국제사회의 신뢰도 회복될 것으로 기대했으나 실상은 반대였다. IMF를 출발한 달러는 서울 도착 즉시 빠져나갔다. 해외 투자자들은 그동안 한국에 달러가 부족해 대출을 적극적으로 회수하지 못했으나 IMF로부터 달러가 유입되자 서둘러 대출을 회수했다. 금융시장의 혼란은 좀처럼 개선될 조짐을 보이지 않았다. 오히려 더 심해졌다.

외환시장에 모라토리엄의 위기감은 점증했다. 12월 10일 서울 외환시장은 개장 37분 만에 거래가 중단되었다. 달러화에 대한 원화 환율이 하루 상승 제한폭인 1,565.90원까지 폭등했기 때문이다. 아무도 달러화를 팔겠다고 나서지 않았다. 환율이 연초 800원대에 비해 2배가 된 것이다. 12월 18일 김대중 후보가 대통령에 당선되었을 때 우리나라 외화보유고는 고작 39억 달러였다. 12월 23일에는 우리나라로서는 이제 더 이상 어떻게 손써 볼수 없는 마지막 상황에 몰렸다. 환율이 1,960원까지 치솟았다.

이렇게 우리가 국가부도라는 절체절명의 위기에 처했을 때 위기적 상황을 타개해준 것은 그래도 미국이었다. 1997년 12월 19일 백악관에서 클린턴 대통령 주재로 국가안보회의가 열렸다. 매들린 올브라이트 국무장관, 윌리엄 코헨 국방장관, 로버트 루빈 재무장관 등이 둘러앉았다. 대통령을 제외한 세 사람이 모두 유대인이었다. 이날 회의의 의제는 한국의 외채만기연장 문제였다. 우리나라의 운명이 유대인들에 의해 재단되는 순간이었다.

루빈 재무장관은 시장 논리를 들어 한국 채권의 만기연장 문제는 민간 금융기관에 맡겨야 한다고 주장했다. 지금까지 한국의 상황을 이끌어온 미국 재무부의 입장을 고스란히 반영하고 있었다. 반론이 제기되었다. 윌리엄 코언 국방장관이었다.

"한국은 수만 명의 미군이 휴전선을 사이에 두고 북한과 총을 겨누고 있는 나라다. 한국의 경제위기는 이 같은 상황을 감안해 풀어가야 한다."

매들린 올브라이트 국무장관도 코헨 장관을 거들고 나섰다. 이날 회의의 결과는 한국에 대한 자금지원을 조기에 재개하고, 은행들의 외채 연장을 적극 유도해야 한다는 것이었다. 그동안 한국을 옥죄어 왔던 경제 문제가 안보 논리로 해결되는 순간이었다.

유대인들, 구원투수로 나서다

하지만 한국 외환시장은 아수라장이었다. 12월 23일, 우리나라로서는 이제 더 이상 어떻게 손써 볼 수 없는 마지막 상황에 몰렸다. 이때 구원투수로 나선 사람들이 유대인들이었다. 그린스펀은 자서전 《격동의 시대》에서 한국의 외환위기 해결을 위해 자신이 한 역할을 이렇게 기록하고 있다.

> "서울에 급전을 공급해 한국 경제를 회생시킨 로버트 루빈 당시 미 재무장관은 전 세계 재무장관들의 '명예의 전당'에 오를 만하다. 한국 정부는 250억 달러의 외환이 있어 끄떡없다고 주장했으나 우리는 곧 한국 정부가 장난치고 있음을 알게 되었다. 어려운 문제는 전 세계 수십 개 대형 은행에 '한국 부채를 회수하지 말라'고 설득하는 일이었다. 우리는 전 세계 재무장관, 은행장들의 잠을 일시에 깨우는 기록을 만들었다."

당시 재무장관이었던 루빈도 그의 자서전 《글로벌 경제의 위기와 미국》에서 다음과 같이 말했다.

> "우리는 그해 휴가철에 전 세계 재무장관들과 중앙은행장이 잠을 설치게 하는 데 모종의 기록을 수립했다. 하지만 걸어댄

전화는 보람이 있었다. 나는 서머스 차관의 방에서 미국 은행들과 투자은행들에 전화를 걸었다. 뉴욕 연방준비은행장 윌리엄 맥다노는 국제적 상대역들에게 전화했고, 그들은 다시 유럽과 일본의 은행에 비슷한 전화를 했다."

크리스마스 다음 날 IMF와 미국 등 G7국가들이 자금을 조기에 지원하기로 했다는 소식이 전해지면서 서울 외환시장에서 원화가치가 큰 폭으로 반등했다. 이날 미 달러화에 대한 원화 환율은 모라토리엄 위기감이 감돌던 12월 23일보다 22.6%가 떨어진 달러당 1,498원으로 마감했다. 절대 절명의 위기는 이렇게 수습되었다.

무너진 한국 경제

IMF로부터 혹독한 대가를 요구받은 한국 경제는 순식간에 나락으로 추락했다. 외국인에게는 값싼 한국 기업을 사들일 절호의 기회가 온 것이다. 우리나라 최대 기업인 삼성그룹조차 IMF로부터 자유로울 수 없었다. 삼성그룹의 굴삭기가 볼보에, 포크리프트 부문이 클라크에, 화학 부문은 뒤퐁과 GE플라스틱에, 석유화학 부문은 아모코에 넘어갔다. 또한 세계 경영을 모토로 하던 대우그룹이 공중분해 되어 대우자동차가 GM에 넘어갔다. 이 밖에도 두산음료가 코카콜라에, 삼양제지가 프로텍터갬블(P&G)에, 오비맥주가 인터브류(Interbrew)에 넘어가는 등 크고 작은 업체가 헐값에 외국인에게 매각되었다.

그뿐만 아니다. 당시 외국인 자본은 폭락한 우리나라 상장기업들의 지분을 거저 줍다시피 했다. 특히 우량기업과 금융주들을 쓸어 담았다. 이때 재미 본 외국인 헤지펀드는 그 뒤에도 목표물을 정해 대량 공략을 일삼았다. 이러한 외국계 펀드는 주로 유대계로, SK텔레콤을 공격한 타이거펀드, SK㈜를 노렸던 소버린 자산운용, 삼성물산을 괴롭힌 헤르메스펀드 등이 있다.

1999년 타이거펀드는 SK텔레콤 지분 7%를 매집한 뒤 적대적 인수합병 위협을 가했다. 하지만 불과 몇 달 뒤 6,300억 원의 시세차익을 남기고 지분을 SK계열사에 넘겼다. 또 2003년에는 소버린 자산운용이 SK㈜ 지분 15%를 확보해 최대 주주에 올라선 이후, 기존 경영진 사임을 요구하는 등 분쟁을 벌이더니 결국 1조 원의 차익을 남기고 떠났다.

기업사냥꾼 세계에서 영향력이 크기로 소문난 인물은 단연 칼 아이칸이다. 그는 우리나라에서 2006년 KT&G 지분을 사들여 10개월 만에 40%의 차익을 남기고 되팔았다.

론스타는 우리 외환위기를 틈타 한국자산관리공사와 예금보험공사로부터 5,000억 원 이상의 부실채권을 사들이면서 우리나라에 진출했다. 2001년 6월 서울 강남구 역삼동에 있는 스타타워, 2002년 한빛여신전문, 2003년 4월에 극동건설을 각각 인수한 데 이어, 같은 해 8월에는 외환은행을 인수함으로써 한국에서도 은행업을 시작했다. 론스타는 또 극동건설을 인수한 지 3년도 안 돼 인수자금 대비 3배를 벌었다. 그러는 동안 고배당과 부동산 매각 등으로 최소 3,500억 원 이상을 현금화했다.

만도기업의 운명도 극동건설과 비슷하다. 고배당과 자산매각 등으로 이미 인수가의 두 배를 안겨주었다. 론스타는 1조 3,832억 원에 외환은행을 사서 3년이 채 안 되어 4조 2,500억 원의 매각차익을 남기고 국민은행에 팔려다 중단된 상태였다. 그 뒤 외환은행은 2012년 2월 배당과 시세차익으로 4조 원이 넘는 이익을 챙긴 뒤 하나금융지주에 인수되었다.

IMF 구제금융 이후 외국계 사모펀드가 이렇듯 막대한 수익을 가져간 예는 '론스타-외환은행 사례' 뿐만이 아니다. 미국계 사모펀드인 뉴브리지캐피탈이 1999년에 5,000억 원을 들여 제일은행을 인수해서 1조 1,800억 원의 매각차익을 얻었다. 제일은행은 현재 스탠더드차타드은행에서 인수하여 SC제일은행이라는 이름으로 새출발했다. 또한 칼라일이 2000년에 4,559억 원을 들여 한미은행을 인수하여 약 7,000억 원의 매각차익을 얻고 시티뱅크에 팔았다.

이렇듯 이들 외국계 펀드는 주주총회 개최 요구 등 적극적인 경영 참여로 주가를 끌어올린 뒤, 대규모 시세차익을 남기고 지분을 정리했다. 그래서 '한국은 헤지펀드의 놀이터'라는 말까지 생겨났다.

IMF 때 국내 금융기관 여럿을 문 닫게 만든 제이피모건

제이피모건 은행은 IMF 외환위기 초기 반년 동안 우리나라에서 12건의 채권발행 주간사로 선정되어 모두 40억 달러어치 채권을 발행했다. 또 1998년 1월 뉴욕에서 열린 단기외채 210억 달러의 만기연장 협상에서 서방채권은행단 대표역할을 했다. 제이피모건은 같은 해 4월 국내에서 사상 최대 규모의 '파생금융상품 사고'를 쳤다.

제이피모건은 1996년 말 동남아 통화가 지나치게 강세를 보이자 거품이 심하다고 보았다. 이를 이용해 동남아채권연계 신용파생상품을 만들었다. 태국 바트화나 인도네시아 루피아화 가치가 더 올라가면 이를 산 사람이 돈을 벌지만 통화가치가 폭락하면 이를 판 제이피모건이 떼돈을 버는 구조였다. 문제는 이를 사줄 멍청이를 찾아야 했다. 이때 걸려든 멍청이가 우리나라 금융

사들이었다.

　제이피모건은 1997년 봄, 주택은행, 보람은행, SK증권, 한국투신, 한남투신, 제일투신, 신세기투신 등 국내 금융기관들에 무이자로 돈을 빌려주면서 동남아채권연계 파생금융상품인 TRS를 사도록 했다. 그리고 겨우 몇 달 뒤, 동남아 금융위기가 터져 두 나라 통화가치가 급락했다. 이 때문에 우리 금융사들은 자그마치 16억 달러의 손실을 보았다. 이 사건의 여파로 한남투신과 신세기투신은 결국 문을 닫았다. 문제 상품의 판매간사를 맡았던 SK증권 또한 자본이 완전 잠식되면서 모그룹인 SK그룹의 자금난마저 초래할 정도로 치명적인 손실을 입었다. 이전까지만 해도 잘 나가던 보람은행도 1998년 9월 8일 라이벌 하나은행에 합병당했다.*

우리 상장기업 주식들, 헐값에 넘어가다

1997년 들어 외환위기가 본격적으로 진행되자 국내 주식시장은 폭락세를 보였다. 동시에 외국인의 국내 주식시장 투자제한이 풀렸다. 이때부터 대부분 우량주식이 외국인의 손에 넘어갔다. 당

* 　참고자료: 프레시안, 2002.07.25, 박태견

시 상황을 보자.

1996년 800대를 웃돌던 주가지수는 IMF 외환위기가 본격화되던 1997년 연말에 376까지 떨어졌다. 700~800원 수준이던 달러 환율은 1997년 말에는 2,000원을 넘볼 정도로 치솟았다. 이때 들어온 핫머니는 우리 주식을 헐값에 무더기로 쓸어 담았다. 평소 가격의 15% 수준에서 산 셈이다.

1998년 한 해 동안 외국인의 순매수 상위 5개 종목은 삼성전자, 한국전력, 삼성전관, 엘지전자, 삼성화재였다. 대한민국을 대표하는 종목들이다. 그리고 외환위기로 폭락한 금융주들을 쓸어 담았다. 2000년 IT 버블이 깨지면서 연초에 1,000을 넘겼던 주가지수가 연말에 504까지 떨어졌다.

외국인 투자자들은 지수 600대인 2001년에 7조 5,000억 원어치를 매수했다. 이로써 외국인 지분율이 1999년 처음으로 20%를 넘긴 뒤 2001년 1월 30%대에 진입했다.

외환위기가 치유되어 가던 2000년에 국내에서 '국가부채와 국부유출 논쟁'으로 경제위기설이 다시 불거졌다. 이는 경기냉각만 불러온 게 아니라 주식시장에 직격탄을 날렸다. 2000년은 IT 버블이 깨지면서 무서운 하락이 진행되던 구간이었다. 2000년 연초 1,055였던 주가지수는 연말에 504까지 추락했다. 경제위기가 닥칠지도 모른다고 우려한 국내 투자자들이 주식을 내다 팔기에 바빴다. 당시 우리나라 국가부채는 GDP의 22.5%에 불과했다. 일본의 97%, 프랑스 67%, 독일 63%, 미국 57% 등과 비교하면 전혀 문제 될 게 없었다. 그런데도 우리끼리 부채위기라고 난리를 치며 경제를 망가트렸다.

그렇지만 외국인 투자자들은 달랐다. 그들은 경제위기설이 터무니없다는 사실을 꿰뚫어 봤다. 게다가 IT 거품도 가라앉아 있었다. 외국인 투자자들은 우리 주식을 2000년 한 해에만 무려 11조 4,000억 원어치 사들였다. 이것은 외환위기 직후인 1998년에 기록했던 사상 최고 기록인 4조 8,000억 원의 매입을 두 배 이상 넘어선 것이었다. 이렇듯 우리 경제를 사실 이하로 비관적으로 폄하하는 것은 경제심리를 위축시켜 큰 해악을 끼치게 된다. 경제위기설을 함부로 이야기해서는 안 되는 이유이다.

우리 증권시장이 개방된 1992년부터 2004년까지 총합계를 내보면, 외국인 투자가들은 유가증권시장(61조 4,000억 원)과 코스닥시장(6조 원)에서 약 67조 4,000억 원 규모를 순매수했다. 이 기간 외국인 지분율은 18%에서 44%로 불어났다.*

---

*   참고자료: 이데일리, '최용식의 주식시장 읽기', 2010, 최용식

투자한 돈을 다 빼가고도 주식시장 지분 30%를 거머쥐다

그 뒤 외국인이 장기 보유한 과실을 본격적으로 수확하기 시작한 것은 2005년부터였다. 이에 따라 국내 증시가 개방된 1992년부터 2008년 9월까지 우리 주식시장에서 외국인 투자가의 누적 순매도액은 9조 원을 넘어섰다. 외국인 투자가가 국내 증시에 투자한 자금보다 빼내 간 자금이 9조 원이나 더 많았다는 뜻이다.

그럼에도 코스피 시장에서 외국인이 보유한 주식 잔고는 2008년 8월 19일 기준 237조 7,000억 원이었다. 시가총액의 30.3%다. 그들이 사들인 금액보다 훨씬 많이 팔았음에도 그들의 시가총액은 단지 13%만 조정되었을 뿐이다. 그들은 투자한 돈보다 더 많이 빼가고도 우리 상장기업 전체 지분의 30%를 쥐고 있었다. '외국인이 국내 주식시장에서 단물을 다 빼먹는다.'는 속설이 그다지 과장된 이야기만은 아니었다.

우리나라 은행들 주식의 외국인 자본 비중은 60%가 넘는다. 삼성전자를 비롯한 대기업들의 외국인 주식비중 역시 50%를 넘고 있다. 과연 우리가 우리나라 은행들을 우리 것이라 부를 수 있는가? 외환위기 때 우리는 얻은 것도 있지만 많이 당했다. 하지만 이 속에서 배워야 한다. 지나간, 흘러간 역사가 아니라 현재에 숨 쉬고 있는 역사여야 한다. 아팠던 역사는 잊어버리면 안 된다.

ABOUT MONEY

세계 경제에서
돈의 흐름을 읽다

달러 발행은 왜
국채와 연동될까?

크리스마스를 이틀 앞둔 1913년 12월 23일 제이피모건과 록펠러 그리고 로스차일드 가문이 주도해 만든 미국의 연방준비제도 곧 연준은 영국의 영란은행 시스템을 그대로 베껴 설립되었다. 그렇다면 영란은행은 어떻게 만들어진 것일까?

이를 알기 위해서는 역사를 거슬러 올라가야 한다.

네덜란드 유대 무역업자들 영국으로 자리를 옮기다

스페인 무적함대를 격파하고 해상권을 장악한 영국의 엘리자베

올리버 크롬웰

스 여왕이 죽은 후 왕위에 오른 제임스 1세
와 그 뒤를 이은 찰스 1세는 왕권신수설의
신봉자로 전제정치를 실시하며 의회와 대
립했다. 국왕과 의회의 대립은 내란으로 치
달아 1645년 크롬웰이 이끄는 의회군이 승
리했다.

당시 해상권을 장악한 영국은 이를 어떻
게 해서든지 국부 증대에 활용해야 했다. 크
롬웰은 1651년 그 유명한 '항해조례'를 발표했다. 이후 세계 무
역에서 네덜란드의 독주는 영국에 의해 제동이 걸린다.

항해조례는 유럽 다른 나라들이 영국 및 영국 식민지와 무역
을 하려면 반드시 영국이나 영국 식민지 선박만을 사용해야 한
다는 내용이었다. 한마디로 해운과 무역업계에서 경쟁국인 네덜
란드를 배제하겠다는 의도였다. 네덜란드의 유대인 해상무역업
자들에게 위기가 닥친 것이다.

이로 인해 영국과 네덜란드 사이에 전쟁이 벌어졌다. 그리고
3년여 전쟁 끝에 영국이 이겨 네덜란드 해안을 봉쇄했다. 해상무
역에 종사하는 네덜란드의 유대인들로서는 다른 방법이 없었다.
유대인들은 그들의 대표인 랍비 므나쎄 벤 이스라엘을 영국에
파견해 1656년 네덜란드 유대 무역상들의 영국 이주를 허가받

았다. 이로써 해상 봉쇄로 어려움을 겪었던 유대인 무역업자들이 도버해협을 건넜다. 곧 세계의 경제력과 경쟁력이 유대인과 같이 네덜란드에서 영국으로 자리를 옮긴 것이다.

프랑스-네덜란드 전쟁, 유대인들 윌리엄을 돕다

1658년 크롬웰이 사망했다. 이를 틈타 영국 제임스 2세는 11년 만에 왕정으로 복고했고 유럽 대륙에서는 1672년 프랑스의 태양왕 루이 14세가 네덜란드로 쳐들어왔다. 네덜란드는 인구도 적은 데다 해군 중심 국가여서 프랑스 육군을 대적하기 힘들었다. 그러자 사람들은 위기에 대처할 지도자로 오렌지(Oranje, 오라네) 가문의 윌리엄 3세를 추대했다.

윌리엄 3세(빌렘 3세)

윌리엄 3세는 프랑스군에 완강히 저항하면서 한편으로 세계 외교사에 남을 만한 기획을 한다. 그는 프랑스 루이 14세의 야심에 대항하기 위해서는 영국과 동맹을 맺어야 한다고 판단하고 영국 왕 제임스 2세의 딸이자 자기의 사촌인 메리와 결혼했다.

그러나 윌리엄 3세의 기대와 달리, 영국은 네덜란드 편을 드는 스페인에 대항하기 위해 프랑스와 동맹을 맺었다. 결과적으로 프랑스, 영국, 독일 공국의 '동맹군'과 네덜란드, 스페인, 신성로마제국의 '연합군' 간의 전쟁이 되었다.

당시 연합군 사령관 오렌지 공 윌리엄을 도운 사람들은 주로 유대인들이었다. 특히 전쟁자금과 마차 등 군수품을 조달한 것은 유대 금융인 그룹이었다. 윌리엄 3세는 그들 대표 격인 안토니오 모세 마차도와 자코브 페레이라를 '조달장관'이라고 불렀다.

유대인들로서는 절체절명의 각오로 윌리엄을 도왔다. 종교의 자유를 찾아 유럽 곳곳을 떠돌던 그들은 이제 그들의 마지막 안식처인 네덜란드마저 가톨릭 국가에 패망하면 다시 정처 없는 방랑길로 내몰려야 하기 때문이었다.

유대인들은 윌리엄이 주도하는 '전쟁기금 모금기구'에 적극적으로 협조하며 전 세계 유대인 디아스포라 망을 통해 엄청난 자금을 끌어들였다. 이 자금 덕분에, 네덜란드의 윌리엄은 6년간의 전쟁 끝에 프랑스의 루이 14세의 야망을 저지하고 1678년 평화조약을 맺었다.

1689년 윌리엄의 영국 왕위계승, 유대금융인들 따라와

영국의 제임스 2세가 전제정치를 고집하자 이에 반대하는 명예혁명이 일어났다. 의회는 네덜란드의 윌리엄 공을 영국 왕으로 추대하여 불러들이는 공작을 진행했다. 그들은 1688년 6월 말, 영국 왕위계승권 1순위인 네덜란드의 오렌지 공 윌리엄 3세와 메리에게 영국의 자유와 권리를 수호하기 위해 군대를 이끌고 귀환하도록 초청했다. 의회가 윌리엄 3세를 추대한 이유는 윌리엄 3세가 영국 찰스 1세의 딸 메리의 아들로 외가가 영국 왕실의 혈통이자, 그의 왕비 메리 스튜어트 역시 영국 왕실의 적통을 이을 수 있는 제임스 2세의 딸이었기 때문이다.

기실 윌리엄도 미리부터 영국 입성을 준비하고 있었다. 용병을 모으는 한편 유대인 은행가 프란시스코 수아소로부터 은화 200만 길더를 빌려 군자금을 확보했다. 돈을 빌리며 바라는 게 무엇이냐는 윌리엄의 질문에 수아소는 이렇게 대답했다.

"만약 폐하께서 이긴다면 반드시 갚으리라 생각합니다. 만약 진다면 그야 내 손실로 감수할 수밖에 없겠지요."

군자금 모집 총비용 700만 길더 중 400만 길더는 국채로 발행되어 대부분 유대 금융가들이 샀다.

그해 11월 윌리엄·메리 부처는 1만 5,000명의 군대를 이끌고 영국에 상륙하여 런던으로 진격했다. 그러자 영국 귀족과 지방호족들도 잇달아 윌리엄 진영에 가담했다. 사위 부부가 장인을 공격하는 얄궂은 판이었다. 제임스 2세는 사태가 불리해지자 프랑스로 망명했다.

1688년 이 사건은 피 한방울 흘리지 않고 통치자를 교체했기 때문에 무혈혁명 곧 '명예혁명'이라 불린다. 이듬해 2월, 의회는 윌리엄 부처에게 '권리선언'을 제출하여 승인을 요구했고 부처는 그것을 승인한 뒤 공동으로 왕위에 올랐다.

그해 윌리엄 왕을 따라 영국으로 건너간 인원이 호위 병력을 포함하여 3만여 명이었다. 민간인 가운데 반 이상이 유대 금융인들로 세파라디 유대인 3,000명과 아슈케나지 유대인 5,000명 등 총 8,000여 명의 유대인이 이때 영국으로 옮겨갔다.

맨 앞에서 이들 유대 금융인들을 이끌던 페레이라의 아들 이삭은 영국의 병참부 장관이 되었다. 그는 1690년 9월부터 1년간의 짧은 시기에 9만 5,000파운드에 달하는 막대한 선박 건조 비용과 군수품 조달을 무난히 성사시켰다.

영국, 네덜란드로부터 국제금융 바통 넘겨받아

명예혁명 이전 영국은 오랫동안 종교 간, 민족 간 전쟁이 벌어지던 각축장이었으나 윌리엄과 메리가 즉위하면서 모든 것이 달라졌다. 1689년 영국의회가 통과시킨 '권리장전'과 '관용법'과 같은 혁명적인 법률들은 새로운 시대의 출발을 알리는 신호였다.

권리선언을 기초로 같은 해 12월에 제정된 것이 '권리장전'이다. 그 내용은 제임스 2세의 불법행위를 열거한 뒤 의회의 동의 없이 법률의 제정이나 세금의 징수를 금지하며 의회를 자주 소집할 것과 국민의 재산을 강탈하지 않을 것 등을 규정하고 있다. 권리장전 공포 이후 이제까지 영국 정부는 단 한 차례도 국채 이자 지급을 연체하지 않았다.

또 비국교도를 포함한 개신교도들에게 예배의 자유를 허용하는 '관용법' 덕분에 유대인들은 어느 때보다 자유롭게 영국 사회로 진입해 산업혁명과 금융혁명에서 중요한 역할을 담당했다. 이를 토대로 영국은 세계의 패권국가로 비상한다.

네덜란드의 빌렘 공이 영국 왕 윌리엄이 되자 네덜란드의 유대인의 금융자본이 영국으로 건너갔다. 윌리엄의 경제관과 금융에 대한 시각을 잘 알고 있는 유대 금융업자들이 대거 옮겨 갔다. 마차도(Antonio Machado)와 메디나(Solomon de Medina) 같은 유대 금융인들은 1689년 런던에 도착한 직후부터 네덜란드에서 번창했던 주식시장을 도입하기 시작했다.

이들 진취적인 유대인 금융업자들과 함께 네덜란드를 부흥시켰던 '사업방식'이 고스란히 영국으로 건너갔다. 이로써 네덜란드 경제는 쇠퇴하기 시작했고 영국은 짧은 시간에 선진적인 금융산업의 토대를 구축할 수 있었다.

이후 네덜란드 은행은 70~80여 년의 황금기를 마감하고 국제금융 중심지의 바통을 영국에 넘겼다. 이에 따라 그 뒤 네덜란드에서와 같은 '저리'로 대규모의 금융지원을 받은 영국 제조업은 나날이 발전했다. 그리고 무역 확대와 식민지 개척도 속도를 냈다. 영국은 네덜란드로부터 세계 최고의 해상국가 지위까지도 넘겨받아 사상 최대 규모로 세계의 상업과 식민정책을 주무르는 제국으로 탈바꿈했다.*

윌리엄, '전쟁기금 모금기구' 설치를 요청하다

윌리엄 3세가 영국 왕위 계승 이후 처음 부닥친 난제는 재정 적자 문제였다. 심각했다. 오랜 전쟁으로 국고가 바닥나 매우 곤란한 지경에 처해 있었다. 게다가 전임인 제임스 2세의 왕위 탈환 움직임을 공공연히 지원하는 프랑스와의 전쟁에 필요한 자금도 마련해야 했다.

왕은 의회에 세금징수권을 내준 통에 세금을 거두지 않고 재정을 마련할 방안이 필요했다. 그래서 1692년에 국채발행 제도가 시행되었다. 이것은 일종의 재정혁명이었다. 그간 군주의 변

---

* 참고자료: 《제국의 미래》, 비아북, 에이미 추아

덕에 시달렸던 대부방식을 효과적인 정부채권 체계로 대체했기 때문이다.

또 국채를 발행하기 위해서는 의회의 동의를 받아야 했기 때문에 재정 악화를 어느 정도 견제하는 효과가 있었다. 의회가 재정 운용권을 가지게 되자, 그 전처럼 증세에 반대하지 않았고, 1693년에는 의회가 국가채무에 대해 지급을 보장했다. 이 덕택에 국채의 신뢰도가 높아졌다.

그러나 이러한 국채발행으로도 한계에 다다라 더 이상 재정적자를 해소할 방법이 없었다. 왕으로서 가장 화급한 문제는 당장 눈앞에 닥친 프랑스와의 전쟁을 위한 전비 마련이었다.

당시 프랑스는 영국보다 인구가 4배나 많았다. 그리고 모든 산업에서 앞서 있을 뿐 아니라 군사력도 영국보다 훨씬 우위에 있었다. 육군은 물론 해군력도 영국보다 강했다. 특히 영국은 비치헤드해전에서 프랑스에게 대패한 뒤 강력한 해군의 필요성을 절감하고 있던 터라 수십 척의 전함 건설비용이 시급했다.

마지막 수단으로 윌리엄 3세는 네덜란드 시절 유용하게 활용했던 '전쟁기금 모금기구'를 설치하고 그때부터 친하게 지냈던 유대 금융가들에게 긴급 협조를 요청했다.

당시 윌리엄 왕이 요청한 돈은 120만 파운드였다. 엄청나게 큰 금액이었다. 이는 어느 몇 명이 나서서 해결할 수 있는 금액이 아니었다. 그리고 이 큰돈을 마련하여 왕에게 빌려준다 해도 이렇게 재정 적자가 날로 심해지는 형국에 돈을 돌려받을 가능성이 희박했다. 그렇다고 모른 체할 수도 없는 상황이라 유대 금융인들은 난처한 처지에 빠졌다.

유대 금융인들은 고민 끝에 영국 내 반유대 감정을 고려해 우선 윌리엄 패터슨 등 스코틀랜드 금융인들을 끌어들여 앞에 내세웠다. 이른바 신디케이트대출*을 구상한 것이다. 그리고 유대 금융인들은 기발한 생각을 해낸다.

'전쟁기금 모금기구'를 '주식회사 영란은행'으로 만들다

당시 유대 금융인들은 이미 네덜란드에서 1609년 세계 최초의 중앙은행격인 암스테르담은행(Wisselbank, 비셀방크)을 만들어 화폐통합을 이루어냈던 사람들이었다.

그들은 영국 왕에게 큰 거래를 제안했다. 왕이 말한 '전쟁기금 모금기구'를 만들어 금괴를 모아 빌려주는 대가로 그 모금기구가 왕실 부채를 담보로 '은행권'을 발권할 수 있게 해달라고 요구한 것이다.

---

*   대규모의 금액에 대하여 이루어지는 국제적인 무담보 신용대출.

곧 '전쟁기금 모금기구'를 통해 120만 파운드의 자본금을 상인들로부터 모은 후 '전쟁기금 모금기구'를 '주식회사 영란은행(잉글랜드은행, BOE; Bank Of England)'으로 전환한 후 자본금 전액을 모두 국왕에게 대부하고, 대신 상인들은 왕실에 대부한 금액을 담보로 은행권을 발행해 지불수단으로 통용할 수 있게 해달라고 한 것이다.

주식공모로 탄생한 '민간' 중앙은행, 영란은행

유대 금융인들로서는 금괴를 출자하고 그만큼의 은행권을 발행해 쓰는 것이어서 밑질 게 없는 장사였다. 더 중요한 것은 잉글랜드 최초로 은행권을 찍어 낼 수 있는 발권력을 쥐게 된다는 점이었다.

유대인들은 고대로부터 유대 은전의 발권을 통해 발권력의 위력을 잘 알고 있었다. 그 무렵 스코틀랜드와 북아일랜드에서는 법화는 아니지만 이미 여러 민간은행들이 은행권을 발권하고 있었다. 그러나 잉글랜드와 웨일즈는 금장들이 발행한 금괴나 은괴 보관증은 통용되어도 아직 은행이 정식으로 발권한 은행권이 없던 때였다.

상인들의 제안은 왕에게도 솔깃했다. 무엇보다 왕은 빚을 갚지 않아도 됐다. 왕은 120만 파운드를 연이자 8%로 빌리는 대신 이자만 지급하고 원금은 영구히 갚지 않아도 되는 영구채무로 하기로 유대인들과 협상했다. 그 무렵 시중금리가 연 14%였던 상황에서 8% 금리는 나쁜 조건도 아니었다.

의회도 국왕이 다시는 조세권에 접근치 못하게 하려는 의도에서 왕의 차입을 적극 지원했다. 은행권 발권력 부분만 제외하면 누이 좋고 매부 좋은 협상이었다.

이때부터 유대 금융 권력이 주도하여 암스테르담에서 그들이 했던 방식을 토대로 영국의 금융혁명을 일사천리로 밀어붙였다. 먼저 의회로 하여금 '국가채무에 대한 의회의 지불보장'을 법으로 제정토록 했다. 그들은 민간기업과 마찬가지로 주식공모를 통

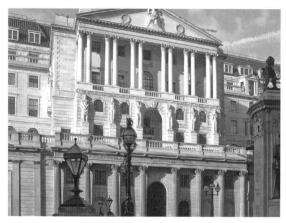

영국의 중앙은행인 영란은행(Bank Of England; BOE) 전경

해 설립자금을 모집했다. 당시 영국 왕이 요구한 120만 파운드가 필요했으나 투자자들인 런던 상인 1,286명에게서 주식공모 형태로 거둬들인 돈은 80만 파운드에 불과했다. 공모된 금액이 목표액에 많이 부족했음에도 다급한 영국 정부와 의회는 1694년 7월 의회 입법을 통해 경제특구인 '시티 오브 런던(City of London)'에 영란은행의 창립을 허가했다.

이렇게 유대인 금융가들은 네덜란드에서 영국으로 건너간 지 얼마 안 된 17세기 말 스스로 주주가 되어 영국 중앙은행을 설립했다. 이 민간은행은 정부로부터 특허은행 칙허를 받아 잉글랜드와 웨일스 지역의 은행권에 대한 독점 발권력을 소유하게 되었다. 영란은행 최초의 지폐는 손으로 제작되었다. 이후 1725년부터 인쇄된 지폐가 발행되었는데 인쇄된 지폐에 은행장이 손수 사인하여 지불을 보증했다.

이렇게 해서 세계 최초의 '민간 소유' 중앙은행이 탄생했다. 그것은 동시에 현재에 이르는 국제금융 역사의 시작이기도 하다.

이상한 셈법

1694년에 영란은행이 설립되어 첫 대출로 정부에 80만 파운드를 빌려주었을 때, 일부는 은행권 형태로 정부에 지불되었고 그만큼의 금괴는 은행에 남겨져 지불보증금으로 보관되었다. 덕분에 프랑스는 전비 마련에 어려움을 겪었지만, 영국은 쉽게 전비를 마련했다. 영란은행은 주주들 가운데 2,000파운드 이상 응모한 상인 14명에게 이사 자격을 주었다.

영국의 금 세공인들은 더 이상 금을 보관하고 보관영수증을 발행할 수 없게 되었다. 그들이 갖고 있던 금조차 모두 영란은행 금고에 보관해야 했다. 그래서 영란은행 주식공모 때 금 세공인들이 많이 참여하게 되었다.

영란은행은 국가에 거액의 대출을 해주고 짭짤한 이자 수입을 챙기게 되었다. 여기서 하나 이상한 점은 유대인들은 은행 설립 때 출자한 금괴에 상응하는 은행권을 발행해 이를 되받아 가거나 민간 대출업무에 사용했기 때문에 실질적으로는 빌려준 돈이 없었다. 그럼에도 국가로부터 받는 이자는 매년 꼬박꼬박 챙겼다. 참 이상한 셈법이었다.

참고로 은행이 설립되고 1년 뒤 은행 창립의 주역이었던 스코틀랜드 금융인 윌리엄 패터슨은 영란은행 이사 자리에서 물러났다. 많은 주주들의 이름이 드러나지 않았기 때문에 패터슨은 영란은행 주주들과 일하기 힘들었을 뿐 아니라 이사들 간의 정책 대립에서 밀려난 탓이었다. 영란은행 설립 초기에 간판스타로 쓰였던 패터슨이 결국 유대 금융인들에 의해 버림당한 것이다.

화폐의 발행과 국채를 묶어놓은 구조

1694년 당시 자본 확충을 위한 영란은행의 주식공모는 청약 개시 2~3일 만에 마감될 정도로 대성공을 거두었다. 배정받은 영란은행 주식은 20%의 프리미엄을 받고 팔려나갔다.

주식 발행으로 영란은행의 자본금이 확충되자 그에 상응하는 은행권이 발행되어 이 돈은 계속 재정 적자에 시달리는 영국 정부에게 대출됐다. 영국 정부는 그 뒤에도 계속 영란은행으로부터 돈을 꾸어 통화량을 늘려나갔다.

이렇게 강력한 새로운 금융수단이 생기면서 영국의 재정 적자는 수직상승했다. 쉽게 돈을 빌릴 곳이 생겼기 때문이다. 1670~1685년 사이 영국 재정 수입은 2,480만 파운드였고 그 뒤 1685~1700년의 정부 수입은 두 배 넘게 증가한 5,570만 파운드였다. 그런데 같은 기간 재정 지출은 더 늘어나 영국정부가 영란은행에서 대출한 액수는 17배나 급증해 80만 파운드에서 1,380만 파운드가 되었다.

이는 다시 말해 처음에 120만 파운드의 빚이 4년 후인 1698년에는 무려 1,700만 파운드로 늘어난 것을 의미했다. 이는 전체 영국 경제의 절반 수준이었다. 이때부터 영국 정부 통화량의 증대는 정부가 경제 상황을 감안하여 그 증감 정도를 주도하는 것이 아니라 대출로부터 기인하는 이상한 역사가 시작되었다.

아이러니하게도 이 구조는 국가화폐의 발행과 국채를 영구적으로 묶어놓았다. 즉 국채를 발행하면 화폐가 늘어나는 구조가되었다. 그렇다고 국채를 상환하면 국가의 화폐를 폐기하는 셈이되므로 시중에 유통할 화폐가 없어지게 된다. 따라서 정부는 영원히 채무를 상환할 수 없는 구조가 되었다.

경제도 발전시켜야 하고 이자도 갚아야 하므로 화폐 수요는필연적으로 늘어날 수밖에 없었고, 정부는 그 돈을 은행에서 빌려와야 했기 때문에 국채는 계속해서 불어날 수밖에 없었다. 이채무에 대한 이자 수입은 고스란히 은행가의 지갑으로 들어갔다.영국정부는 그때부터 채무를 갚지 않고 이자만 지불해왔다. 이자는 국민의 세금으로 부담해야 했다. 실제 1783년의 국채 발행 누적액은 세금 수입 20년분이었다.

이처럼 정부가 신뢰도 높은 국채를 대량으로 발행하자 영국의 금융업은 크게 발달했다. 런던 금융시장의 유통자본이 늘어나고 국채의 신뢰도가 높아지자 이자율이 하락하기 시작했다.

채권시장 활성화로 2%대 이자율, 산업혁명 토대구축

이렇게 영국의 금융혁명은 윌리엄 3세를 따라 온 유대 금융인들이 주도했다. 이들은 1694년 영란은행을 창설해 정부에 거대한 자금을 빌려주면서 이후에도 필요할 때마다 재무성 채권을 인수했다. 이로써 중앙은행의 기본 틀을 잡았다.

17세기 말에는 영란은행이 발행한 채권과 주식이 증권시장에서 매매되었다. 유대인들이 런던에 입성한 후 증시가 활성화되는데 그리 오랜 시간이 걸리지 않았다. 그들이 이미 네덜란드에서 익숙히 해왔던 일이었기 때문이다. 곧이어 일주일에 두 번 주가소식을 전하는 유료 소식지도 등장했다.

이후 영란은행은 정책을 바꾸었다. 그간 개인예금은 받지 않았으나 1700년대 초부터 개인예금을 받아들여 신용창출 기능을 활성화했다. 이로써 시중 유동성이 증가해 금리가 더욱 안정되기 시작했다. 이후 1704년에는 유대인들이 의회로 하여금 약속어음에 관한 법을 제정토록 하여 신용금융의 기초를 닦았다. 이로써 영국의 산업혁명이 태동하여 성장하고 파급될 수 있는 금융적 토양이 구축되었다.

1751년 영란은행은 아예 정부 부채 관리를 떠맡았다. 그리고 이때 유대인들은 또 한 번의 기발한 금융상품을 선보였다. 민간인을 상대로 여러 종목의 국채를 상환기간을 없앤, 일종의 영구채 형태로 통합한 만기가 아예 없는 영구공채를 발행했다. 18세기 중반부터 약 200년에 걸쳐 영국이 발행했던 콘솔채(consols)가 바로 그것이다.

정부가 상환의무를 지지 않는 대신 매년 이자를 영원히 지급하는 조건으로 발행한 공채다. 이를 산 사람은 나라를 믿고 재산을 맡긴 것과 같았다.

물론 시장에서 언제든지 콘솔채를 사고팔 수 있어 환금성이 높았다. 영국뿐 아니라 세계의 투자자들이 몰려들어 콘솔채를 사들이자 국공채 가격은 폭등했다. 표면금리가 정해진 국공채 가격이 올라간다는 것은 국공채의 실질 금리가 떨어짐을 의미했다. 국공채의 시중금리는 1755년 2.74%까지 떨어졌다.

당시에는 누구도 생각지 못했고 해내지 못했던 대단한 저금리였다. 이러한 저금리 체재의 지속이 거대한 자본이 필요했던 산업혁명과 그 전파의 원동력이 되었다.[*]

영란은행을 본떠 만든 미국 연방준비은행

미국은 중앙은행을 설립할 때 영란은행 시스템을 그대로 따라 했다. 미국 중앙은행이 영국의 영란은행을 본떠 만들어진 민간은행연합체인 이유이다.

1910년 11월 모건의 별장이 있는 조지아 주 연안의 휴양지

[*]   참고자료:《유대인 경제사 5권》, 한스미디어, 홍익희

지킬섬에서 비밀회의가 열렸다. 지킬섬은 조지아 앞바다에 있는 J.P.모건 소유의 섬이었다. 여기에 모인 사람은 모두 7명. 국가금융위원회 위원장인 넬슨 올드리치 상원의원이 모임을 주최했다. 하지만 실제로 자리를 준비한 사람은 폴 워버그라는 독일계 이민자였다. 그는 로스차일드가 남북전쟁 이후 미국 내의 주요 금융업체로 삼고 있던 쿤뢰브(Kuhn, Loeb & Company)의 공동 경영자이자 중앙은행 제도에 대해 가장 정통한 전문가였다.

다른 참석자로는 당시 모건의 뱅커스트러스트사 회장으로 있던 벤저민 스트롱, 제이피모건 사장 헨리 데이빗슨, 모건계 뉴욕 퍼스트내셔날 은행장 찰스 노턴, 하버드대학 교수 출신 재무부 차관보 피아트 앤드류, 당시 뉴욕에서 가장 강력한 은행이었던 록펠러계 내셔널시티뱅크 프랭크 밴덜립 행장 등이었다. 밴덜립은 윌리엄 록펠러와 쿤뢰브를 대표했다.

10일간의 회의 끝에 이 비밀회의에서 오늘날의 '연방준비법'이라고 하는 연방준비은행법 초안이 마련되었다. 대중에게는 1911년 1월 16일에 공개되었다. 재미있는 것은 법안을 만드는데 입법부에서 만든 것이 아니라 유대 금융인들이 주도하여 만들었다는 점이다. 주로 모건, 록펠러, 로스차일드 3대 금융 가문이 주축이었다. 이 중에서도 로스차일드 가문의 대리인 폴 워버그가 이를 주도했다. 이들은 '중앙은행'이라는 용어가 주는 부정적 이

미지를 없애기 위해 '연방준비시스템'이라는 용어를 사용했다. 그리고 과거의 중앙은행이 20% 정부지분을 인정한 것에 비해 100% 민영으로 설계했다.

이들을 뒤에서 조종한 막후 추진자들 역시 유대계였다. J.P.모 건, 철도 재벌 제임스 힐, 퍼스트내셔날 은행의 조지 베이커는 모 건 그룹에 속하는 사람들이다. 그리고 J.D. 록펠러, 윌리엄 록펠 러, 내셔널시티 은행의 제임스 스틸먼, 쿤뢰브사의 야곱 쉬프는 록펠러 그룹으로 분류된다. 이들 7인이 진정한 막후 조정자들로 알려져 있다.*

이 법안은 곧장 상원에 회부되어 논의가 시작되었다. 그 결과 1913년 연방준비위원회제도법이 제정되었다.

미국 연방준비은행은 민간은행들의 연합체
의회는 연방준비위원회제도 법안을 치열한 논쟁과 우여곡절을 거친 끝에 1913년 12월 크리스마스 이틀 전에 통과시켰다. 월가 금융세력들에게 적대적인 민주당과 공화당 의원들이 크리스마 스 휴가를 떠난 틈을 이용하여 상하 양원에 기습 상정하여 처리

---

* 　참고자료: 《화폐전쟁》, 랜덤하우스, 쑹훙빈

한 것이다.

이로써 지금의 중앙집권적 형태의 연방준비국(지금의 연방준비제도이사회)이 탄생했다. 상하원을 통과하는 순간 미국 월가와 런던의 은행가들은 환호성을 질렀으며, 의회가 국민에게 크리스마스 최대 선물을 안겨다 주었다고 신문은 대서특필했다.

그러나 우드로 윌슨 대통령은 유대인의 압박에 못 이겨 FRB법에 서명한 후 이렇게 토로했다 한다.

> "위대하고 근면한 미국은 금융시스템에 의해 지배되고 있다. 금융시스템은 사적 목적에 집중돼 있다. 결국 이 나라의 성장과 국민의 경제활동은 우리의 경제적 자유를 억압하고 감시하고 파괴하는 소수에 의해 지배된다. 우리는 문명세계에서 가장 조종당하고 지배당하는 잘못된 정부를 갖게 되었다. 자유의사도 없고, 다수결의 원칙도 없다. 소수 지배자의 의견과 강요에 의한 정부만이 있을 뿐이다."

이 법안이 통과되면서 미국은 비로소 연방준비제도이사회를 비롯해 12개 지역 연방은행을 주축으로 하는 중앙은행 체제를 확립할 수 있었다. 일종의 은행 카르텔이 탄생했다.

연준(FRB) 초대 이사회 의장은 찰스 햄린이 임명되었다. 그리

미국 워싱턴의 연방준비제도이사회
(Federal Reserve Board, FRB) 전경

고 뉴욕 연방은행 총재에는 J.P.모건의 오른팔인 벤자민 스트롱이 임명되었다. 그러나 연준의 실질적인 실력자는 독일계 유대인 폴 워버그 이사였다.

그가 처음부터 연준의 청사진을 그려냈고 또 그 설립을 앞장서서 주도했다. 연준의 실질 내막과 운영방법에 대해 그만큼 잘 알 수 있는 사람이 없었다. 그는 로스차일드의 후원으로 야곱 시프가 운영하는 유대계 금융기관인 쿤뢰브의 중역이자 야곱 시프의 의동생이었다. 한마디로 로스차일드 가문의 심복이었다. 그는 12개 지역 연방은행 총재들로 구성된 '연방자문위원회'가 실질적으로 연준이사회를 콘트롤하도록 시스템을 설계해 놓았다.

무자본특수법인인 우리나라의 한국은행과는 달리 연준(FRB)

은 자본금이 있는 주식회사로 그 지분은 민간은행들이 나누어 갖고 있다. 세계 각국의 주요 유대계 은행들이 대주주라는 것이 통설이다.

제이피모건을 위시해 세계 금융시장의 큰손 로스차일드 가문의 런던과 베를린의 로스차일드은행, 그리고 석유재벌 록펠러 가문의 제이피모건체이스은행도 연준의 주요 주주다. 그 외에 파리의 라자르브라더스은행, 이탈리아의 이스라엘모세시프은행(Israel Moses Seaf Bank), 그리고 연준 창립위원

폴 워버그

장을 역임한 폴 워버그 가문의 바르부르크은행(Warburg Bank) 등이 연준의 주주로 알려져 있다. 1917년 제정러시아를 대체할 새로운 임시정부가 결성되는데 2,000만 달러를 지원했던 쿤뢰브은행도 연준의 주주로 알려져 있다.

다행스럽게도 세계 기축통화인 달러를 주무하는 기관의 대주주는 세계 각국에 고르게 분산되어 있었다.

연방준비제도이사회 산하에 12개 지역 연방은행

연준 조직은 미 전역을 보스턴, 필라델피아, 뉴욕, 클리블랜드, 리

치먼드, 애틀랜타, 시카고, 세인트루이스, 미니애폴리스, 캔자스 시티, 댈러스, 샌프란시스코 등 12개 지역으로 나누었다. 1914년 11월 16일 12개 지역 준비은행이 업무를 시작했다.

12개의 지역 준비은행은 산하에 다시 25개의 지점을 두고, 연방은행법에 따른 약 1,000개의 주법은행들과 연계된 방대한 조직을 구성하게 된다.

미국 수도 워싱턴에 위치한 연준 본점에는 이를 대표할 7명의 이사진을 선출해 여기서 추대된 대표 1명에게 관리책임을 맡겼다. 연준 본점에 있는 7명의 이사는 대통령이 지명하고 상원에서 인준하도록 되어 있다. 임기는 14년 단임이고, 일단 임명된 이

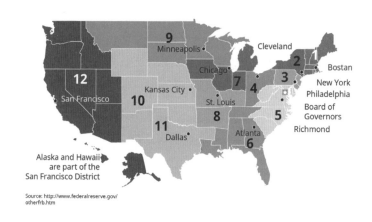

⋯⟩ **지역 연방준비은행별 관할 지역**

사와 대표는 누구도 해고할 수 없다. 이는 이사의 독립성을 보장하기 위해서다. 새 이사의 임명 터울은 2년이다. 창립 초기 이사진에는 미국 재무장관과 감사원장이 7명 이사에 속했다. 그러다 그나마도 민간이사로 교체되면서 연준은 미국 정부와는 완전 별개의 독립적인 기구가 되었다.

연방준비은행이 생기기 전에는 뉴욕의 은행가들이 뉴욕 지역의 자금만 장악할 수 있었다. 그러나 이제는 국가 전체의 은행 준비금을 주관할 수 있게 되었다.

뉴욕 연방은행의 초기 지분

12개 지역 연방은행 가운데 가장 큰 뉴욕 연방은행의 초기 지분 형태가 밝혀졌다. 베일에 가려진 내막이 반세기에 걸친 추적 끝에 최초의 뉴욕 연방은행 영업허가증을 찾아낸 것이다.

에즈라 파운드가 후원한 유스터스 멀린스라는 작가가 《연방준비은행의 비밀》이라는 책에서 12개 지역연방은행의 초창기 영업 허가서와 주주 현황을 공개했다. 이 책은 미국에서는 불건전 도서로 판매 금지를 당해 나중에 유럽에서 출판되었다. 이 책에 의하면, 월스트리트를 관장하고 있는 뉴욕연방은행이 1914년 5월에 통화감독관에게 제출한 문서에는 등록자본금 1억 4,300만 달러에 주식발행량은 총 20만 3,053주라고 기록되어 있다. 록펠러와 쿤롭사의 뉴욕내셔널시티은행이 3만 주로 가장 많았고, 폴 와벅의 뉴욕내셔널상업은행이 2만 1,000주, 제이피모건의 퍼스트내셔널은행이 1만 5,000주, 로스차일드 가문이 이사로 있는 하노버은행이 1만 2,000주, 체이스은행이 6,000주, 케미컬은행이 6,000주 등이었다. 멀린스는 연방준비제도이사회 지분의 50% 이상이 유럽 은행들의 소유라고 주장했다.

1955년에 뉴욕내셔널시티은행과 퍼스터내셔널시티은행의 합병으로 시티은행이 탄생했으므로 오늘날 시티은행이 뉴욕 연방은행의 최대주주이면서 사실상 주인이다. 이들은 모두 로스차일드가문 등 유대계 금융세력이다.

이렇게 탄생한 연준은 출범 당시부터 월스트리트의 대형 은행가와 중개인들의 그늘에서 벗어나지 못했다. 《화폐전쟁》을 쓴 쑹홍빙은 폴 워버그가 연준 초대 이사이지만 그를 배후에서 조종한 것은 런던에 있는 알프레드 로스차일드라고 주장했다.

연준을 설립한 후 정부는 재무부의 정부 화폐를 회수하고 연준이 은행권을 발행하도록 했다. 연방준비국은 국가가 보유한 금의 통제권을 넘겨받았으며, 금본위제 하에 연방준비 은행권을 발행하기 시작했다. 지금도 연방준비위원회는 매년 이들 주주들에게 연준 이익을 정기배당하고 있다.

미국 정부는 연준에 국채 이자를 지불할까?

미국 정부는 국채를 발행했으면 당연히 이에 대한 이자를 지급해야 한다. 미국 연간 예산 중 이자 지급이 차지하는 비중이 13%정도 된다.

미국의 정부부채 곧 국채발행총액은 2019년 11월 말 현재 약 23조 달러에 이르며, 이 가운데 각국이 보유한 미국 국채 총액은 6조 7,403억 달러어치다. 미국 연준도 이번 코로나19 사태로 약 5조 달러 이상의 미국 국채를 보유하게 된 것으로 추정된다. 그리고 나머지는 채권시장을 통해 민간부문이 갖고 있다.

그렇다면 미국 정부는 연준이 보유하는 국채에도 이자를 지급할까? 정답은 '지급한다'이다.

하지만 일반인들이 잘 모르는 부분이 있다. 연준은 미국정부가 지급하는 이자를 받아 주주들 곧 연준 설립 시 자본금을 댄 민간은행들에게 6%의 배당금을 지급하고 연준이 쓸 경비를 뺀 다음 나머지는 다시 미국정부에 돌려준다는 점이다.

이것이 미국 정부가 재정 적자 곧 국채발행을 크게 무서워하지 않는 이유 중 하나다. $

달러는 어떻게
기축통화가 되었나

　대공황 와중인 1936년에 출판된 존 메이너드 케인즈의 《고용, 이자 및 화폐에 관한 일반이론》은 우리에게 불황과 실업을 정부의 적극적인 통화정책과 재정정책으로 막아낼 수 있다고 알려주었다. 이로써 우리는 그를 자본주의를 대표하는 거시경제학자로 인식하고 있다.

　그러나 그가 막상 진력한 분야는 통화제도를 연구하는 '화폐경제론' 분야였다. 그는 어느 한 나라의 화폐가 기축통화가 되어서는 문제가 있다며 세계화폐를 주장했던 학자다.

　또한 그는 자본 공급이 늘어나면 결국 제로 금리로 이자소득자가 안락사할 것이라고 주장했다.

> "자본의 한계효율이 아주 낮은 수준으로 떨어지는 지점에 이
> 르도록 자본 스톡을 늘리는 것, 그것은 이자로 먹고사는 자들
> 의 안락사 곧 자본의 희소성을 악용하는 자본가의 계속 이어
> 져온 억압적 권력의 안락사를 의미할 것이다."

케인즈는 당시 영국 경제가 '빈둥빈둥 놀면서 재테크를 일삼
는 자산가계급'인 '지대추구 자산가들'에 의해 지배되고 있다고
비판했다. 즉 인도와 이집트 등 영국 식민지 민족들을 영국계 상
업회사와 금융사들이 약탈하면서 생산적 기여를 하지 않는 자산
가계급이 경제를 망가뜨리고 있다는 것이다. 케인즈는 지대추구
자산가들이 바로 1930년대 세계 대공황을 일으킨 금융자본주의
의 주역이라고 지적하며, 이들을 엄격히 규제해 자본주의를 다시
생산적 자본, 곧 산업자본으로 환골탈태시키지 않는 한 자본주의
경제에 희망이 없다고 봤다.

이것이 케인즈 경제학의 궁극적 목표였다. 과연 그의 주장 곧
세계화폐의 출현과 이자소득자의 안락사는 실현될 수 있을 것인
가?

케인즈의 무서운 선견지명

1차 대전 직후인 1918년에 열린 파리강화 회의에서 경제학자 존 메이너드 케인즈는 독일에 과도한 배상금을 물려서는 안 된다고 역설했으나 거부되었다. 그는 회의에 참가한 각국 정치인들이 이기적인 자국 정치 논리를 앞세워 경제를 무시하는 무지한 행태에 충격을 받고 분노했다. 그는 독일에 물린 혹독한 배상금으로 전무후무한 인플레이션이 발생할 것이며, 이는 독일국민들을 빈곤으로 내몰아 '극단적인 혁명'이 일어날 거라고 생각해 히틀러 시대와 새로운 전쟁을 예감했다.

존 메이너드 케인즈

그는 이듬해에 쓴 《평화의 경제적 결과》라는 책에서 연합국 지도자들을 강력하게 비판하며 "가장 중요한 문제는 정치가 아니라 금융과 경제라는 사실을 한 사람이라도 제대로 이해했더라면…. 아직 시간이 있을 때 흐름을 이로운 쪽으로 돌려놓아야 한다."고 주장했다.

케인즈의 예견은 그의 표현 그대로 현실화되었다. 결국 독일에 대한 거액의 전쟁배상금은 '화폐 발행량 증가 → 초인플레이션 → 히틀러 등장'으로 연결되어 2차 대전을 불러왔다. 이 모든 사건의 원인은 인플레이션이었다. 2차 대전이라는 참화는 케인즈의 선견지명이 거부된 결과였다.

독일의 초인플레이션은 정부의 화폐 발행량 증가와 은행들의 과도한 신용창출의 결과물이었다. 독일 정부는 과도한 전쟁배상금 지급과 경기 진작을 위해 수출을 늘려야 했다. 수출을 늘리기 위해서는 마르크화 평가절하로 수출 상품 가격경쟁력을 높이는 게 유리해 결국 화폐 발행량 증가를 선택할 수밖에 없었다. 그러나 독일 초인플레이션의 진정한 막후 조종자는 사실 거대한 신용창출을 일으킨 금융자본세력들과 그들에 의해 움직여진 민간 중앙은행이었다.

인플레이션이 가속화될 기미를 보이자 여기에 마르크화 투기 금융세력들이 가세해 막대한 대출을 일으켜 부동산과 기업들을 헐값에 사들이고 돈값이 휴지조각이 됐을 때 대출을 갚았다. 1923년에는 이틀에 한 번 꼴로 물가가 2배씩 폭등했다.

이러한 방법을 연속적으로 사용해 독일 최고의 거부가 된 사례가 휴고 스티네스였다. 그는 역사상 인플레이션을 가장 잘 활용한 사람으로, 대출로 1,535개의 기업과 그에 딸린 2,888개의 공장을 사들였는데 그 가운데 신문사도 60개나 있었다.

그는 언론조차 입맛에 맞추어 조종하며 인플레이션을 부추기기까지 했다. 그는 자신이 소유하고 있던 신문을 통해 인플레이션율이 10,000%에 이르던 1922년 중에도 "유통되는 통화가 부족하다. 산업과 질서를 유지하기 위해서는 통화량이 더 늘어나야 한다."고 주장했다. 이와 같은 주장을 뒷받침하기 위해 경제학자들도 동원되었다. 유럽 최고의 작가였던 슈테판 츠바이크에 의하면 그의 재산은 독일 국부의 4분의 1이었다고 한다. 1923년 〈타임〉지는 그를 '독일의 새로운 황제'라고 칭했다.

이러한 행태에 분노한 독일 국민들은 파렴치한 투기꾼들과 이를 조장한 유대인 금융가들에 대한 적개심과 증오를 품게 되었다. 결국 시중 은행들의 과도한 신용창출이 유동성 곧 시중의 화폐 유통량을 급속도로 늘려 초인플레이션으로 이어졌다. 1921년 1월에 0.3마르크 하던 신문 한 부 값이 1922년 11월에는 7,000만 마르크가 됐으니 2억 배 오른 것이다. 건전한 시민들이 생활비를 아껴 평생 저축한 돈이 휴짓조각이 되는 어처구니없는 참담함을 겪었다. 시민들은 항의의 표시로 기존 화폐를 길거리에 버리거나 불쏘시개로 썼다.

시민들은 두 눈 멀쩡히 뜨고 화폐 발행량을 터무니없이 늘린 정부와 금융세력에 의해 무자비하게 수탈당한 것이다. 특히 부동산 없이 현금만 보유했던 빈곤계층 서민들이 발가벗겨졌다. 부자들은 부동산, 토지, 주식, 귀금속 등으로 자신의 재산을 포트폴리오 해놓아 어느 정도 피해갈 수 있었지만 저소득층은 아니었다.

금융투기세력이 화폐가치 폭락 과정에서 벌어들인 거대한 이익은 바로 국민들이 몇 십 년 동안 힘들게 저축해 얻은 부였다.

케인즈의 예견대로, 이 틈을 파고들어 대중을 선동해 집권한 사람이 히틀러다. 그가 이끄는 나치의 지지율은 1928년 총선에선 2.6%에 불과했으나 2년 후엔 37.4%의 득표율로 원내 1당이 되어 히틀러는 총리에 올랐다. 1934년 대통령이 서거하자 히틀러는 본인이 총리와 대통령을 겸하는 '총통'이 되겠다고 국민투표에 붙였다. 그는 무려 88.1%의 압도적 지지를 받고 최고 권력자가 된다. 이어 홀로코스트와 2차 대전이라는 세계 최대의 비극이 일어난다. 정치를 앞세우고 경제와 금융을 무시한 결과였다.

그 뒤 헝가리에서는 1946년 역사상 최대의 초인플레이션이 일어났는데 0이 29개나 있어 읽기조차 어렵다. 이러한 일은 과거에 국한된 역사적 사건이 아니다. 내가 1990년대 초 브라질 근무할 때도 초인플레이션은 일어났으며, 러시아도 1992년 2,600%의 초인플레이션에 시달렸다. 엘친 정부 8년 동안 러시아 인플레이션은 60만 8,000%에 달했다. 2007년 나이지리아의 월 796억% 인플레이션을 비롯해 2009년 짐바브웨이는 무려 100조 달러 지폐를 발행하기도 했다. 베네수엘라는 초인플레이션이 계속되어 경제가 완전히 무너졌다.

이런 나라 사람들은 봉급을 받자마자 뛰어나가 카트 가득 물건 사기에 바쁘다. 나도 브라질 근무 때는 그 대열의 한 명이었다. 조금만 늦으면 지폐가 휴지조각이 되기 때문이다. 또 이러한 초인플레이션은 개발도상국에만 국한된 일이 아니라 선진국에서도 발생할 수 있는 '화폐적 현상'이다. 제로 금리와 양적완화정책으로 인해 화폐 발행량이 최대로 늘어난 요즘의 현실이 위태로운 이유이다.

케인즈의 세계화폐와 달러의 대결

케인즈의 화폐관은 명료했다. 특정 국가에 의해 임의로 발행량이 증가하거나 축소되는 일이 없는 곧 인플레이션이나 디플레이션이 없는 세계화폐가 있어야 한다는 신념이었다. 케인즈는 이렇게 말했다.

> "인플레이션은 부당하고 디플레이션은 비효율적이다. 독일의 경우처럼 극단적인 인플레이션을 제외하면, 인플레이션과 디플레이션 중에 디플레이션이 더 안 좋다. 빈곤한 세계에서 임대인을 실망시키는 것보다 실업을 유발하는 것이 더 안 좋기 때문이다. 그러나 둘 중 하나를 꼭 택해야 하는 것은 아니다. 두 가지가 모두 안 좋고, 모두 피해야 한다."

케인즈가 디플레이션이 더 안 좋다고 말한 데는 이유가 있다. 다음 달에 물가가 더 싸질 것이라 예상하면 사람들이 소비를 미루어 경기침체에 빠지기 때문이다. 소비가 줄어들면, 기업이 생산을 줄이고, 그러면 결국 실업이 유발된다는 이야기이다.

그럼 초인플레이션(Hyperinflation)은 왜 일어날까? 초인플레이션이란 물가상승이 정부의 통제를 벗어난 상태로 월 50% 이상의 인플레이션율을 뜻한다. 인플레이션 기대심리가 만연되면 사람들은 돈이 들어오는 즉시 재화로 바꾸려 든다. 이렇게 되면 통화의 유통속도가 갈수록 빨라져 중앙은행의 통화정책으로는 통화팽창을 제어할 수 없게 된다. 그러면 시중 유동성은 갈수록 증폭되어 초인플레이션이 발생하는 것이다.

케인즈는 인플레이션이나 디플레이션이 일어나지 않는 세계화폐가 개발되어야 한다고 믿고 스스로 그런 화폐의 연구에 몰두했다. 그는 패권 국가가 극단적인 무역수지 적자를 볼 경우, 무역 분쟁은 물론 환율전쟁을 일으킬 우려가 있고 또한 이는 세계경제를 불경기에 빠트릴 염려가 있어 이를 '예방'하는 데 초점을 맞추었다. 마침내 그는 세계화폐 '방코르'(Bancor)를 고안해 냈다. 방코르는 금을 비롯해 30개 상품 가격을 기초로 가치가 산정되며 각국은 자국 화폐를 일정한 고정환율로 방코르와 교환할 수 있게 했다.

케인즈는 1944년 브레턴우즈 회의에서 그의 학문적 연구를 토대로 달러 체제에 대항하는 세계화폐 '방코르'와 이를 청산해줄 '국제청산동맹'을 도입해야 한다고 제안했다. 세계 각국이 무역에서 각 나라 통화를 사용하지 말고, 이 세계화폐를 공통으로 사용하자는 주장이었다.

케인즈는 인플레이션이나 디플레이션이 발생하지 않게 하기 위해 방코르의 발행량은 거래되는 상품과 서비스양에 비례해야 된다고 생각했다. 그의 제안은 각 나라의 과거 3년간 무역액의 75%를 기준으로 방코르를 미리 각국의 보유자금으로 할당하고, 각 나라는 수출과 수입의 차액을 이 세계화폐를 사용해 조정하자는 것이었다. 곧 방코르는 금을 사용하지 않고 무역결제를 할 수 있는 새로운 세계화폐였다.

방코르는 실생활에서 사용할 수는 없지만 세계 중앙은행들끼리 결제할 수 있는 화폐로 각국 화폐의 가치는 방코르와의 상대환율로 표시된다. 케인즈는 무역전쟁과 환율전쟁 예방에 필요한 세계화폐를 고안한 것이다.

여기에 케인즈의 천재적인 면을 볼 수 있는 환율조정시스템을 더했다. 케인즈는 무역수지 적자국의 경우 적자액만큼의 방코르 초과인출(overdraft)를 계상할 수 있게 하되 각국의 초과인출 상한액은 무역규모에 비례해 설정하도록 고안했다. 각국의 연간

무역수지 적자액이 사전 설정된 방코르 초과인출 상한액의 50%
에 달하면 그 나라 화폐는 평가절하를 실시하는 동시에 적자액
의 10%를 벌금으로 내게 했다. 벌금제도는 무역흑자 국가에도
적용했다. 벌금을 피하려면 각국이 자연스럽게 사전에 환율을 조
정해야 하는 시스템을 구축한 것이다.

케인즈가 우려했던 것은 '금과 태환됨으로써 달러의 신용을
유지한다.'는 제도가 미국의 금 보유량이 고갈되면 붕괴될 수밖
에 없는 체제라는 점이다. 만약 이런 사태가 벌어지면 세계 경제
역시 큰 혼란에 빠질 수밖에 없음을 걱정한 것이다.

케인즈가 세계화폐를 주장한 이유는 크게 두 가지였다. 첫 번
째 이유는 통상 분쟁과 환율 문제로 3차 세계대전이 벌어지지 않
게 하기 위해서다. 케인즈의 생각은 세계화폐는 '인플레이션이나
디플레이션이 발생하지 않도록 고안되어야 한다.'는 것이었다.

또 다른 이유는 특정국가의 위기가
다른 국가로 전이되는 현상을 방지하
기 위해서다. 달러가 기축통화일 경우,
미국 내에서 유동성 위기가 일어나면,
경제위기는 전 세계적으로 전이되지만
세계화폐를 활용할 경우, 경제위기의
전이는 제한적인 수준에 그친다는 게

케인즈(오른쪽)와
해리 덱스터 화이트(왼쪽)

케인즈의 생각이었다.

케인즈는 국제청산동맹의 자본금을 260억 달러로 하자고 제안했다. 미국 1년 GDP보다도 많은 금액이었다. 하지만 케인즈의 주장은 받아들여지지 않고 거부되었다. 달러를 기축통화로 만들어 세계 경제의 패권을 잡으려 했던 미국이 반대했기 때문이다. 결국 방코르와 국제청산동맹의 꿈은 무산되었지만 절충이 이루어져 85억 달러 규모의 국제통화기금(IMF)이 설립되었다.

브레턴우즈 체제, 달러를 기축통화로 하는 금환본위제도

러시아계 유대인 이민자 부부의 막내로 태어난 화이트는 집안이 가난해 대학 진학을 포기하고 1차 세계대전 때 군에 자원입대했다. 전쟁이 끝나자 화이트는 참전용사 지원프로그램 덕에 컬럼비아대학에서 공부할 수 있었다.

그는 하버드대학에서 경제학 박사학위를 받은 후 잠시 교수 생활을 한 뒤 재무부에 취직했다. 당시 재무부장관이었던 모겐소(Henry Morgenthau Jr.)는 그의 능력을 알아봤다. 유대인끼리 통하는 면도 많았을 것이다. 화이트는 모겐소 장관 보좌관을 거쳐 승승장구해 차관보에 오른 뒤 브레턴우즈(Bretton Woods)* 회의에 미국 대표로 참석했다.

화이트는 케인즈에 밀리지 않았다. 그의 적극적인 공세는 미국이라는 힘과 유대 금융자본의 파워를 배경으로 압도적일 수밖에 없었다. 다른 참가국들도 2차 대전의 후유증으로 미국의 도움이 절실할 때였다. 결국 회의는 여러 나라의 반대에도 불구하고 미국의 뜻대로 마무리되었다.

미국은 달러를 기축통화로 하는 금환본위제도[**]를 실시키로 했다. 금 1온스[***]를 35달러로 고정시키고, 그 외에 다른 나라 통화는 달러에 고정시키되 1%의 범위 내에서 조정할 수 있는 재량을 부여했다. 이로써 브레턴우즈 체재가 개막되었다.

드골, 세계화폐 역할 할 수 있는 특별인출권 제안하다

2차 대전 이후 세계 외화자산 결제는 주로 달러로 진행되었는데 브래턴우즈 체제의 금환본위제임에도 미국은 암암리에 달러 발행을 남발했다. 당연히 달러의 실질 가치가 많이 떨어졌다. 이에

---

[*] 미국의 브레턴우즈에서 발족한 국제통화체제로 1930년 이래 각국 통화 가치 불안정, 외환 관리, 평가절하 경쟁, 무역 거래 제한 따위를 시정하여 국제 무역의 확대, 고용 및 실질 소득 증대, 외환의 안정과 자유화, 국제 수지 균형 따위를 달성할 목적으로 체결.

[**] 금본위제도를 운영할 수 있는 충분한 금을 확보하지 못한 일부 국가들이 채택하는 제도로, 그들의 금을 지도적인 금본위제도 국가 곧 미국에 예치하고 그렇게 함으로써 자국 통화와 달러와의 태환성을 개선하려는 것임.

[***] 금 거래에 사용하는 온스는 일반 온스(28.35g)와는 다른 트로이온스(31.1g)이다.

따라 달러에만 모든 결제를 맡기는 것이 옳은가에 대한 의문이 제기되었다.

1964년 IMF 연례총회에서 달러의 독점적 위상을 반대하던 프랑스는 세계화폐 역할을 할 수 있는 '특별인출권*'(SDR, Special Drawing Rights)을 만들자고 제안했다. 그러나 미국에 의해 즉각 거부되었다.

프랑스 샤를 드골 대통령

그러자 드골은 세계화폐 개념은 새로운 게 아니라 역사 속에서 통용되던 금이 바로 세계화폐라며 국제체제의 평등성 회복을 위해 금본위제로 복귀하자고 주장했다. 그러면서 프랑스가 보유하고 있는 달러를 미국의 금과 바꿀 의향을 밝혔다.

이러한 협박은 미국의 공식입장을 변화시켰다. 미국은 달러의 위상이 더 이상 난공불락이 아니라는 점을 인식하고 태도를 바꿔 드골의 특별인출권 창출에 동의했다.

결국 IMF가 케인즈의 세계화폐 아이디어를 차용해 1969년 새로운 국제 준비자산을 만든 것이 특별인출권이다. 특별인출권

---

* 닉슨의 신경제 정책을 발표는 닉슨쇼크(Nixon Shock)로 불리며 세계 경제에 막대한 영향을 끼쳤다.

은 IMF 회원국의 국제수지가 악화되었을 때, 담보 없이 필요한 만큼의 외화를 인출해 갈 수 있는 권리이다. 쉽게 말해 특별인출권은 IMF에서 사용하는 가상의 준비통화로 달러를 보완하기 위한 세계화폐이다.

세계가 달러를 의심하다

브레턴우즈 체제 초기인 1947년까지만 해도 미국정부는 전 세계 금의 70% 이상을 갖고 있었다. 그러나 이후 서독과 일본의 눈부신 경제 성장과 무역 증대로 세계 무역에서 미국의 위상은 점점 축소되었으며, 베트남 전쟁으로 늘어난 국가채무, 통화팽창 등으로 달러 가치는 1960년대 들어 심각하게 떨어지기 시작했다.

케인즈가 우려했던 것이 전후 세계 경제 흐름 속에서 차례차례 현실로 드러났다. 1965년 암살당한 케네디 대통령을 승계한 린든 존슨은 베트남 전쟁에 확대 개입하면서 경제는 점점 더 수렁 속으로 빠져들었다. 그는 당시의 금환본위제를 위배하는 비도덕적 행위도 서슴지 않았다. 부족한 재정을 메우기 위해 연방준비제도에 금 보유와 상관없이 달러를 더 발행하도록 압력을 가했다.

이는 브레턴우즈 체제 참가국들을 속이는 행위였다. 연방공

개시장위원회 위원들은 대통령의 압력에 굴복해 화폐 발행량을 늘리자 물가상승률은 6%까지 치솟았으며 1970년대 들어 인플레이션은 두 자릿수를 넘나들었다.

1966년에 이르러 미국의 금 보유는 전 세계 금의 절반 이하로 줄어들었다. 미국 이외 나라들의 중앙은행들이 140억 달러 만큼의 금을 보유하고 있었으나 미국의 금 보유는 단지 132억 달러만큼에 불과했다. 그럼에도 1971년 들어 달러 통화량은 10%나 늘어났다. 이에 불안을 느낀 서독이 그해 5월 브레턴우즈 체제를 탈퇴했다. 그러자 달러 가치는 마르크 대비 7.5% 하락했다. 다른 나라들도 동요하기 시작했다. 이제 각국은 달러를 의심하기 시작하며 보유 달러를 금으로 바꾸기 원했다.

스위스가 가장 먼저 7월에 5,000만 달러를 미국의 금으로 태환해 갔다. 이어 프랑스도 1억 9,100만 달러를 금으로 바꾸어갔다. 그러면서 1억 5,000만 달러를 더 태환할 계획이라 발표했다. 이어 스페인도 6,000만 달러를 금으로 교환해 갔다.

이를 지금의 가치로 환산하면 수백억 달러어치의 금을 교환해 간 것이다. 이로써 미국의 금 보유고는 엄청나게 줄어들었다. 달러 가치가 유럽의 통화들에 비해 가치가 떨어지자 8월에 스위스도 브레턴우즈 체제를 떠났다.

세계를 우롱한 닉슨의 배신

1971년 8월 9일, 영국의 경제대표가 재무부에 직접 와서 자그마치 30억 달러를 금으로 바꿔달라고 요구했다. 미국 정부는 잘못하면 국가부도 사태를 불러올지도 모르는 비상 국면에 직면한 것이다. 그 다음 주 13일 금요일, 닉슨 대통령은 돌연 행정부 주요 경제 정책 담당자들 16명에게 헬리콥터를 타고 자신과 함께 캠프데이비드 군사기지로 가자고 명령을 내렸다. 대통령은 외부와 연락할 수 있는 모든 길을 차단함으로써 이 모임에 대한 정보가 새어나가지 못하도록 했다. 금 고갈에 직면한 미국이 자신만 살길을 찾아 나선 것이다.

미국은 금 고갈로 인해 1971년 8월15일 달러와 금의 교환을 일방적으로 중단하는 이른바 '닉슨쇼크'를 단행해 브레턴우즈 체제를 스스로 파기하는 비도덕적 배신을 감행했다.

닉슨은 투기꾼들에 의해 달러가 공격받고 있다면서 일시적으로 달러의 금 태환을 중지한다고 발표했다. 발표 내용도 지극히 부정직했다. 이렇게 미국이 하루 아침에 금과 달러의 연결고리를 끊어버림으로써 그간 금 교환권이라고 믿어온 달러와 또 그 달러에 연동되어 있던 전 세계

미국 리처드 닉슨 대통령

화폐를 모두 종잇조각으로 전락시킨 엄청난 사건이었다.

너무나도 갑작스럽게 일어난 일이라, 그 뒤 세계 경제는 극심한 혼란을 겪었다. 브레턴우즈 체제가 붕괴되고 나서도 3~4년 동안 세계는 효과적인 국제통화제도를 찾지 못했다.

닉슨쇼크와 동시에 미국 정부는 모든 수입품의 관세를 10% 올리는 보호무역을 단행하고, 국내적으로는 90일간 물가와 임금을 동결하고, 대외적으로는 달러의 평가절하를 단행하여 목표 금값을 온스당 35달러에서 38달러로 변경했다.

전형적인 '인근궁핍화전략(상대방을 궁핍하게 만들면서 경제를 회복하는 것)'으로 다른 나라들이야 어떻게 되든 미국 혼자만 살아남겠다는 것이었다. 사실 달러의 인근궁핍화전략은 그때가 처음은 아니었다. 1934년 프랭클린 루스벨트는 달러의 가치를 금 1온스당 20.67달러에서 하루아침에 35달러로 자그마치 69%나 일시에 평가절하한 사례가 있었다. 그때도 다른 나라들 특히 수출 경쟁국들의 고통은 이루 헤아릴 수 없었다.

1972년에는 달러 가치를 다시 금 1온스당 42.22달러로 절하했다. 금환본위제가 공식적으로 폐지된 것은 포드가 대통령을 하던 1974년이었다. 이로써 지난 5,000년 이상 금은복본위제로 대표되던 실물화폐(commodity money)는 역사에서 퇴장하고 금은과의 고리가 끊어져 '미국이 공여하는 신용에 전적으로 의존해야 하는' 신용화폐(fiat money) 시대로 접어들게 된다. 인류가 한 번도 가본 적 없는 미지의 세계이다.

달러, 기사회생의 묘수를 찾아내다

1970년대 달러 가치가 이렇게 떨어지자 상품 가격은 오를 수밖에 없었다. 이번에는 그 영향이 산유국들에게 미쳐 국제 원유 가격을 대폭 끌어올리는 빌미가 되었다. 그렇지 않아도 1973년 제4차 중동전쟁이 아랍권의 패배로 끝난 이후, OPEC 산유국들은 석유의 무기화를 외치던 참이었다.

산유국들은 석유 수출을 줄이는 동시에 원유 가격을 인상했다. 1배럴당 2.9달러였던 원유 가격은 3개월 만에 11달러로 뛰어올랐다. 이는 현재 달러 가치로 환산하면 14.5달러에서 55달러로 폭등한 것이었다. 당장 세계 경제는 휘청거릴 수밖에 없었다. 이 파동으로 1974년 주요 선진국들은 두 자릿수 물가상승과 마이너스 성장이 겹치는 전형적인 스태그플레이션을 겪어야 했다.

그러는 와중에 미국의 천재 외교관 헨리 키신저 국무장관은 놀라운 외교성과를 연속적으로 이루어냈다. 그는 소련과의 전략무기제한협정을 체결하고, 죽의 장막 중국의 문을 열고, 베트남전쟁을 종식시켰다. 그리고 1975년에는 OPEC 종주국인 사우디아라비아왕국의 파이살 왕과 비밀협상에 성공했다. 곧 미국이 사우디 왕권을 보호해 주는 대신 세계 최대 유통 상품인 석유의 거래를 달러로만 하도록 하는 묘수를 찾아낸 것이다.

달러가 계속 기축통화 역할을 하는 데에 중요한 역할을 한 헨리 키신저 미국 국무장관

그 뒤 석유의 달러 거래로 달러에 대한 수요가 커진 덕분에 달러가 계속 기축통화 노릇을 할 수 있었다.*

* 　자료출처: 《화폐혁명》, 홍익희·홍기대, 메디치미디어, 2018

4번의 세계 환율전쟁,
어느 나라가 주도했나

강달러를 외치는 미국, 깊숙한 속내는 '약달러 정책'

기본적으로 모든 재화의 가격은 시장에서 결정된다. 달러 역시 마찬가지다. 달러는 외환시장에서의 수급 결과와 금리기조에 따라 가격이 결정되는 것처럼 보인다. 단기적으로 볼 때는 일견 맞는 말이다. 그리고 달러 인덱스에서 보여주듯이 주요 6개국 통화에 대해 그 가치가 상대 평가되고 있다. 중기적으로는 맞는 말이다. 그러나 달러의 역사를 되짚어보면 미국의 저 깊숙한 속내는 시종일관 '약달러 정책'이었다.

그간 미국의 환율정책의 역사가 그것을 말해주고 있다. 미국이 달러를 시장에 맡기지 않고 필요하면 우격다짐 식으로 개입한 사례가 많기 때문이다.

미국은 전통적으로 채무국가다. 그들은 호황기에는 빚을 내서 소비하고 수입해 즐긴다. 그리고 빚이 턱밑에 차오르면 달러 가치를 인위적으로 떨어뜨려 누적된 외상값, 곧 국제 채무의 대대적 탕감으로 덕을 본다. 이렇듯 남의 빚으로 살아가는 국가는 약달러를 지향할 수밖에 없다. 그래야 빚 탕감 효과가 있기 때문이다.

여기에 미국의 고민이 있다. 세계 기축통화로서의 위상을 지키기 위해서는 강달러를 지향해야 한다는 점이다. 여기서 강달러란 돈의 실질 가치가 높아서가 아니라 국제 결재 통화로서 강한 지배력을 뜻한다. 그러기 위해서는 시장이 달러를 요구하게 만들어야 한다. 방법은 여러 가지다. 특히 위기의 징후가 보이면 세계의 투자자들은 안전자산인 달러로 회귀하는데, 유럽 재정위기가 좋은 예이다.

미국 곧 세계 기축통화국의 입장에선 세계 경기 위축과 통화 경색을 막기 위해 우선 달러를 많이 풀어야 한다. 그래야 기축통화의 장악력이 유지된다. 미국이 유럽의 재정위기 해결에 적극적으로 나서지 않았던 이유이다. 미국은 기축통화의 권력이 주는 엄청난 시뇨리지 효과(seigniorage, 기축통화를 보유한 나라가 누리는 경제적 이익)를 양보 할 수 없는 입장이다.

　따라서 미국은 국내 재정정책상의 약달러 정책과 국제 기축통화로서의 강달러 정책을 동시에 유지해야 하는 모순을 안고 있다. 어느 나라가 약한 통화를 외화보유고로 보유하겠는가? 이 모순된 딜레마를 가능한 한 눈치채지 못하도록 끌고 나가는 과정이 '교묘한 달러 곡예의 역사'이다. 이 모순이 바로 암호화폐가 화폐혁명의 불을 지피게 된 원인이기도 하다.

미국의 고의적 환율전쟁

1929년 대공황 이래 세계는 미국에 의해 주도된 4차례의 환율전쟁을 경험했다. 지금은 4차 환율전쟁이 진행 중이다. 미국은 자기들의 경제 상황이 힘들 때마다 평가절하를 시도해 환율전쟁을 촉발했다. 큰 것만 꼽아보아도 벌써 4번째다.

- 1930년 대공황 즈음의 1차 환율전쟁(1921~1936)
- 브레턴우즈 체제를 붕괴시킨 2차 환율전쟁(1967~1987)
- 플라자 합의로 촉발된 3차 환율전쟁(1985~1995)
- 글로벌 금융위기로 촉발된 4차 환율전쟁(2008~)

1차 환율전쟁

1차 환율전쟁은 1930년대 대공황 때 시작되었다. 당시 영국, 프랑스, 미국 등 주요 강대국들이 수출 경쟁력 확보를 위해 자국의 화폐 가치를 경쟁적으로 떨어뜨리고 무역 장벽을 높게 쌓았다. 이 두 가지 곧 보호무역과 환율전쟁이 세계 경제를 더 힘들게 만들었다.

1933년 3월 미국 대통령으로 취임한 프랭클린 루즈벨트는 취임 이튿날 국내 금본위제를 정지시켜 금 태환을 막았다. 이는 가장 극적이고 중요한 조치였다. 금 1온스당 20.67달러로 정부가 민간의 금을 모두 사들이고 민간인이 금을 소유하는 것은 범죄로 규정했다.

당시 루스벨트 대통령과 헨리 모겐소 재무차관은 시중에 돈이 돌게 하고 미국 상품의 수출 경쟁력을 높이기 위해서는 달러의 평가절하가 시급하다고 판단했다. 1933년 4월 미국은 통화량 확대를 위해 금본위제를 이탈했다. 그리고 모겐소가 재무장관에 취임한 1934년 1월 '누구도 금을 보유할 수 없다'는 정화준비법(Gold Reserve act)을 만들어 달러의 평가절하를 공식적으로 단행해 온스당 20.67달러였던 금값을 35달러로 끌어올렸다. 금 가격이 상승한다는 것은 금으로 측정한 달러화 가치가 떨어짐을 뜻했다. 이로써 달러 가치는 하루아침에 69%나 떨어졌다.

수출 경쟁국들한테는 청천벽력 같은 날벼락이었다. 10~20%도 아니고 무려 69%의 평가절하를 당해낼 재간이 없었다. 주변 국들의 손해와 고통은 이루 말할 수 없었다. 전형적인 '인근궁핍화전략'이었다. 이로써 수출 경쟁력에서 월등히 앞서나간 미국의 산업생산은 연간 10%씩 늘어났다.

이로부터 촉발된 각국의 평가절하 경쟁은 전 세계를 경제 침체의 구렁텅이로 몰고 갔다. 세계 무역이 회복된 것은 한참 후의 일이다. 루즈벨트의 이러한 평가절하는 이후 선례가 되어 미국 경제가 어려울 때마다 이루어졌고, 이는 다른 국가들로 하여금 달러가 기축통화에 어울리는지를 다시 생각하게 만드는 계기가 되었다.

게다가 루스벨트는 금은복본위제도를 운영하며 화폐 발행량을 늘리기 위해 세계의 은을 대량으로 사들였다. 그 통에 은본위제 국가들은 막대한 피해를 보았다. 특히 중국의 장개석 정부는 은본위제 통화제도가 붕괴되어 사회 혼란이 극심해지면서 공산화되는 결과를 초래했다.

2차 환율전쟁

그 뒤 갈등의 정점은 세계를 우롱한 1971년 8월의 '닉슨쇼크'였다. 닉슨 대통령은 달러를 금과 바꿔주는 금 태환의 정지를 전격 선언해 미국이 주도해 세웠던 '브레턴우즈 체제'를 스스로 무너뜨렸다. 미국은 변동환율제로 이행하면서 엔화 가치를 달러당 360엔에서 250엔으로 절상시킴으로써 달러 가치를 그만큼 절하시켰다.

충격과 혼란으로 세계 외환시장이 폐쇄되어 위기가 점증하면서 2년 동안이나 갈피를 잡지 못하다가, 이후 금본위제는 결국 달러본위제로 바뀌었다. 이로 인해 달러의 신뢰도가 추락하면서 금값이 천정부지로 올랐다. 이는 OPEC이 국제 원유가를 2달러에서 10달러로 올리는 계기가 되었다. 일명 '오일쇼크'였다.

닉슨쇼크 시점 4개월 전부터 7년 7개월간 지속한 달러 약세기(1971년 4월~1978년 10월)에 달러화의 가치가 엔화와 마르크화에 대해 각각 39%와 50% 수준으로 떨어졌다.

3차 환율전쟁

갈등의 산물은 일본과 독일의 경제대국화와 그로 인한 미국 무역적자의 심화였다. 냉전 체제 이후 20여 년간 쌍둥이 적자에 시달리던 미국은 1983년에 채무국 신세로 전락했다. 특히 1,336억 달러(1985년 기준)에 달하는 무역수지 적자를 해결할 방법이 없었다. 미국은 497억 달러(37.2%)의 무역적자를 일으키는 일본을 가장 큰 원인으로 지목했다.

미국은 자신을 포함한 선진 5개국(G5) 재무장관과 중앙은행 총재들을 뉴욕의 플라자 호텔에 불러 모아 보복관세를 운운하며 힘으로 윽박해 달러화 약세 유도를 결정했다. 이른바 1985년의 '플라자 합의'였다. 이후 달러 가치는 엔화와 마르크화에 대해 각각 절반과 3분의 2 가까이로 떨어졌다.

이를 현재 상황에 비추어 생각하면 얼마나 큰 변화였는지 이해할 수 있을 것이다. 앞서 말했듯 일본의 비극이 여기에서 싹텄다. 이로써 일본의 잃어버린 30년이 시작되었다. 당시 외화보유고에 달러 표시 자산을 많이 가지고 있었던 일본은 타격이 컸다. 그 무렵 뉴욕 증권가에서는 미국의 대일본 채무의 대대적인 탕감이 플라자 합의의 숨은 배경이라 분석했다. 플라자 회의에서 일본에 강제된 미국 달러에 대한 엔화의 상대적 평가절상은 미국 달러에 투자한 일본 자본에 엄청난 손실을 안겨 주었다. 이로 인해 일본의 외화보유고 총액의 실질가치도 크게 줄어들었다.

이 기간 일본은 엔화 절상에 따른 수출 둔화를 내수경기 활성화로 만회하기 위해 기준금리를 5%에서 4번에 걸쳐 2.5%로 낮추었다. 플라자 합의 이후 1987년 말까지 2년 4개월여 기간 동안 달러 대비 240엔에서 120엔으로 100% 절상된 엔화는 우리 원화

에도 영향을 미쳐 원화도 약 70%가량 절상되었다. 하지만 엔고
에 따른 반사이익으로 우리 수출이 급성장하는 계기가 되었다.

4차 환율전쟁

2008년 금융위기 발발 직후 월스트리트 유대 자본가들이 부실채
권 구조조정을 위한 배드뱅크(bad bank)* 설립에 반대하자 미국정
부가 이를 설득하지 못하고 결국 유동성 살포로 방향을 틀었다.
그러다 보니 돈을 터무니없이 많이 뿌려야 했다.

여기에 대응해 유럽도 유동성 확대에 참여했다. 영란은행은
2009년 3월 5일 기준 금리를 연 1.0%에서 0.5%로 낮추고, 시중
에 750억 파운드를 풀었다. 금리를 더 낮춰 시중 유동성을 늘릴
수 없게 되자, 양적완화 정책까지 동원한 것이다. 유럽 중앙은행
도 이날 기준금리를 연 2.0%에서 1.5%로 내렸다. 이를 학자들은
4차 환율전쟁의 시작으로 보고 있다.

2010년 10월, '더블딥(double dip, 이중침체)' 우려가 커지자 연
준이 2차 양적완화를 발표하고 중국에 대해 환율 절상을 촉구하
면서 이른바 본격적인 '환율전쟁'이 시작되었다. 그 무렵 환율전

---

* 금융 기관의 부실을 정리하기 위하여 금융 기관의 부실 채권이나 자산만을 사들여 전문적으로
  처리하는 은행

쟁을 두고 미국과 신흥국들 사이에 입장이 엇갈렸다. 미국은 중국, 한국 등 신흥국이 인위적으로 환율을 절하하여 수출 경쟁력을 키우고 있다고 비난했다. 반대로 중국이나 브라질 등 신흥국들은 미국의 양적완화로 인해 대규모 유동성이 신흥국으로 유입되어 신흥국의 환율을 절상시키고 있다고 비난했다. 같은 현상을 자기들 입장에서 설명한 것이다.

미국의 양적완화 결과 2012년 8월 말까지 브라질 헤알화가 2002년 말 대비 75% 급등한 것을 비롯해 일본 엔화가 46% 올랐다. 우리 원화도 2012년에만 달러화 대비 8%가량 절상되어 그해 세계 주요 통화 중에서 가장 많이 올랐다.

양적완화는 달러화의 가치를 떨어뜨린다. 실제로 1차 양적완화 때 10%, 2차 때 또 5% 정도 떨어졌다. 미국의 2차 양적완화 정책은 마침 그 시점이 G20 정상회의 및 미국과 중국 간의 환율 갈등과 맞물렸는데, 중국과 브라질은 물론 일본, 독일, 프랑스 등 대부분의 G20 국가들도 미국을 비판하고 나섰다. 다른 경쟁국 통화에 대한 달러 가치를 인위적으로 내리려는 정책이라 판단했기 때문이다.

달러를 찾게 만들기 위한 유럽 두들겨 패기

그런데 여기서 미묘한 일이 일어난다. 떨어졌던 달러가 슬그머니 제자리로 돌아왔다. 무슨 일인가? 이 일을 알기 위해서는 미국의 양동작전을 이해해야 한다. 앞서 말했듯이 미국은 경기를 살리고 빚 탕감 효과를 내기 위해 시종일관 약달러 정책을 쓰고 있지만, 세계 기축통화로서 달러의 위상을 지키기 위하여 동시에 강달러를 지향한다. 동전의 앞뒷면과도 같은 이러한 딜레마를 미국은 수십 년 동안 교묘하게 이끌어 가고 있다.

그 방법의 하나가 유로화 두들겨 패기였다. 유럽의 재정위기를 부풀려 미국 언론들이 대서특필하고 매크로 헤지펀드들이 앞다투어 유로화를 공격했다. 마치 세계 경제가 유럽 재정위기로 큰 위기에 봉착한 듯이 몰아붙였다. 약효는 즉시 살아나 너도나도 할 것 없이 안전자산이라 여기는 달러를 찾게 되었다. 달러가 다시 강세가 된 이유이다. 기실 재정문제는 유럽보다는 미국이 더 심각한데도 말이다.

'무제한' 양적완화 정책

미국은 1차, 2차 양적완화 시행에도 경기가 살아나지 않자 2012년 9월 3차 양적완화 정책을 시행했다. 2015년 중반까지는 제

174

로 금리를 이어가고, 매달 400억 달러에 달하는 주택담보부증권(MBS)을 매입하는 조치가 주 내용이었다. 반면 기한은 '고용이 호전되거나 물가가 급등하기 전까지'로 명시해 사실상 무기한임을 시사했다.

세계 경제의 회복이 더딘 이유 중 하나가 금융위기 시 대형 부도 사고를 일으킨 주택담보부증권 등 파생금융상품들이 잘 거래되지 못한 탓도 있었다. 금융기관들은 주택담보부증권을 대량으로 안고 있는데 팔지도 못하는 상태였다. 그런데 3차 양적완화에서는 중앙은행이 이를 높은 가격으로 매입해준다는 것이었다. 중앙은행이 은행의 주택담보부증권을 사주면 그만큼 시중에 도는 양이 줄어들면서 가격이 올라 금융시장과 부동산시장을 동시에 활성화할 것이라는 계산이었다. 금융을 통해 부동산시장을 정조준한 것이었다.

3차 '무제한' 양적완화 정책으로 다른 나라들도 수출 경쟁력 확보를 위해 환율전쟁에 뛰어들었다. 게다가 넘쳐난 자금은 국민에게 대출되기보다는 연준에 재예치되거나 투기 자본화하여 외국으로 빠져나갔다. 1~2차 양적완화로 풀린 2조 3,500억 달러 중 절반가량인 1조 달러가량이 연준에 재예치되어 낮잠 자고 있었다. 문제는 돈이 없는 게 아니라, 투자할 곳이 마땅치 않았다.

게다가 3차 양적완화의 약효가 미미하다고 느낀 연준은 추가 양적완화를 발표해 2013년 1월부터 매월 450억 달러의 국채를 별도로 매입하기 시작했다. 집값을 끌어올려 금융위기에서 빠져 나와 다시 한 번 소비경제를 살려보겠다는 것이었다.

이에 따라 연준은 매월 400억 달러의 주택담보부증권매입 이외에 매월 450억 달러의 국채를 더해 매월 850억 달러를 쏟아 부었다. 이렇다보니 대다수 국가는 자국의 통화강세를 막기 위해 안간힘을 썼다.

4차 환율전쟁, 또 다른 불행의 시작

글로벌 금융위기로 미국은 3차에 걸쳐 '양적완화' 정책을 시행했다. 말이 고와 '양적완화'이지 막말로 부실을 덮고 부동산과 주식 등 자산 가격을 끌어올리기 위해 공중에서 헬리콥터로 무차별적으로 돈을 뿌린 것이나 마찬가지였다. 이러한 유동성 살포는 극소수 상위계층에 흡수되어 주식시장과 부동산시장 등 자산가격을 올리는 데 사용되었고 중산층과 서민들에게는 흘러 들어가지 않아 소비와 투자는 살아나지 않았다. 하지만 이러한 달러 유동성의 급증은 달러 약세를 가져와 경쟁국들을 힘들게 했다.

EU 역시 미국과 마찬가지로 양적완화 정책을 실시하며 유로화를 대량 살포했다. 일본도 아베가 집권하면서 이른바 '아베노

믹스'를 외치며 돈을 찍어내어 시중에 퍼붓기 시작했다. 3대 경제권이 돈을 그렇게 많이 찍어내어 살포했음에도 인플레이션이 일어나지 않은 것은 세계적인 불경기로 돈이 시중에 활발히 돌지 않았기 때문이다.

누리엘 루비니 미국 뉴욕대 경영대학원 교수와 스티븐 로치 전 모건스탠리 아시아 회장 같은 석학들은 '4차 환율전쟁이 세계 경제에 암적인 존재'라고 경고했다.

2020년 코로나19 경제위기로 대량 유동성 공급

미국은 2020년 3월 코로나19가 촉발한 경제위기의 심각함을 깨닫자 역대 최강의 지원책을 동원했다. 연방준비제도이사회는 긴급 이사회를 소집해 신속히 제로 금리를 만든 데 이어 7,000억 달러의 양적완화를 발표했고 곧이어 '무제한 양적완화'라는 파격 조치를 내놨다. 사실상 한계 없이 달러를 무한정 찍어내겠다는 것이다. 더구나 부도 위기에 몰린 BBB 투자등급 이상 회사채는 모두 지원하기로 했다. 이는 무제한 양적완화보다도 더 파격적인 조치로 글로벌 금융위기 때도 쓰지 않았던 카드다.

게다가 연준이 해서는 안 될 데까지 손을 뻗치고 있다. 투자 적격에서 투자부적격으로 떨어진 회사채도 사들이고 심지어 주

식 ETF도 사들이겠단다. 돈으로 정크본드(junk bond) 시장과 주식
시장을 떠받치며 금융시장의 모럴해저드를 키우고 있다. 짧은 기
간에 무려 2조 달러 어치를 사들였다. 이제 연준은 정상적으로는
더 이상의 통화정책 무기가 없다고 보아야 한다.

　그리고 미국 정부는 우방들의 외환위기를 우려해 한국을 비
롯한 9개국과 서둘러 달러를 공급하는 통화스와프도 체결했다.
주요 우방국에 달러를 제공해 외환위기 가능성을 사전에 차단하
겠다는 것이다.

　여기에 더해 미국 트럼프 행정부도 빠르게 대규모 부양책을
마련했다. 미국 국민 90%에게 성인 1,200달러, 아동 500달러 지
급을 포함하는 2조 2,000억 달러 규모의 트럼프의 재정정책은
연간 예산의 절반 규모이자 GDP의 10%를 투입하는 역대 최대
규모 부양책이었다. 기업 대출에 5,000억 달러를 비롯해 중소기
업 구제 3,670억 달러, 국민 현금 지급 3,000억 달러, 실업보험
확대 2,500억 달러, 지방정부 지원 1,500억 달러, 의료체계 지원
1,300억 달러 등이 투입되었다.

　그뿐만이 아니다. 스티븐 므누신 재무장관은 이번 부양책에
서 기업 대출에 책정된 5,000억 달러는 연준과 협력하여 레버리
지를 통해 4조 달러로 대폭 늘려 기업 대출에 사용하겠다고 밝혔
다. 이는 정부가 필요하다고 판단한 곳에 돈을 직접 풀겠다는 것

으로 이 금액은 3월 초 연준 자산과 비슷한 금액이었다. 곧 5,000억 달러의 종자돈이 매칭 펀드를 통해 8배로 불어나는 것이다. 결국 미국 정부의 부양책 총액은 2조 2,000억 달러에 연준이 제공하는 3조 5,000억 달러가 불어나 총 5조 7,000억 달러에 달하는 셈이다.

이는 2020년 미국 예산 4조 7,000억 달러를 훨씬 상회하는 엄청난 금액이다. 미국이 2008년 글로벌 금융위기 이후 3차에 걸친 양적완화 금액 3조 5,000억 달러보다도 훨씬 큰 금액이다. 3월 초 연준 자산총액 곧 달러 발행 총액이 4조 3,000억 달러임을 고려할 때, 그 규모가 얼마나 큰지 알 수 있다.

게다가 연준은 2022년 말까지 제로금리를 약속하며 매월 1,200억 달러의 양적완화를 공언했다. 여기에 더해 회사채 7,500달러 어치를 구매하겠다고 했다. 유통시장 회사채는 물론, 발행시장 회사채까지 사주겠다는 것이다. 여기에 미국 정부는 2020년 하반기에 2차 추가부양책 2조 달러도 계획하고 있다.

4차 환율전쟁의 재개

2020년 코로나19 사태를 맞아 4차 환율전쟁이 다시 시작되었다. 미국의 대규모 유동성 확대에 이어 유로존도 세계 최대 규모인

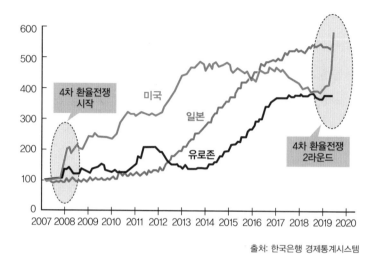

미국이 시작한 4차 환율전쟁 진행 추이 (주요국 본원통화 증가 추이)

4차 환율전쟁
시작

미국

일본

유로존

4차 환율전쟁
2라운드

출처: 한국은행 경제통계시스템

총 3조 2,000억 유로(약 3조 6,000억 달러)를 투입하게 된다. 여기에
더해 7,500억 유로의 복구 기금이 추가 집행될 공산이 있다. 일
본은행도 올해 들어 두 번에 걸쳐 230조 엔(약 2조 1,400억 달러)의
슈퍼 경제 대책을 마련했다. 단기간에 너무 많은 돈이 풀리고 있
고, 또 앞으로도 계속 풀릴 예정이다.

유동성 확대가 위험한 이유

근대 이후 여태까지의 주요 공황들은 모두 통화 교란으로 발생했다. 그 출발은 유동성 공급과잉이었다. 유동성이 버블을 키우고 그 버블이 터짐으로써 경제위기가 도래한 것이다. 주식 등 자산 가격의 증가는 기업의 내재가치 증가에 비례해 커지는 것이 순리다. 그런데 시중의 유동성 확대로 주가가 내재 가치에 비해 턱없이 높아지면 그것이 바로 버블이요. 버블이 터지는 게 공황이다.

위기를 유동성으로 막는 것은 부실을 파헤쳐 시장에서 제거하지 않고 오히려 유동성으로 부실을 덮어주어 부실을 키우는 것과 같다. 각국의 유동성 확대 곧 환율전쟁이 세계 경제의 암적인 존재이자 위험한 이유이다.

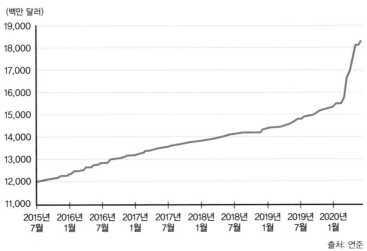

출처: 연준

··· **무섭게 치솟고 있는 M2 증가율**

그런데 문제는 2020년 3월 이후 광의의 통화인 M2*가 급격히 증가하고 있다는 점이다. 2008년 글로벌 금융위기 당시에는 양적완화로 돈을 풀어도 M2 증가량이 그리 크지 않았는데 이번에는 월스트리트보다는 메인스트리트에 직접 돈을 풀다보니 M2 증가 속도가 가파르다. 인플레이션의 핵심지표라 할 수 있는 M2의 4월과 5월 증가율은 전년 동기 대비 각각 18.5%와 23%로 1959년 통화지표가 발표된 이후 사상 최고 증가율로 치솟고 있다.

지금은 인플레이션이 일어나지 않고 있으나 메인스트리트에 뿌려진 유동성이 소비자 물가를 자극하여 인플레이션 기대심리가 퍼져 통화승수가 올라가면 두 가지 위험이 도사리고 있다. 하나는 급격한 인플레이션의 상승 가능성이고, 또 다른 하나는 인플레이션을 차단하기 위해 중앙은행이 급격히 금리를 인상할 경우 기업부채 등에서 문제가 터져 또 다른 경제위기가 올 수 있는 것이다.

---

* 참고로 광의의 통화 M2는 본원통화에 요구불예금과 수시입출식예금(투신사 MMF 포함)을 더한 협의의 통화 M1에 만기 2년 미만 금융상품(예적금, 시장형 및 실적배당형, 금융채 등)을 합한 통화량이다.

공황의 역사는
반복된다

　밀턴 프리드먼은 미국의 통화 역사 100년을 면밀히 분석한 《미국의 통화사, 1867-1960》를 통해 통화정책의 중요성을 밝혔다. 그는 1976년에 통화의 역사와 경기 안정화 정책을 명쾌하게 설명한 공로로 노벨경제학상을 받았다.

　프리드먼이 주도하는 통화주의(通貨主義, monetarism)는 거시경제의 변동에 통화 공급량과 중앙은행의 역할을 중시하는 경제학 일파를 말한다. 그는 격심한 인플레이션이나 공황과 같은 심각한 경제위기는 대부분 통화교란 때문에 발생한다고 했다. 곧 급격한 통화량의 팽창이나 수축을 경제위기의 원인으로 본 것이다.

19세기 경제는 주기적으로 불황이 닥
쳤는데, 1825년, 1835년, 1840년, 1847년,
1857년, 1873년 등 공황으로 극심한 경기
침체가 반복되었다. 대부분 통화교란이
그 원인이었다.

특히 1873년 대불황은 타격이 컸다.
그는 1930년대 대공황도 주가 폭락이 원
인이 아니라 통화당국이 잘못된 통화량

밀턴 프리드먼

억제정책을 실시해 통화량이 3분의 1가량 급감한 것이 대공황의
직접적 원인이었다고 지적했다. 곧 정부의 잘못된 통화정책이 통
화교란을 낳고 이는 다시 경제교란을 초래했다는 것이다.

프리드먼의 주장은 결국 제대로 된 통화정책을 펴지 않는다
면 공황의 역사는 반복된다는 것이었다.

레이 달리오의 신용(부채) 주기이론

세계 최대 규모의 헤지펀드를 운영하고 있는 레이 달리오는
2008년 세계금융위기가 오기 1년 전, 1~2개월 오차로 위기 시점
을 예측한 것으로 유명하다. 그는 당시 고객들에게 위기 때는 현
금이 유용하다며 투자한 돈을 돌려주기도 했다.

레이 달리오는 경제위기에 대한 자신의 생각을 정리한 《'경제'라는 기계의 작동 원리, 지금 무엇이 일어나고 있는지 이해하기 위한 템플릿》이라는 책을 출판했다. 그는 과거 경제 공황의 역사를 연구하여 투자에 응용하는 것으로 널리 알려져 있다. 레이 달리오는 전형적인 글로벌 매크로 전략(Global Macro Strategy)을 투자에 응용한다. 글로벌 매크로 전략이란 전 세계의 금리, 채권수익률, 채권 가격, 주가지수, 환율, 중앙은행의 통화정책 등 복합적인 것들이 상호작용을 하면서 일종의 경제 사이클을 형성한다는 이론에서 파생된 것이다. 레이 달리오는 전 세계의 경제는 비슷하게 움직이며, 이 모든 것들은 하나의 신용(부채) 주기(Debt Cycle)를 형성한다고 보았다.

그는 "전 세계가 신용(부채) 사회에 접어들면서 소비가 촉진되고 경기가 선순환 구조를 이어가면, 투자도 늘고 경제의 파이가 커지면서 생산성이 증가한다. 그러나 신용으로 세워진 경기는 신용주기가 막이 내리기 시작할 때 빠른 속도로 무너져 내리기 시작한다."고 했다. 레이 달리오는 "과거의 사례를 분석하면 대부분의 문제에 대한 해법을 찾을 수 있다. 투자에 성공하기 위해서는 역사를 알아야 한다."고 강조하고 있다.

미국의 산업과 자본주의 태동

미국 산업사와 금융사를 알기 위해서는 먼저 J.P.모건을 알아야 한다. 그는 미국 산업계와 금융계를 지배해온 최고 실력자였다.

J.P.모건

19세기 세계 금융의 중심지는 '더시티(The City)'라 불리는 런던의 금융특구였다. J.P.모건의 아버지 주니어스 스펜서 모건(Junius Spencer Morgan)은 1854년 세계 금융 중심지에 파고들었다. 그리고 영국 내 유일한 미국 은행이라는 이점을 이용해 당시 후진적이었던 미국 금융시장에 영국의 선진 금융문화를 접목해 금융계를 장악하기 시작했다.

스펜서 모건의 아들 J.P.모건은 보스턴 하트포트, 스위스의 베베이, 독일 괴팅겐대학을 거치며 글로벌 인재로 자라났다. 학업을 마친 뒤 뉴욕으로 돌아온 아들에게 스펜서 모건은 금융계에서 일하는 데 필요한 이론 교육과 실습을 시켰다.

금융계에 진출한 J.P.모건은 그의 나이 24세인 1861년 남북전쟁이 일어나자 본능적으로 돈 냄새를 맡았다. 그는 이듬해 투자은행 제이피모건상사(JP Morgan & Co.)를 독자적으로 설립해 운영하며 런던에 있는 부친 은행인 주니어스스펜서모건상사(J.S.

Morgan & Co.)에서 인수한 유럽채권과 증권을 팔았다.

J.P.모건은 군수품 장사도 했다. 그는 전쟁 동안 북군이 폐기하는 낡은 카빈 소총 5,000정을 1정에 3.5달러에 사서 손을 본 다음 남군에 22달러에 파는 거래에 뒷돈을 댔다. 1만 7,500달러의 헐값으로 산 다음 달 고스란히 11만 달러로 되판 것이다.

그는 금을 매집해 가격을 끌어올리는 수법으로 16만 달러를 순식간에 벌기도 했다. 모건은 전세에 따라 남군과 북군에 번갈아 가며 투자하여 하룻밤 사이에도 수십만 달러씩 돈을 긁어모았다.

스펜서 모건은 자신의 은행인 제이에스모건상사를 남북전쟁 기간 중인 1864년에 아들 J.P.모건에게 물려주었다. 그는 전쟁 과정에서 엄청난 부를 축적했다. 이를 밑천으로 아버지한테 물려받은 은행까지 제이피모건상사에 합병시켜 오늘날과 같은 대형 투자은행의 토대를 구축했다.

남북전쟁에서 북군의 승리는 북부 공업지역 신흥부르주아지의 승리이자 자본주의의 승리였다. 남북전쟁을 거치면서 시장체제를 갖추게 된 미국의 자본주의는 본격적으로 발전하기 시작했다. 4년간의 전쟁이 끝나자 모건은 미국 최고의 재력가로 떠올랐다. 이로써 미국의 자본주의를 주도하는 '제이피모건 시대'가 개막했다.

로스차일드 자금의 미국 진출로, 노던증권

1866년 대서양 해저케이블이 완성되어 월스트리트와 런던 간 거리가 좁혀졌다. 당시 미국은 만성적인 자본 부족에 시달리고 있었다. J.P.모건도 영국 자본이 절실했다. 그는 32세 때인 1869년 필라델피아의 금융업자 드렉셀(Anthony Joseph Drexel)과 같이 런던에 건너가 로스차일드 가문과 만나 협력방안을 논의했다.

J.P.모건은 아버지 스펜서 모건과 로스차일드 가문의 그간 관계를 그대로 물려받았을 뿐 아니라 협력관계를 더욱 강화하기로 했다. 그 결과로 모건은 로스차일드상사의 미국 지부회사인 노던증권을 설립해 운영을 맡기로 했다. 이로써 모건은 세계 최대 금융재벌인 로스차일드 가문의 자금을 활용할 수 있는 기반을 구축했다.

당시 세계의 금은 생산과 유통은 모두 로스차일드 가문이 장악하고 있어 영국의 네이선 로스차일드가 세계의 금 시세를 정했다. 그는 세계의 금을 독점적으로 공급해 큰돈을 벌고 있었다. 그로서는 금본위제를 쓰는 나라가 많아져야 금 수요가 늘어 금값이 올라가 좋았다. 로스차일드는 미국 내 대리인들을 시켜 미국이 금본위제로 회귀하도록 압력을 넣었다.

1866년 미국은 금본위제 회귀를 위해 '긴축법안'을 통과시키고 유통 중인 달러를 회수해 금화로 환전하며 금본위제를 부활하려 했다. 이로써 통화 유통량은 1866년 18억 달러에서 10년 후 6억 달러로 줄어 유동성이 3분의 1로 급감했다. 1871년 은본 위제를 고수하던 독일 역시 금본위제로 이행하면서 금 대세론은 굳어지게 된다.

그러던 중 미국 캘리포니아 주에서 대규모 금광이, 네바다 주에서 대규모 은광이 발견되었다. 그러면서 금이 많이 생산되는 주는 금본위제를, 은이 많이 나는 주는 은본위제를 주장했다. 이 것이 정치 문제로 비화되어 서로 첨예하게 대립했다. 그러나 세계적인 대세를 따라 1873년 미국도 화폐주조법을 통과시켜 금본위제를 채택했다. 여기에는 로스차일드 측의 압박도 작용한 것으로 보인다.

하지만 이것이 패착이었다. 그때 금은양본위제를 선택했더라면 공황을 피할 수 있었다는 의견이 지배적이다. 그런 의미에서 금화만을 법정통화로 정한 의회의 결정을 '1873년의 범죄'라 불렀다.

철도버블 후유증

1869년 건설된 미국의 대륙횡단철도는 빠른 시간에 큰 변화를 가져왔다. 철도를 이용한 물류와 유통산업이 번창했다. 특히 북부에 강한 경제력과 정치력이 형성되었다. 철, 석탄, 석유, 금, 은 등 천연자원 또한 활발히 채굴되었다. 이후 산업계는 원료, 시장, 통신에 쉽게 접근할 수 있게 되었다. 밀려드는 이주자들로 값싼 노동력이 계속 제공되었다.

율리시스 그랜트(Ulysses S. Grant) 대통령이 철도 건설에 심혈을 기울이자 철도채권과 주식들이 인기를 끌었다. 때마침 증권거래소가 틀을 갖추어 유럽자금이 몰려들었다. 1868년부터 1873년 사이에 영국 자본이 대거 들어와 철도 건설에만 11억 달러가 투자되었다. 급격한 변화의 뒤에는 명암이 있는 법이다. 남북전쟁 후 미국은 철도산업에서 첫 번째 버블을 경험한다. 과잉건설로 경쟁이 치열해지면서 철도회사들의 수익성이 악화되었다.

더구나 유럽에서 1873년 초에 불황이 엄습했다. 그해 가을 영국 은행들이 미국의 철도산업에 투자했던 11억 달러를 일시에 거둬들여 시중에 돈이 말라 버렸다. 그러자 은행 간 차입비용 곧 콜금리가 엄청나게 치솟아 신용경색이 왔다. 과열로 치달았던 철도회사들이 맨 먼저 쓰러졌다. 유력한 철도 금융가 제이 굴드(Jay Gould)가 부도나자, 9월에 주식시장이 붕괴되었다. 그 뒤 3년 동안 수백 개 은행들이 도산했다.

1873년 불황은 선진국들에서 거의 동시에 발생했다. 금본위제 회귀로 인한 유동성 부족이 결정적 이유였다. 대불황은 종래의 불황과 다른 몇 가지 특징이 있었다. 먼저 유례를 찾을 수 없도록 기간이 길었다. 1890년대 중엽까지 장기간의 불황국면이 이어졌다.

영국에서 시작된 대불황의 또 다른 특징은 지독한 디플레이션이었다. 대불황이 시작될 당시의 도매물가를 100으로 보았을 때 대불황이 끝나가는 1890년대 중반에는 68로 떨어졌다. 대불황 직전에 각국의 산업투자가 급증했지만 늘어나는 실물경제를 화폐경제가 뒷받침해주지 못했다. 그러자 각국의 산업 생산은 급속하게 감소해 기업 도산, 실업, 장기침체가 뒤를 이었다.

19세기 마지막 25년 동안 미국 철도회사의 절반인 700개 사가 도산했다. 극심한 공황에서도 미국 자본주의는 두 가지 반사이익을 누렸다. 첫째는 체질 강화다. 한계기업이 정리되면서 기업 경쟁력이 강해졌다. 둘째는 산업 자본의 자국화였다. 유럽 투자자들이 보유 주식을 헐값에 내던지는 바람에 35%에 이르던 외국 자본의 철도산업 지분이 10%로 줄었다. 유럽인들은 수익도 못 건진 채 광대한 미국 철도망만 건설해준 꼴이 돼버렸다.

이후 1893년, 1907년, 1929년 공황 때마다 금융 자본의 주가 조작이 판쳤다. 공매도(公賣渡)도 기승을 부렸다. 공매도란 말 그대로 '없는 걸 판다'란 뜻이다. 주가가 떨어질 걸 예상해 주식을 빌려다 팔고 떨어지면 다시 사서 갚는 방식이다. 이 과정에서 금융 자본이 불황에 견디다 못하여 쓰러지는 기업들을 헐값에 사들였다. 이로써 문어발식 기업경영과 자본집중이 심화되어 재벌이 생겨났다. 그들에게 공황은 또 한 번의 축복이었다.[*]

1907년 공황, 대규모 뱅크런

1907년 공황은 '과잉 자본' 때문에 발생한 최초의 공황이다. 과잉 자본이란 필요 이상의 유동성 때문에 자산에 거품이 끼었다는 뜻이다. 그 무렵에는 통화와 신용의 유통량을 조절할 수 있는 중앙은행도 없었다. 금본위제라서 화폐량에 대한 조절능력이 애당초 없었다.

1907년 초 산업생산지수는 최고치를 기록했다. 철도산업 호황에 이어 철강산업이 주력산업으로 크면서 각종 원자재 가격이 폭등했다. 전형적인 경기 과열로 치닫고 있었다. 미국 은행들은 자기자본비율이 1%에도 미치지 못할 정도로 지나친 대출을 해주고 있었다. 자기자본의 100배 이상을 대출해 준 것이다. 이것이 금융의 속성인 모양이다. '과다대출'로 인한 '과잉유동성'은

---

[*] 공매도는 순기능과 역기능이 있는데, 평시에는 버블을 억제해 적정 가격을 유지하는 순기능이 있고 경제위기 시에는 지나친 공포를 조성하여 주가폭락을 유도해 양털 깎기에 악용되는 역기능이 있다.

1907년, 1929년, 2008년 공황을 관통하는 공통의 키워드다. 한마디로 과도한 대출이 금융위기의 본질이었다.

과잉유동성은 결국 자산 버블을 만들었다. 경기가 하강하자 자기자본의 100배 이상을 대출해 준 은행들은 시한폭탄이 되어 여기저기서 터졌다. 공황이 발생한 것이다. 맨 처음 철강산업이 직격탄을 맞자, 주식시장이 폭락하기 시작했다. 1907년 니커보커투자신탁(Knickerbocker Trust Company) CEO 찰스 바니(Charles Barney)는 구리 투기에 나섰다가 엄청난 손실을 보았다.

니커보커투자신탁이 파산할 것이라는 소식이 시장에 퍼지자, 1만 8,000여 명의 고객이 은행에 달려가 예금 인출을 요구했다. 미국 뱅크런(bank run) 역사상 가장 많은 인원이었다. 겁에 질린 예금자와 투자자들의 예금인출 사태로 금융시스템은 붕괴 일보 직전이었다.

몇 차례의 공황과 재정 실패를 겪고 나자 미국은 절실하게 안정을 추구했다. 특히 1907년 금융 공황은 사람들로 하여금 중앙은행의 필요성을 절감하게 했다. 이를 계기로 은행가들 사이에 강력한 중앙은행이 필요하다는 공감대가 형성되었다. 1907년 의회에 국가금융위원회가 신설되었다. 의회는 이 특별위원회에 은행의 모든 문제에 대한 대책을 세워 제시토록 했다. 그 뒤 1910년 11월, 오늘날의 '연방준비법'이라고 하는 연방준비은행법 초안이 마련되었다.

이 법안은 3년여의 치열한 논쟁 끝에 1913년 12월 의회를 기습 통과했다. 이로써 지금의 중앙집권적 형태의 연방준비국이 탄생했다.

대공황의 역사는 반복된다

대공황에 대한 원인 분석에 대해서는 케인즈학파와 통화주의자 사이에 차이가 있다. 케인즈는 대공황의 원인이 유효수요의 부족으로 보고 정부가 직접 개입하여 수요를 창출하면 위기가 해결될 것이라고 보았다.

한편 통화주의자인 밀턴 프리드먼은 "케인즈의 주장처럼 수요의 붕괴에 따라 촉발된 것이 아니라, 오히려 공포에 질린 예금자들이 예금을 갑작스럽게 인출하자 은행들이 도산하면서 은행 잔고와 준비금이 동이 난 직접적인 결과"라며 통화 공급의 붕괴를 대공황의 원인으로 보았다.

내가 보기에는 두 이야기가 다 일리가 있다. 우선 케인즈의 유효수요부족 이론을 살펴보자. 실제 1929년 대공황이나 2008년 글로벌 금융위기가 모두 지독한 소득불평등과 부의 편중으로 인한 급격한 소비감소로부터 기인했다. 두 경우 모두 상위 10%

가 전체 소득의 50%에 다다랐을 때 터졌다. 이를 보다 쉽게 설명하자면 10명이 사는 사회에서 1명이 나머지 9명보다 더 많이 돈을 벌기 시작할 때 대공황이 발생했다. 중산층과 서민들은 사실 버는 대로 거의 다 소비할 수밖에 없는 실정이다. 반면 상위 10%가 소비하는 것에는 한계가 있다. 결국 사회 전체적으로 봤을 때 소비가 큰 폭으로 줄어들 수밖에 없다. 케인즈가 이야기하는 유효수요가 부족해지는 이유이다.

이번에는 밀턴 프리드먼의 통화주의 관점에서 대공황을 살펴보자. 은행 간 신용경색과 뱅크런으로 인한 통화 공급의 붕괴가 대공황을 불러온다는 사실도 맞는 이야기다. 기존금융권에 대한 신뢰의 붕괴, 더 나아가 달러에 대한 신뢰의 붕괴가 대공황을 불러올 수 있다.

사회경제사 학자인 에릭 홉스봄은 《극단의 시대》에서 "경제 붕괴의 충격 곧 1929년 대공황을 이해하지 않고선 20세기 후반의 세계를 이해할 수 없다."고 썼다. 그만큼 대공황이 미친 영향은 컸다.

지나친 호황의 뒤끝이 공황이다. 1929년 대공황이 그랬다. 1914년 유럽에서 1차 대전이 발발하자 미국은 군수물자 수출로 호황을 맞는다. 1차 대전은 최초의 총력전이었다. 군사비 지출이 국민생산에 차지하는 비중이 영국 38%, 독일 53%까지 올라갔다. 거의 모든 자원이 전쟁에 동원되었다.

당시 미국은 군함 등 군수품을 과자 찍어내듯이 대량 생산했다. 그 결과 군수품 수입 등으로 당시 유럽의 금이 미국으로 많이 흘러들어 왔다. 1차 대전은 미국으로의 패권 이동을 가속화시켰다. 게다가 미국이 무기 판매를 통해 벌어들인 부로 영국에게 빚진 채무를 상환해 버림으로서 파운드화의 기축통화로서의 힘은 급격히 약화되었고 달러 시대가 개막되었다.

1차 대전 뒤에도 미국은 호황 가도를 달렸다. 그러다 미국은 늘어난 통화 공급을 줄이기 위해 1920년 금리를 인상했다. 인플레이션을 우려해 금리를 올리자 1920~1921년에 통화량이 줄어들면서 일시적인 경기 후퇴를 겪는다. 실업이 11.9%로 치솟자 당황한 미국 정부는 재정을 풀고 금리를 낮추어 사태를 수습했다. 경기가 살아나면서 2년 만에 실업률은 다시 3.2%로 안정되었다.

1929년 대공황, 통화정책의 잘못으로 촉발

1920년대 후반 미국에서는 호경기 끝자락에 주식 거품이 일어났다. 연준은 과거의 교훈을 거울삼아 유동성 공급을 옥죄었다. 그러자 거품은 1929년 10월을 기해 무서운 속도로 꺼지면서 곳곳에서 은행들이 자금 압박을 견디다 못해 파산하기 시작했다. 놀란 연준이 이자율을 낮추고 유동성 공급을 늘리기 시작했을 때는 이미 늦었다. 은행에 돈은 풍성해졌지만 그 돈을 빌려 쓸 사업가가 없었다. 결국 1929년 대공황이 찾아왔다.

1930년대 대공황 역시 통화정책 잘못으로 촉발되었다. 연준은 1921년 중반에서 1929년 중반까지 8년 동안이나 통화 팽창정책을 썼다. 1928년 한 해에만 연준은 600억 달러의 통화를 방출했다. 당시 세계 금 유통량의 6배나 되는 돈이었다. 이듬해 1929년에는 한술 더 떠 뉴욕 연방은행 혼자 방출한 금액만 580억 달러로 유동성의 홍수였다. 그러자 뉴욕증시는 유동성의 힘으로 급격히 달아올랐다. 미국 중산층들은 1차 대전 때 '자유채권'에 참여한 적이 있어 자본주의 '금융의 맛'을 알아 증권 투자에 열을 올렸다. 1928년 여름, 미국의 투자가들은 유럽에서 돈을 빼서 뉴욕증권시장에 투자했다.

1920년대 미국 증시의 가장 두드러진 특징은 빚을 내 주식투기를 벌이는 '차입투기'의 일반화였다. 당시 투기꾼들은 마진론(margin loan) 곧 주식담보대출을 끌어와 '묻지마 투자'를 벌였다. 이를 이용하면 자기 돈은 1할만 내고 나머지 9할은 살 주식을 담보로 돈을 빌려 살 수 있었다. 문제는 9할의 돈을 빌릴 때 작성하는 계약서에 대출기관이 상환요구를 하면 24시간 이내에 빚을 갚아야 한다는 내용이 있었다.

차입투기는 개인투자자들만 벌인 게 아니었다. 은행과 증권사들도 가세했다. 은행들은 뉴욕 연방은행에서 5%의 금리로 빌린 돈을 증권업체에 12%로 대출해 7%의 차액을 챙겼다. 이런 상황에서 증시가 폭등하지 않으면 오히려 더 이상한 일이었다.

이렇게 금리 인하는 버블을 일으키는 부작용을 낳게 된다. 금리가 떨어지자 많은 자금이 마진론 시장, 곧 주식담보대출 시장에 쏟아져 들어왔다. 다른 금융시장보다 마진론 시장의 수익률이 높았기 때문이다. 특히 투기적 광기와 증시의 대세 상승에 취한 투자가들이 20%를 넘나드는 고율의 마진론 이자율을 전혀 개의치 않고 돈을 끌어다 주식투기를 벌였다.

시장이 너무 과열된다 싶었던 연준은 1928년 2월부터 세 번에 걸쳐 재할인율을 인상시켜 당시로선 상당한 수준인 5%에 이르게 했다. 이와 함께 통화 공급을 줄여나갔다. 재할인율 인상과 통화긴축은 실물경제에 즉각적인 영향을 미쳐 경제가 냉각되기 시작했다. 하지만 월가는 실물경제에 아랑곳하지 않고 제멋대로 움직이기 시작했다.

상황에 쫓겨 밟는 급브레이크가 문제

연준은 재할인율 5%를 그대로 유지하면서 은행들이 연준 은행으로부터 5%짜리 자금을 대출받아 증권 브로커들에게 12%를 받고 대출하는 것을 내버려 뒀다. 증권 브로커들은 이를 20%를 받고 마진론 투자자에게 넘겨주었다. 수십억 달러가 월가로 흘러들어와 투기가 기승을 부리는 동안 연준은 도덕적 권고를 하는 데 그친다.

이후 연준은 대출을 억제하기 위해 기준금리를 6%로 끌어 올렸다. 기준금리가 올라가자 은행들은 증권회사에 대한 금리를 이번에는 12%에서 20%로 올렸다. 이것이 치명타였다. 이후 증권 브로커들이 마진론 금리를 비상식적으로 올리자 여기저기서 폭발음이 들렸다. 주식을 담보로 대출받은 투자자들이 마진론 상환 요구에 앞 다퉈 주식을 투매해 증시를 공황에 빠뜨린 것이다.

결과적으로 주식시장의 투기를 억제하고자 시도했던 연준의 긴축정책이 금리 인상 속도를 너무 성급히 서두르다 화를 부른 것이다. 선제적으로 대응하지 못하고 상황에 쫓겨 밟는 이러한 급브레이크가 문제였다.

심각한 소득불평등이 대공황 불러

1920년대 후반 들어 늘어나는 생산과는 반대로 사회 전체적으로 소비가 줄어들었다. 심각한 소득불평등이 원인이었다. 상위 10%가 전체 소득의 절반을 가져가는 승자독식 시대가 전개되었다. 개인 소비에는 한계가 있기에 극소수 부호들에게 부가 집중되면 사회 전체적으로는 소비가 급감한다. 생산성이 높아져 상품은 넘쳐나는데 소비가 급감할 때 발생하는 게 바로 공황이다.

호황을 누리던 경제는 1920년대 후반에 이르러 소비가 급감하고 금리인상으로 유동성이 급격히 축소되자 불경기에 접어들어 주가가 내려앉으면서 신용경색이 왔다. 이로 인해 많은 금융기관이 문을 닫았다. 소비가 줄어들고 돈이 돌지 않자 1929년 8월을 정점으로 산업생산이 줄어들기 시작했다.

1929년 9월 3일, 이날 다우존스지수는 이 해의 최고점 381.17을 기록했다. 그리고 1929년 10월 24일, 기어이 거품이 터지고 말았다. 증시가 붕괴되면서 대공황이 시작되었다. 미국 증권시장에서 철도와 산업주가들이 떨어지기 시작하더니 1주일 만에 지수가 무려 37%나 급락했다. 미국이 불황으로 접어들면서 미국의 상품수입과 자본 수출이 격감하자 다른 나라들도 불황에 빠져들었다.

급격한 유동성 축소가 불러온 불행

당시 연준은 공황 상태임에도 통화정책을 거꾸로 추진했다. 1929년 457억 달러에 달하던 통화량을 4년 후 1933년에는 300억 달러로 30%나 줄여 극심한 디플레이션을 조성했다. 그간의 인플레이션에서 디플레이션으로의 널뛰기 통화교란은 실물경제의 혈류를 빈혈로 몰아넣었다. 여기에 고금리 기조로 통화수축이 일어나 결국 실질 통화 유통량은 3분의 1로 줄어들었다.

실물경제의 혈액인 통화량이 3분의 1로 급격히 줄어들자 경기는 빈혈 정도가 아니라 뇌사 직전에 이른다. 이 과정에서 은행들의 줄도산이 이어져 9,000개 이상의 은행이 도산했다. 그 뒤에도 2,000여 개가 더 망해 2만 5,000개였던 상업은행들이 5년 뒤

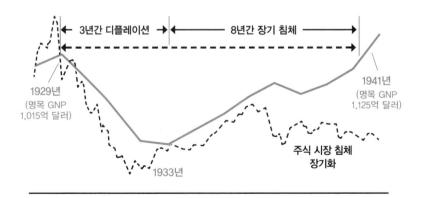

1929~1941년 미국의 국민총생산(GNP) 추이

1만 4,000개로 줄어들었다. 전체 은행의 44%가 도산한 것이다.

이 같은 여파로 경기가 얼어붙어 건설업과 자동차 업계의 가동률이 50% 이하로 떨어지면서 노동자들이 대량 해고되었다. 공황 전 260만 명이던 실업자 수가 공황이 정점에 달했던 1933년에는 1,300만 명으로 급증하고, 실업율이 37.6%까지 치솟았다. 국민순생산과 명목소득은 절반으로 떨어졌으며, 공황은 세계로 퍼져나갔다.

보호무역 대두, 세계무역 3분의 1로 줄어들다

그 무렵 패권적 능력을 가지고 있었던 미국이 보호무역주의 같은 폐쇄적인 정책을 고집한 것이 국제경제 질서를 붕괴시킨 원인이 된다. 게다가 미국은 1920년대 후반부터 유럽에 대한 대출을 줄였다. 이는 세계 금융시장에 유동성 공급을 줄여 시장 기능을 떨어트렸다.

유럽의 가장 큰 해외시장인 미국이 경제 공황을 겪게 되자 유럽의 대미 수출도 타격을 받았다. 미국 의회는 자국의 불황을 타개하기 위해 1930년에 스무트-홀리 관세법(Smoot-Hawley 關稅法)을 제정하여 보호무역주의 정책을 강화했다. 이로써 평균 59%의 관세와 최고 400%의 관세를 매길 수 있었다. 경제학자 1,028명이 결사 반대했으나 후버 대통령은 고집을 부려 그해 6월 법안에 서명했다. 결과는 참혹했다.

이는 무역 상대국들의 강한 반발을 사 무역보복 전쟁이 전개되었다. 이로 인해 경쟁적으로 각국의 보호무역주의 정책이 강화되어 경제블록 간 무역이 막히다시피 했다. 세계 무역이 3분의 1로 줄어들었다. 교역증대에 의한 세계 경제회복 가능성은 아예 없어졌다. 이로써 세계 경제는 이후 3~4년 더 침체되었다. 모든 나라는 독자생존을 모색해야 했으며 독일은 극단적인 파시즘의 길을 걷게 된다.

미국 연준의 결정적 실수는 1930년 12월 콜드웰회사(Caldwell)와 대형 은행 '뱅크 오브 유나이티드스테이츠(Bank of United States)'의 파산을 방치한 것이다. 이는 2008년에 연준이 리먼브라더스 파산을 방치한 것과 비슷했다. 이들의 자산규모는 당시 파산 은행 전체 자산 규모의 절반이었다.

이로써 발생한 공포가 전국을 휩쓸었다. 미국에서 시작한 공황이 무역전쟁으로 번지자 각국은 해외투자 자본을 철수시키는 한편, 보유한 외화를 금으로 바꾸어 국내에 저장했다. 결국 이 과정에서 1931년 5월 오스트리아 최대 은행이 도산하면서 은행 간 신뢰가 무너져 신용경색이 왔다. 이때 오스트리아에 재투자한 독일 은행도 함께 도산했고, 동유럽으로 확산되어 많은 은행들이 파산했다.

그러자 각국이 보유자산을 안전자산인 금으로 바꾸려고 금 태환이 줄을 잇자 영국의 금 보유량이 줄어들면서 심한 공황을 겪었다. 결국 영국은 1931년 9월 21자로 금 지급을 중지했다. 세계 각국은 그 뒤 금본위제를 모두 포기했다.

영국이 금본위제를 탈퇴한 이후에 파운드화가 세계 기축통화로서의 위력을 상실하자 미국은 기축통화에 대한 욕심이 생겼다. 그 무렵 미국은 경기를 살리기 위해서는 금리를 내려야 함에도 달러 가치를 지지하고자 두 차례에 걸친 큰 폭의 금리인상을 단행함으로써 대공황을 심화시켰다. 이것이 결정적인 패착이었다. 살아나는 듯했던 경기는 다시 추락했다. '더블딥'이었다.

게다가 기축통화가 제 구실을 못하자 각국은 자국의 공황을 타개하기 위해 각각 비상수단으로 수입할당제, 수입금지, 수입허가제 등을 발동하여 보호무역을 강화했다. 이는 다시 연쇄적으로 세계 경제활동을 위축시켜 악순환이 계속되었다.

루즈벨트의 과감한 통화개혁과 금융개혁

불안에 시달리던 미국 국민들의 선택은 정권 교체였다. 유권자는 1932년 11월 대선에서 압도적으로 프랭클린 루즈벨트를 선택했

다. 뿐만 아니라 루즈벨트의 민주당은 상하
원을 석권하는 압승을 거두었다. 루즈벨트
와 뉴딜연합이 권력을 장악해 케인스식 경
제 정책이 본격적으로 추진되기 시작했다.

프랭클린 루즈벨트는 취임하자마자 통
화개혁과 금융개혁을 단행했다. 대통령은
1933년 3월 4일 취임연설에서 경제위기가
자본주의적 이윤만을 맹목적으로 추구한 금
융업자들 때문에 온 것이라고 비판했다.

프랭클린 루즈벨트
미국 대통령

> "일자리 회복을 위한 일들이 성공하려면 구질서의 병폐가 되
> 풀이 되지 못하도록 하는 두 가지 안전장치가 필요합니다. 모
> 든 금융과 신용거래, 투자활동을 엄격하게 감독해야 합니다.
> 다른 사람들의 돈을 이용하는 투기가 근절되어야 합니다. 적
> 정량의 통화가 안정적으로 공급되어야 합니다. (중략) 이것들
> 이 우리가 싸워야 할 전선입니다."

그는 연설에서 언급한 두 가지 조치를 대통령 명령 6102호로
즉각 단행했다. 하나는 국내 금 태환을 정지시키고 국민들의 금
을 모두 달러로 바꾸도록 명령했다. 은행에 예치되어 있는 금들

은 1온스 당 20.67달러에 모두 몰수했다. 국민에게 걷은 금을 토대로 화폐 발행량을 늘리려는 조치였다. 또 다른 하나는 모든 은행의 업무를 중단시키고 휴업을 선포했다. 그때까지도 오리무중이었던 신용위기의 실상과 은행의 부실 정도를 파악하고, 그간 불법행위를 일삼은 은행을 적발하기 위해서였다. 한 마디로 혁명이었다.

이는 미국 역사상 전국 은행이 처음으로 문을 닫는 조치로 국민들에게 신선한 충격을 주었다. 이 때문에 뉴욕 증권거래소도 11일간이나 문을 열지 못했다. 대대적인 감사를 시행해 금융위기의 실상을 파악하고 살려야 할 은행과 문을 닫아야 할 은행을 가려냈다. 그리고 부실 은행은 정리하고 나머지 은행의 부실은 정부가 사들였다. 이 기간에 의회와 협조해 건전한 금융관행을 유도하는 '긴급은행법'을 통과시켜, 정부가 구제해준 연방준비제도 가맹은행의 4분의 3이 1주일 뒤에 다시 영업을 재개했다.

부실 규모를 파악한 루즈벨트 행정부는 은행으로부터 악성 부채 30억 달러 규모의 부실 모기지를 구입했다. 최초의 공적자금 투입이었다. 그는 맥을 잡아 집중과 선택을 택한 것이다. 그의 선택은 훗날 성공적이었다는 평가를 받았다.

이어 주택소유자들의 주택 차압을 막기 위해 주택자금 대출회사를 설립했다. 부실을 재빨리 도려내고 부실이 예상되는 곳에

화력을 집중한 것이다. 이런 과단성 있는 정책들의 결과로 신용 위기는 1933년 3월 말에 일단 마무리됐다. 2008년 신용위기와 대조되는 국면이다.

루즈벨트는 대공황을 타개하기 위해서는 유대인들의 협조가 절실하다고 판단했다. 그는 적극적으로 유대인과 유대 자본을 불러들였다. 유대계 경영인들이 본격적으로 정치와 행정부에 참여했다. 이것이 유대인이 미국 행정부에 입성하게 된 계기였다. 이때 루즈벨트는 재무장관으로 유대인 헨리 모겐소 2세를 임명해 11년 동안이나 나라 살림을 맡겼다.

루즈벨트의 조세정의, 부자증세

루즈벨트 대통령과 참모들은 개방정책과 시장자유주의를 옹호하면서도 부의 재분배와 조세 정의를 위해 노력했다. 누진세 제도를 채택해 호경기에 소득이 높아지면 자동으로 세율이 올라 소비를 억제하고 불경기에는 그 반대 작용을 하게 하여 경기변동 폭을 줄였다.

루스벨트 정부는 모건과 록펠러 등 재벌들의 부의 집중을 막기 위해 단계적으로 부자증세를 시행했다. 개인소득세, 법인소득세, 상속세 등 직접세에 누진세를 적용해 부의 사회적 재분배를 실현함과 동시에 부의 세습을 막았다.

프랭클린 루즈벨트 대통령은 "우리나라를 세운 선조들이 정치적 힘의 세습을 거부했듯이 오늘 우리는 경제적 힘의 세습을 거부한다."며 상속세를 올렸다. 시장자유주의를 신봉하는 정권에서도 사회적 약자인 빈곤 계층에 유리한 조세제도가 확립되어갔다. 그러자 부유층은 소득을 숨기기 위해 카리브해의 면세국들 이른바 텍스헤이븐(Tax Heaven)에 자산을 숨기기 시작했다.

루즈벨트 대통령이 등장한 이후 소득세율은 급상승했다. 그의 첫 임기 때 소득세 최고율은 63%, 두 번째 임기 때는 79%, 세 번째 임기인 1940년에는 81.1%까지 올랐다. 강력한 누진세를 통한 소득재분배가 본격적으로 시작된 것이다.

특히 1942년에는 최고 소득세율을 88% 올리면서 동시에 과세 대상을 기존 500만 달러에서 200만 달러로 낮추어 과세 대상의 범위를 대폭 넓혔다. 제2차 세계대전 참전 영향도 있었지만 놀라운 개혁조치였다. 전쟁이 한창인 1944년에는 94%까지 올라 부자들은 소득의 94%를 세금으로 내야 했다. 쉽게 말해 1년에 100만 달러를 버는 사람에게 6만 달러를 빼고 나머지 94만 달러는 모두 세금으로 거둬 갔다는 뜻이다.

이러한 추세는 그 뒤에도 그리 꺾이지 않았다. 1950~60년대 중반까지 미국은 냉전비용 충당을 위해 92%까지 세금을 받았다.

법인세 역시 1929년 14%였던 것을 2차 대전 후 50%까지 올렸다. 상속세도 마찬가지였다. 루즈벨트 집권 이후 상속세 상한세율도 20%에서 45%, 60%, 77%까지 올라갔다.

부는 이런 정책을 통해 적절히 재분배되었다. 수정자본주의의 요체는 '조세를 통한 부의 재분배'였다.

2008년 글로벌 금융위기에서 우리가 알아야 할 것들

금융자본주의의 장악

2020년 경제위기를 맞아 가장 겁나는 것이 더블딥이다. 더블딥은 2차 팬데믹으로 인해 올 수도 있지만, 그보다는 기업부채의 도미노 현상으로서 관련 파생상품(CLO)에 탈이 날 경우에 닥칠 확률이 더 높다. 파생상품은 장외 거래 상품이라 누가 얼마만큼의 부실을 갖고 있는지 모르기 때문에 이상이 생길 경우 순식간에 신용경색이 일어난다. 이렇게 해서 발생한 것이 2008년 글로벌 금융위기다. 그 과정을 살펴보자.

1971년 닉슨쇼크로 촉발된 달러와 금과의 고리 단절 이후 달러는 근원인플레이션이 허용하는 한도 이내에서 무제한으로 발행되었다. 하지만 이것이 문제의 시작인지는 그때는 아무도 몰랐다. 그 뒤 10년 만인 1980년에 이르러 세계 금융자산 규모는 두 배 이상 커져 세계 총생산 규모를 넘어섰다. 곧 금융자산을 GDP로 나눈 '자본집적도'(Financial Depth)가 1971년 50%에서 1980년 109%가 되었다. 이후 세계 GDP는 산술급수적으로 증가하는 한편 자본집적도는 기하급수적으로 커져갔다.

게다가 1980년대 시작된 신자유주의와 부자감세 정책이 금융시장의 급팽창과 어우러져 '소득불평등과 부의 편중'이라는 새로운 형태의 금융자본주의 경제를 만들었다.

원래 상품과 서비스의 생산과 분배를 위해 교환의 매개체로 등장한 게 돈인데 돈 스스로가 자가 증식을 한다. 심지어 그 성장속도는 상품과 서비스의 생산, 즉 세계 GDP 성장속도보다 몇 배 이상 빠르다. 불로소득(금융자산) 증가속도가 땀 흘려 일해 버는 근로소득 증가속도보다 훨씬 빠르며, 이것은 현대금융자본주의의 본질적 문제다.

있는 자들의 부는 급속도로 불어났다. 10년 후 1990년 자본집적도 비중은 무려 263%가 되었다. 불과 20년 만에 GDP 대비 금융자산의 규모가 50%에서 263%로 5배 이상 커진 것이다. 자본집적도가 글로벌 금융위기 직전인 2007년에는 355%로 증가했다. 당시 선진국 평균은 417%였고 신흥국 평균은 199%였다.

21세기를 전후해 세계 경제 성장률은 연 3~4%인 데 비해 세계 금융자산 증가율은 그 서너 배인 평균 15% 안팎이었다. 이로 인해 소득과 부가 일부 상류층에만 몰려 사회 전체의 소비를 확 낮춘 결과가 공황이라는 화를 부른 것이다.

과도한 주택 경기 진작 정책

미국은 소비가 GDP에서 차지하는 비중이 70% 내외로 소비가 활발하게 살아나야 성장하는 나라다. 따라서 역대 정권들이 가장 손쉬운 부동산 경기 진작을 통한 경기부흥에 열을 올렸다.

자기 집을 갖는 것은 모든 미국인의 꿈이었다. 소득세가 도입된 이래 주택 모기지 이자는 소득세 공제대상이라 혜택이 컸다. 그래서 대부분 급여생활자는 소득세와 주택임차료 대신 이를 모기지 이자로 활용해 집을 샀다.

1987년 로널드 레이건(Ronald Reagan) 행정부는 자동차 구입과 신용카드 대출이자에 대한 소득세 공제는 폐지하면서 주택 모기지 이자만은 소득세 공제를 유지했다. 그러자 사람들은 주택을 담보로 모기지를 얻어 자동차 등을 사는 편법을 쓰기 시작해 1994년 주택담보의 68%가 자동차 구입 등 다른 목적에 사용되었다.

게다가 1997년에 빌 클린턴 정부는 경기부양의 하나로 주택건설경기를 진작시키기 위해 부부 합산의 경우 50만 달러 한도로 양도소득세를 폐지했다. 그러자 그때부터 미국인들은 주택을 투자대상으로 보기 시작했다.

빌 클린턴 미국 대통령

2001년 IT 거품 붕괴와 9·11 테러 이후 연준은 불황을 우려해 금리를 열세 차례나 급격하게 내려 2001년 6.5%였던 기준금리를 2003년 7월까지 1%로 끌어내렸다. 이러한 저금리 정책의 지속은 당연히 유동성 과잉을 불러왔다. 돈이 주체할 수 없을 정도로 많아진 금융기관들은 경쟁적으로 대출을 늘렸다. 그러자 부동산 수요가 늘면서 주택 가격이 슬금슬금 오르기 시작했다.

돈 한 푼 없이 집을 살 수 있는 길이 열리다

조지 부시 대통령은 2004년 10월 재선운동에서 연거푸 내집 마련을 강조했다. 그러자 기다렸다는 듯이 각종 정책지원이 뒤따랐다. 주택이 투자대상으로 떠오르자 2005년에 구입한 주택의 40%는 1가구 2주택이었다.

여기에 불을 붙인 것이 종잣돈 없이도 집을 살 수 있는 길이 생긴 것이다. 예를 들어 50만 달러짜리 집을 사기 위해서는 적어도 10~15만 달러 정도의 자기 돈이 있어야 했지만 2006년 이런 규정 자체를 아예 없애버려 보증금 없이 집을 살 수 있게 해주었다. 게다가 은행은 집값만 올라가면 된다는 이유로 주택구매자의 신용조사도 약식 처리하거나 생략했다.

조지 부시 미국 대통령

대출채권의 증권화로 거의 무한대의 대출 여력이 생기다

저금리 기조로 유동성이 풍부한 은행권은 대출경쟁에 혈안이 되었다. 게다가 장기주택담보대출을 증권화한 주택담보부증권(MBS)이 개발되었다. 이는 대출금을 조기에 회수하는 효과가 있었다. 이로써 은행들은 주택대출자금을 얼마든지 만들어 낼 수 있게 되면서부터 대출경쟁이 더 치열해졌다.

이러다 보니 소득, 직업, 재산이 없어도 대출이 되는 NINJA(No Income, No Job or Asset) 대출, 이른바 '묻지마 대출'이 기승을 부렸다.

'묻지마 대출'을 부추긴 파생상품의 등장

주택 가격이 계속 상승하는 데다 금리가 낮아 중산층과 서민들이 내 집 마련 대열에 대거 동참해 여러 해 동안 주택건설 호황으로 이어졌다. 이때 머리 좋은 유대금융인들이 대출은행의 불안을 덜어줄 파생상품을 개발했다. 바로 부채담보부증권(CDO)과 신용부도스와프(CDS)라는 신종 파생상품이었다.

제이피모건의 블라이드 마스터스가 1995년 발명한 신용부도스와프는 금융시장 지형을 바꿔놓았다. 그녀가 개발한 신용부도스와프는 금융시장의 가장 원초적인 공포 곧 돈 떼이는 두려움을 해소시킨 획기적 발명품이었다.

원리는 간단하다. 예를 들어 한 금융사가 한 기업의 회사채를 구입한다고 치자. 문제는 리스크다. 기업이 망하기라도 하면 채권매입 금융사는 막대한 손실을 본다. 이럴 때 다른 보험사나 은행이 보험료를 받고 원금을 보장해주는 상품이 바로 신용부도스와프이다.

집값이 계속 올라가면 문제가 없지만, 만약 떨어지면 연쇄적으로 대출 문제가 생길 수밖에 없는 구조였다. 그러나 은행들은 위험을 덜어 주는 파생상품 덕분에 큰 문제가 없다고 보았다. 단지 그 위험을 떼어내어 위험에 투자하는 제3자에게 전가시키면 된다고 생각했다.

파생상품 덕분에 리스크 관리가 가능해지자 은행들은 앞다투어 신용등급이 낮은 사람들, 즉 프라임(우량)급 이하 비우량등급에 해당하는 '서브프라임(subprime)' 등급의 사람들에게까지도 담보가치 100%로 주택 대출을 해주었다. 이로써 수요가 폭증하면서 투기로 이어지는 부동산 가격 폭등이 나타나 5년 사이에 집값이 무려 75%나 올랐다.

급격한 금리인상의 부작용, 서브프라임 사태

그때서야 연준은 무언가 시장이 심상치 않게 돌아간다고 느꼈다. 그리고 마음이 급해졌다. 과잉유동성에 의한 인플레이션을 우려하게 된 연준은 2004년 6월 이후 정기적으로 금리를 올려 2006년 8월 5.25%까지 인상했다.

금리를 내릴 적에도 쫓기듯 서둘렀는데, 이번에도 너무 단기간에 급격하게 끌어 올렸다. 이것이 실책이었다. 당연히 부작용이 뒤따랐다.

먼저 시장이 놀라 기준 금리 인상 이상으로 모기지 금리가 올라 주택 수요가 줄어들며 주택 가격이 떨어지기 시작했다. 대출받아 주택을 사서 다시 팔아 이윤을 얻으려 했던 사람들이 대출금조차 갚을 수 없을 만큼 주택 가격이 떨어졌다. 신용등급이 낮았던 서브프라임 대출에서부터 문제가 터졌다.

파생상품 남발이 일으킨 금융위기

2008년 글로벌 금융위기의 요인은 여러 가지가 있겠지만 그 도화선에 불붙인 건 파생상품이었다. 2007년 장외거래 파생상품 중 신용부도스와프 거래 규모만도 약 62조 달러로 무려 그 무렵 세계 GDP 총액 54조 달러보다도 많았다. 이를 그린스펀은 점잖게 '비이성적' 과열이라 불렀으나 한마디로 미친 짓이었다.

　장외에서 거래되었기 때문에 누가 누구한테 얼마나 팔았는지 알 수 없어 금융기관 간에 불신으로 돈거래가 막혔다. 곧 신용경색이 일어나 자금 순환에 문제가 생긴 것이 금융위기의 첫 단계였다.

2008년 신용위기의 실체, 과잉유동성

모든 금융위기의 원인은 '과잉유동성' 때문이었다. 역사적으로 부르는 용어만 조금씩 달랐다. 1907년 공황의 원인은 '과잉자본' 때문이라 했고, 1929년 대공항 원인은 과도한 '통화팽창' 정책의 결과라 했다. 결국 과잉유동성이 버블을 불러 도가 지나치자 터진 것으로 '과잉유동성'은 1907년, 1929년, 2008년 공황을 관통하는 공통의 키워드다.

그런데 불행하게도 2008년 글로벌 금융위기를 제로 금리와 양적완화를 통해 또 유동성으로 막았다. 부실채권을 처리하지 못하고 돈을 살포해 봉합한 것이다. 금융권에 돈을 풀어 주식시장과 부동산시장 등 자산 가격을 부풀려 나락에 떨어졌던 부실한 은행들과 한계기업들을 구해낸 것이다.

글로벌 금융위기의 주범,
파생상품

2020년 경제위기에서 'CLO' 왜 위험한가?

2020년 경제위기에서 가장 우려되는 부분이 초저금리를 바탕으로 급격하게 늘어난 기업부채의 부실이다. 기업부채는 2008년 글로벌 금융위기 직후 각국이 경기를 떠받치기 위해 엄청난 유동성을 공급한 결과다.

중국은 4조 위안(약 720조 원) 규모의 경기부양책을 폈는데 그 결과 중국의 기업부채는 2008년 4조 달러에서 최근 20조 달러로 불어났다. 미국의 기업부채도 2019년 9월 말 기준 약 16조 달러로 가계부채 규모를 앞질렀다.

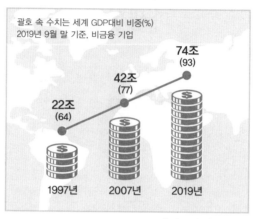

전 세계 기업부채 추이 (단위: 달러)

괄호 속 수치는 세계 GDP대비 비중(%)
2019년 9월 말 기준, 비금융 기업

74조
(93)

42조
(77)

22조
(64)

1997년   2007년   2019년

출처: 국제금융협회(IMF)

미국의 경우 기업부채가 부도나면 이를 기초로 만든 파생상품 대출채권담보부증권(CLO)의 부실로 전이될 위험이 크다. 그래서 요즘 월가에서 가장 큰 시한폭탄으로 꼽히는 게 CLO이다.

CLO는 신용도가 낮은 기업들에 대한 은행의 대출채권을 묶어 이를 담보로 발행하는 증권으로 과거 글로벌 금융위기를 일으켰던 부채담보부증권과 비슷한 방식으로 만들어진다.

부채담보부증권은 우량과 비우량 채권을 뒤섞은 자산담보부증권의 하나로 여기에 부도 대비 보험인 신용디폴트스와프(CDS)라는 파생상품이 곁들여졌다. 이로써 투자은행들이 서브프라임

이 섞인 부채담보부증권을 안전자산이라 믿고 사들였다. 부채담보부증권은 규모가 200억~300억 달러 정도밖에 되지 않은 서브프라임 부실사태를 금융위기로 증폭시킨 주범이었다.

주택담보부증권은 주택담보대출을 기초로 만든 파생상품인 반면 CLO는 투자부적격 기업 곧 투기등급 기업의 대출채권 150~200개를 묶어 유동화시킨 파생상품이다. CLO 규모는 2018년 기준, 미국에서만 약 1,300억 달러 정도이다. 글로벌 금융사들이 2012년 이후 신용도가 낮은 미국 셰일회사와 중국, 터키 등 신흥국 기업에 뭉칫돈을 대출해줬다. 중국 기업이 2010~2017년 사이에 조달한 자금이 1조 4,000억 달러에 이른다. 이 가운데 상당 부분이 달러 채무다. CLO라는 신종병기가 없었다면 빌려주기 힘들었을 것이다.

CLO에는 여러 종류의 대출채권이 기초하고 있다. 이 가운데 하나라도 부실화되면 전체 CLO가 흔들릴 수 있다. 10여 년 전 글로벌 금융시장이 부채담보부증권이란 장치에 요동했던 것과 같은 메커니즘이다.*

2008년 파생상품의 부실이 어떻게 금융위기를 촉발, 증폭시켰는지 그 과정을 살펴보자.

* 참고자료: '위기 땐 꼭 오는 신종 금융병기⋯2008년 CDO, 코로나땐 CLO?', 중앙일보, 2020.03.25, 강남규

금융자본의 탐욕이 세계를 삼키다

21세기 들어 금융자본의 탐욕이 최고 수준으로 부풀어 올랐다. 2007년 말 장외시장 파생상품 거래 잔액(약정 잔액)이 무려 600조 달러에 이르러 세계 총생산액의 10배가 넘었다. 이게 말이 되는 소리인가? 그런데 불행히도 사실이었다.

파생상품은 1980년대 이전에는 잘 들어보지도 못한 용어였다. 위험을 '헤지'(Hedge)하기 위해 고안된 금융상품이 오히려 투기의 대상이 되었다. 이를 다루는 헤지펀드들 숫자만 1만 개에 육박했으며 하루 평균 단기투자에 동원되는 핫머니가 3조 달러를 넘어섰다. 버블의 파열음은 클 수밖에 없었다.

지난 400여 년간의 역사를 분석해보면 경기침체는 매 4.75년마다 한 번씩 오고, 대공황은 67년마다 한 번씩 온다고 한다.

자유시장경제의 자유는 풍요를 안겨주기도 하지만 위기의 원인이기도 하다. 지나친 경제적 자유는 탐욕을 낳고, 탐욕은 버블을 낳고, 버블에는 대가가 따른다. 점점 빨라지는 호황과 불황의 경기순환은 혼돈을 조장하고 소득불평등과 부의 편중은 자본주의의 지속 가능성을 위협하고 있다.

자본주의 역사에서 위기와 기회의 반복 사이클, 곧 금융자본주의의 팽창과 수축 과정에서 생기는 버블과 공황은 불행히도 계속되어 왔다. 앞으로도 계속될 것이다. 2008년 글로벌 금융위기조차도 자본주의의 역사가 일천한 우리에게는 소중한 공부 거리다.

금융 증권화 기법 개발

서브프라임 모기지론 문제의 발단은 2000년 5월의 닷컴버블 붕괴와 2001년 9·11 테러 사태에 따른 경기침체를 극복하기 위해 실시된 미국의 저금리정책과 주택경기부양정책으로부터 시작되었다. 이에 따라 주택융자 금리가 인하되었다. 그러자 부동산 수요가 늘면서 주택 가격이 슬금슬금 오르기 시작했다.

중산층과 서민들이 내 집 마련에 대거 나서면서 미국의 자가 소유 비율은 1995년 64%에서 2005년에는 69%로 상승했다. 그러자 주택이 본격적인 투자대상으로 떠올랐다.

여기에 또 불을 붙이는 정도가 아니라 아예 휘발유를 들이붓는 정책이 발표됐다. 종잣돈이 없어도 집을 살 수 있는 길이 생긴 것이다. 이런 극단적인 경기부양정책이 서브프라임 사태의 시발점이었다.

월스트리트에서 대출을 거의 무한대로 해줄 수 있는 금융기법이 개발되었다. 바로 '금융의 증권화(유동화)'이다. '주택저당채권(모기지, Mortgage)'은 금융기관이 집을 담보로 대출을 해주고 그 저당권을 토대로 발행하는 만기 20~30년 짜리 장기채권이다. 이러한 저당권들을 모아 금융상품화해서 자금을 환수하는 것을 '저당유동화'라 한다. 이렇게 하면 만기가 아직 많이 남은 채권들을 조기에 현금화하는 효과를 얻는다.

투자은행들은 여러 모기지를 모아 이를 담보로 증권을 발행했다. 이렇게 위험을 분산하고, 만기를 조절하는 기법 덕분에 금융의 증권화가 이루어졌다. 그러나 이것은 금융시장을 무한대로 키운 열쇠이자 글로벌 금융위기의 단초였다. 최초의 금융 증권화는 미국의 주택 모기지 시장에서부터 시작되었다. 1970년대에 주택저당채권을 담보로 이른바 '모기지저당증권'(MBS:Mortgage Backed Securitie)이 발행되었다.

유동화 증권들이 팔리면 은행으로서는 장기대출을 회수한 효과가 났다. 은행은 이 돈으로 다시 대출해 줄 수 있었다. 더구나 은행은 이러한 대출을 대차대조표에 올리지 않고 수수료를 챙길 수 있어 지불준비금조차 축적할 필요가 없었다. 그리고 이러한 메커니즘은 유동화증권 투자자들에게 고수익을 올리게 해주었다. 문제는 이로써 은행의 신용창출 기능이 극대화되어 유동성을 거의 무한대로 공급하기 시작했다는 점이다.

은행들은 이제 소규모 예금 유치에 주력할 필요 없이 투자은행을 통해 채권을 증권화시켜 주식시장에서 바로 자금을 조달할 수 있었다. 이런 자산유동화증권 규모는 1995년에만 해도 5억 달러 이하였는데 이후 엄청난 규모로 성장하며 내용도 복잡해졌다. 이렇게 되자 은행들은 유가증권 연계상품으로 영업활동을 다변화했다. 이런 이유로 금융의 증권화는 급성장했다.

이러다 보니 소득, 직업, 재산이 없어도 대출해주었다. 금융위기의 시발탄 노릇을 했던 미국 2위의 서브프라임 모기지 업체 '뉴센트리 파이낸셜'의 홍보문구는 "단 12초면 대출 여부를 알려 드립니다."였다. 그 무렵 대출실적이 좋은 직원들은 큰 인센티브를 받다 보니 묻지마 대출이 기승을 부릴 수밖에 없었다.

신종 파생상품의 등장

은행들은 보유하고 있는 장기주택채권을 조기에 회수하기 위해 같은 금융그룹 내의 투자은행을 통해 MBS(모기지저당증권)나 ABS(유동자산저당증권), 부채담보부증권 같은 증서를 만들어 투자자들에게 판매했다.

부채담보부증권(CDO)이란 회사채나 대출채권, 주택저당채권 등 여러 채무를 기초자산으로 하는 유동화증권인데 신용등급이 상대적으로 낮은 채권들을 섞어 우량 신용등급의 부채담보부증권을 만들기도 했다. 또 이러한 부채담보부증권의 위험에 대한 보험 성격의 신용부도스와프라는 신종 파생상품이 개발되었다.

은행들은 부채담보부증권과 위험을 덜어주는 신용부도스와프의 결합 덕분에 큰 문제없다고 보았다. 이런 상태에서 주택대출을 기초자산으로 하는 모기지저당증권들이 계속 발행되고, 이를 판 대금으로 또 대출해주고, 이러한 채권들을 다시 모으고 쪼개어 또 부채담보부증권이 만들어졌다. 그리고 이것에 신용을 보강하기 위해 신용부도스와프로 보증이 들어가면서 세상은 위기에 모두 묶여 버린 것이다.

2008년 글로벌 금융위기의 요인은 여러 가지가 있겠지만 그 도화선에 불붙인 건 파생상품이었다. 파생상품은 원래 미래의 위험을 헤지하기 위한 목적으로 만들어졌다. 파생상품은 소액의 증거금으로 큰 거래를 성립시키기 때문에 위험을 헤지하기도 하지만 위험을 증폭시키기도 한다. 잘 쓰면 약이요 잘 못 쓰면 독이다. 파생상품의 역사와 파생상품이 불러온 서브프라임 사태에 대해서 살펴보자.

리스크 분산의 회심작, 신용부도스와프

제이피모건의 블라이드 마스터스 글로벌 상품부문 대표가 1995년 발명한 신용부도스와프(CDS)는 금융시장 지형을 바꿔놓았다.

그녀는 영국 케임브리지대 경제학과를 장학생으로 졸업하고 1991년 제이피모건에 입사했다. 그녀가 개발한 신용부도스와프는 금융시장의 가장 원초적인 공포 곧 돈 떼이는 두려움을 해소시킨 획기적 발명품이었다.

'신용부도스와프'를 발명한
제이피모건의 블라이드 마스터스

원리는 간단하다. 예를 들어 한 금융사가 기업 회사채를 구입한다고 치자. 문제는 리스크다. 기업이 망하기라도 하면 금융사는 막대한 손실을 본다. 이럴 때 보험료를 받고 원금을 보장해주는 상품이 바로 신용부도스와프이다.

신용부도스와프는 금융사와 보험사(또는 헤지펀드) 사이의 계약이다. 기업에 돈을 빌려준 금융사는 일정기간마다 일정금액(보험료)을 보험사에 주는 대신 기업이 돈을 갚지 못하면 원리금을 보험사로부터 받게 된다.

신용부도스와프 개발자 마스터스는 일약 스타로 떠올랐다. 28살의 나이에 상무(Managing Director)로 승진한 후 요직을 두루 거쳤다. 훗날 서브프라임 사태를 증폭시킨 부채담보부증권도 사실 그녀의 두뇌에서 나왔다. 그래서 마스터스는 '20세기 후반 최고의 금융상품'을 낳은 어머니로 불렸다. 앨런 그린스펀도 이 상품을 극찬했다.

기본적으로 신용부도스와프 시장은 각국 정부의 감시·감독 영역 밖에 머물러 있다. 장외거래 상품인 것이다. 은행 등이 보험회사와 계약서를 쓰고 보험료만 지불하면 되는 시장이다. 금융상품 세일즈맨들은 돈을 빌려준 금융사의 원초적인 두려움에 호소해 신용부도스와프를 팔았다. '돈 떼이면 우리가 해결해준다'는 것이 그들의 판매 전략이었다. 보험사·헤지펀드 등 이른바 보장을 판매하는 쪽도 부담 없이 팔았다. 한동안 유동성 풍년으로 기업들의 파산 비율이 역사상 가장 낮은 수준으로 떨어졌기 때문이다.[*]

재미있는 점은 그녀가 지금은 암호화폐에 푹 빠져 있다는 사실이다. 그녀는 블록체인 신생기업 '디지털 에셋 홀딩스'(DAH)를 2014년에 설립해 운영하고 있다. 세계 최고의 금융전문가들이 모여 설립한 분산원장기술 회사이다. 은행의 실시간 청산과 결제를 위한 분산원장기술을 통해 기존 금융을 혁신하여 효율성, 보안, 규제 준수, 결제 속도 등을 확보하는 것이 목표이다. 제이피모건, 씨티은행, 골드만삭스, 오버스톡 등 13개 금융기관과 IBM이 이 회사에 투자하고 있다.

---

[*]   참고자료: 중앙선데이, 2008.02.24.

신용부도스와프(CDS), 걸출한 발명품으로 대우 받아

신용부도스와프는 금융위기 전까지만 해도 21세기 금융시장 최고의 발명품 대우를 받았다. 경기 사이클의 침체 국면을 획기적으로 줄여주었기 때문이다. 보통 시장이 침체 국면으로 전환될 조짐이 보이면 은행은 곧바로 대출부터 줄인다. 침체기에는 부도위험이 커지기 때문이다. 대출이 줄어든다는 것은 시장의 유동성이 줄어든다는 뜻이다. 이는 침체기를 더욱 오래 끌게 만든다.

하지만 신용부도스와프 출현 이후 상황이 바뀌었다. 이 걸출한 발명품 덕분에 위험을 대신해서 사 줄 이른바 '위험매수자'가 생김으로써 은행은 리스크를 보험회사 또는 타인에게 전가할 수 있게 되었다. 곧 시장의 리스크가 아무리 커져도 그 위험을 책임져 줄 위험 매수자가 생기면서 은행은 약간의 보험비용만 추가로 지불하면 대출을 줄이지 않아도 됐다.

은행들의 대출이 경기침체기에도 줄어들지 않아 경기침체기가 평균 6개월에서 10개월로 짧아졌다. 이는 오로지 신용부도스와프 출현 이후 나타난 독특한 현상이었다. 사람들은 이를 골디락스라 부르며, 이제 더 이상의 불경기는 없다고 즐겼다.[*]

---

[*] 참고자료: '고수투자 데일리', 한경와우넷, 샤프슈터 박문환

급격한 금리인상이 화 불러

비우량(서브프라임) 대출은 2000년 초 전체 모기지 대출의 2% 수준에서 2003년 8.3%로 늘어났고, 2007년에는 21.1%로 껑충 뛰었다. 그 뒤 시중에 너무 많은 돈이 풀렸다고 판단한 연준의 급격한 계단식 금리인상으로 오르기만 하던 주택 가격이 꺾이기 시작했다. 그러자 비우량 대출에서부터 문제가 생겼다. 서브프라임 대출자들 가운데에서 이자와 원금을 못 갚는 사람이 늘면서 이를 담보로 만들어진 증권도 부실화되었다. 부채담보부증권에 연루된 은행·증권·보증기관은 물론 이 채권을 사들인 펀드까지 부실의 늪에 빠져들었다. 이게 바로 서브프라임 모기지 사태다.

부채담보부증권은 애당초 탄생되어서는 안 되는 금융상품이었다. 합법적으로 부채담보부증권에는 이미 부도가 나서 받을 수 없는 회사채도 포함할 수 있다는 규정 때문에 은행들은 받기 어려운 악성 채권을 담아서 팔았다. 이론적으로는 안전채권과 위험채권을 한 상품으로 묶어서 위험을 확률 범위 안에서 상쇄시키는 것이다.

호황기에 부채담보부증권이 잘 팔린 이유가 있었다. 고위험 고수익을 추구하며 비교적 낮은 금리로 자금을 빌릴 수 있는 투기 성향의 헤지펀드들은 경기 확장기인 유동성 장세에서는 주로 고위험 유가증권에 투자한다. 수익이 높기 때문이다. 이 유가증권들은 시장의 유동성이 보장되는 한 쉽게 되팔 수 있었다. 따라서 많은 수익을 낼 수 있는 자산으로 여겨진다. 수익 마진은 엄청나 저등급 부채담보부증권마저도 황금으로 간주되었다. 그리고 이러한 큰 이윤이 객관적 위험을 은폐하였다. 최대한 오랫동안 시장의 상승세가 유지되어야 하기 때문이다.

그러나 연준이 유동성 회수를 위해 너무 급격한 계단식으로 기준금리를 올리자 모기지 금리는 순식간에 급등했다. 이는 증가세에 있던 부동산시장 참여자를 일시에 감소세로 반전시켰다. 부동산 가격은 급락했다. 그 여파가 서브프라임 사태였다.

연준 목표금리

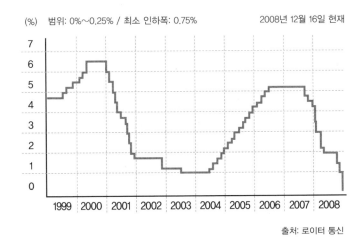

(%) 범위: 0%~0.25% / 최소 인하폭: 0.75%   2008년 12월 16일 현재

출처: 로이터 통신

경사가 급한 계단은 위험하다. 금리 인상 가속 페달은 '화폐의 공급을 줄이는 것'이고, 금리 인하 브레이크는 '화폐의 공급을 늘리는 것'인데, 역사적으로 보면 이를 선제적으로 못하고 급하게 쫓기다 보면 항상 탈이 났다. 사전에 금리를 선제적으로 조심스럽게 제어하지 못하고 상황에 쫓겨 밟은 급격한 가속 페달이나 브레이크는 언제나 문제였다. 반작용이 너무 컸다.

문제는 신용부도스와프(CDS)에서 터졌다

부채담보부증권은 하위등급일수록 많은 위험에 노출되는 대신 기대수익률이 높아 헤지펀드들의 투자 비중이 높았다. 따라서 제일 먼저 타격을 받은 건 헤지펀드들이었다. 이들은 고율의 레버리지를 사용하거나 저등급 부채담보부증권에 집중투자하면서 가장 먼저 위기에 봉착했다.

문제는 이러한 저등급 부채담보부증권의 위험을 줄이기 위해 들었던 보험인 신용부도스와프(CDS)에서 터졌다. 신용부도스와프는 신용위험을 다른 사람에게 전가하는 일종의 보험성격을 지니고 있다. 신용부도스와프를 판 사람이 평소에 보험료(프리미엄)를 챙기다가 사고가 터지면 보험금을 지급해야 하는 것이다.

그런데 신용경색으로 부도위험이 높아지자 신용리스크를 판 헤지펀드 등이 먼저 파산 위기로 몰렸다. 헤지펀드들은 부도를 막기 위해 갖고 있던 유가증권들을 헐값에 내던졌다. 매도는 매도를 불러 폭락 사태가 이어졌다. 다른 금융기관들도 매도 행렬에 참가했다. 호황기 때 막대한 레버리지를 일으켜 모기지 파생상품에 투자했던 금융회사들은 부도를 피하기 위해 서둘러 보유중이던 주식과 채권을 팔아대기 시작했다.

문제는 대부분 파생상품이 장외거래로 팔려 누가 얼마만큼의 부실을 갖고 있는지 파악하기 힘들다는 것이었다. 이것이 신용경색을 불러온 주 이유였다. 은행이 은행을 믿지 못해 시중에 돈이 돌지 않았다. 결국 여러 금융기관의 부실과 파산으로 이어졌다.

대마불사 베어스턴즈

본격적인 서브프라임 모기지 사태는 2007년 6월 26일 미국의 5대 투자은행의 하나인 베어스턴스가 자회사인 헤지펀드 두 곳에 16억 달러의 구제금융을 투입하기로 결정하면서 시작되었다. 이들 헤지펀드는 서브프라임 모기지를 근거로 발행된 부채담보부증권을 중심으로 200억 달러에 이르는 자산을 운용하다 큰 손실을 보고 청산 위기에 몰렸다.

결국 2008년 3월 4일 베어스턴스가 13조 4,000억 달러 상당의 파생상품 거래를 포기하고 파산신청을 했다. 이는 당시 미국의 국내총생산에 육박하는 현기증 나는 액수였다.

연준과 재무부는 심각한 고민에 빠졌다. 마침내 3월 11일 결단을 내렸다. 연방준비은행은 대공황 이후 처음으로 베어스턴스를 비롯한 투자은행에 구제금융을 지원하기로 결정했다. 이는 사실 기존에는 예금 은행들에게만 허용되었던 권리였다. 이들 투자은행들은 미국증권거래위원회의 감독을 받는 기관들로서, 연방준비은행과는 아무런 관련이 없기 때문에 연준의 구제금융 지원대상이 아니었다. 그 뒤 3월 14일 도산 위기에 처한 베어스턴스에 대해 300억 달러의 구제금융을 제공했다.

바둑에서 큰 집은 결국 살길이 생겨 쉽게 죽지 않는다는 '대마불사(大馬不死)'라는 용어는 큰 기업은 좀처럼 망하지 않는다는 뜻으로도 쓰인다. 이로써 월가 안팎에서는 역시 '대마불사'의 원칙은 깨지지 않는다는 말이 나왔다.

그리고 나서 언론과 여론에 된통 당했다. 영국의 〈파이낸셜 타임스〉의 마틴 울프는 이번 금융위기는 시장주의의 파산이라며 다음과 같이 주장했다.

"2008년 3월 14일 금요일을 기억하라. 자유시장 자본주의의 꿈이 사망한 날이다. 30년 동안 우리는 시장 주도의 금융시스템을 추구해왔다. 베어스턴스를 구제하기로 결정함으로써 미국 통화정책 책임기관이자 시장자율의 선전가인 연준은 이 시대의 종결을 선언했다."

미국 정부는 이들에 대한 구제금융이 도덕적 해이를 확산시킬 것이라는 비판에 맞서, 도산을 방치할 경우 금융시스템의 근간이 흔들릴 수 있다고 반박했다.

구제금융 지원 결정이 난 지 불과 이틀 뒤인 3월 16일에 베어스턴스는 제이피모건체이스에게 헐값에 팔렸다. 베어스턴스의 파산을 막기 위한 부득이한 조치였다고 하지만 이로써 제이미 다이먼 제이피모건체이스 회장은 월가의 강력한 실세로 떠올랐다. 그는 그 뒤에도 정부로부터 워싱턴뮤추얼을 싼 값에 사들이는 경영 수완을 발휘했다.

제이미 다이먼

연준과 재무부, 신용 위기 초기에 사태의 심각성 못 깨달아
서브프라임 사태가 터지자 가장 먼저 타격을 받은 곳은 MBS를 발행하던 패니메이와 프레디맥이었다. 두 업체는 미국정부가 주택시장 활성화를 위해 설립했다 후에 민영화된 기업들이다. 두 업체가 미국 전체 주택담보시장 12조 달러의 절반 가까운 5조 3,000억 달러의 주택담보대출 보증을 바탕으로 채권과 증권을 발행했다.

일반적으로 사람들은 숫자가 너무 커지면 그때부터는 숫자 감각을 잃는다. 5조 3,000억 달러는 1달러 당 1,000원으로 계산하면 우리 돈으로는 약 5,300조 원이다. 2008년 당시 우리나라의 GDP가 9,290억 달러였으니 얼마나 큰 금액인지 짐작할 수 있다.

이 두 회사가 망하면 미국 주택시장은 붕괴될 수밖에 없었다. 더불어 두 회사의 채권을 산 각국 중앙은행이나 금융기관들의 1조 5,000억 달러 규모의 채권이 휴지조각이 된다. 당시 우리 한국은행도 패니메이와 프레디맥이 발행한 채권을 380억 달러나 보유하고 있었다. 따라서 미국경제는 물론 세계 경제가 파산할 위험성이 있었다. 미국 정부는 공적자금을 투입해서라도 살릴 수밖에 없었다.

그들은 서브프라임 사태 후 5,000억 달러가 넘는 손실을 기록했다. 2008년 9월 7일 미국 재무부는 역사상 최대 규모인 1,530억 달러라는 사상 최대의 구제금융을 투입해 두 회사를 국유화했다. 이에 대한 반작용으로 2008년 9월 15일 깜짝 놀라는 사건이 터진다. 2,000억 달러가 넘는 자산규모의 투자은행인 리먼브라더스가 파산한 것이다.

당시만 해도 연준과 재무부는 파생상품의 심각성을 미처 깨닫지 못했다. 그래서 언론으로부터 호되게 질타당한 베어스턴스와 패니메이, 프레디맥의 전철을 밟지 않으려고 미국 4위 투자은행 리먼브라더스의 파산을 보란 듯이 방치했다. 베어스턴스보다도 더 큰 투자은행인데도 말이다. 이번 기회에 국민들과 금융계에게 정부가 시장에 반하면서까지 부실 기업을 구하는 것은 아니라는 점을 보여주려 했다.

하지만 결과적으로 대실수였다. 9월 15일 파산한 채권투자 전문은행 리먼브라더스의 폭발력은 가히 메가톤급이었다. 당시 리먼브라더스와 계약을 맺고 있었던 신용부도스와프의 규모는 8,000억 달러에 이르렀다. 채권시장을 단숨에 공포의 도가니로 몰아넣었다. 기네스북에 세계 최대규모 파산(6,700억 달러)으로 등재된 리먼 브라더스 파산으로 신용부도스와프 시장의 경색은 극에 달했다. 이는 가뜩이나 위축된 자금 조달 시장에 직격탄을 날렸다. 이로써 전 세계적으로 신용경색이 호되게 몰아쳤다.[*]

---

[*] 참고자료: 〈디플로메틱〉 2007년 10월호/'고수투자 데일리', 한경와우넷, 샤프슈터 박문환/ 중앙일보, 윤창현

신용부도스와프(CDS) 거래 잔액 규모는 2008년 초에 62조 달러에 이르렀다. 보험 대상인 부채담보부증권 전체 발행물량의 10배 이상이었다. 당시 미국과 유로 지역, 그리고 일본의 총 통화량(M2)이 25조 달러 정도였으니까, 전 세계 주요 선진국 통화량의 두 배가 넘는 엄청난 양이었다.

"이번 신용 위기의 교훈은 시장엔 자율조정기능이 없다는 것이다. 적절한 규제를 하지 않으면 늘 선을 넘어서기 일쑤다. 2009년만 해도 우린 아담 스미스의 '보이지 않는 손'이 왜 종종 보이지 않는 건지 다시금 알게 되었다. 그 손이 거기에 없고 금융세력의 탐욕이 거기 있기 때문이다. 금융가들의 사리사욕 추구는 사회 전체의 이익으로 이어지지 않는다. 금융기관 주주들에게조차 도움이 안 된다."

노벨경제학상 수상자이자 세계은행 부총재를 지냈던 컬럼비아대 교수 조지프 스티글리츠의 말이다.

금융자본의 탐욕이 금융위기 수습을 방해하다
우리는 모든 권력의 최정점에 정치권력이 있다고 생각한다. 그리고 그 정상에 대통령이 있다. 하지만 아니었다. 현대 세계에서, 아니 최소한 현대의 미국에서는 정치권력을 움직이는 큰손들이 있다. 돈줄과 언론을 장악하고 있는 세력이 정치권을 움직이고 있다.

2008년 글로벌 금융위기는 그 전개 과정에서 자본의 탐욕으로 태어난 파생상품의 남발과 범람을 제어하지 못한 잘못도 크지만 그보다 더 나쁜 것은 금융위기가 터진 후 월스트리트 금융계의 대처 방식이었다.

미국 정부는 2008년 늦가을 신용위기가 발생하자 부실을 따로 모아 '배드뱅크'를 만들어 여기에 공적자금을 집중 투입해 부실을 처리하려 했다. 대공황 때 프랭클린 루스벨트 대통령이 썼던 특효 처방이다.

그러한 목적으로 의회를 설득해 긴급자금도 마련했다. 그렇게 했으면 조기에 신뢰를 회복할 수 있었다. 그러나 결국 실행하지 못했다. 월스트리트의 큰손들이 극구 반대했기 때문이다. 이외에도 월스트리트는 정부의 위기 수습을 위한 은행 주식담보 대출 지원, 보유 채권의 시가 평가제 등 제2, 제3의 현실적 제안을 모두 받아들이지 않았다.

이로써 금융위기가 조기에 수습되지 못하고 전 세계로 퍼져나가면서 양적완화 정책까지 시행하게 되었다. 결국 미국 정부는 부실에 집중적으로 공적자금을 투입해 처리하지 못하고 돈을 헬리콥터에서 무차별 살포하듯 전방위로 뿌려 불을 끄려 했다.

이 때문에 죄 없는 다른 나라들이 오랫동안 고생했다. 부실을 파악하여 조기에 수습했으면 제로 금리나 양적완화 정책까지 가지 않을 수 있었다.

우려되는 인플레이션 쓰나미

경제학에서 변하지 않는 한 가지 진리가 있다.

"대량으로 발행되는 화폐는 가치가 떨어진다."

강성했던 고대 제국들이 몰락한 원인은 여러 각도에서 조명될 수 있겠지만 그 가운데 가장 중요한 원인이 대량으로 발행된 화폐로 인한 인플레이션이 통화 붕괴로 치달은 것이다.

밀턴 프리드먼은 긴 화폐의 역사에서 정부가 재정 적자를 손쉽게 메우는 수단으로 화폐 발행량 증가를 선택하는 경우, 인플레이션이라는 재앙을 불러오게 된다는 주장을 여러 측면에서 반복했다. 그가 거듭 강조하는 "인플레이션은 언제 어디서나 화폐적 현상이다."라는 말은 진리이다.

역사 속에서 인플레이션으로 인해 통화가 붕괴되고 시장이 마비되면서 국가마저 멸망시키는 사례가 많았다. 그리스가 그랬고 로마제국이 그랬다. 우리가 인플레이션 인자의 본질적 속성을 지니고 있는 화폐를 두려워해야 하는 이유이다.

2008년 글로벌 금융위기 와중에 선진국은 천문학적인 규모로 통화량을 증가시켜왔다. 또한 각국 금리도 사상 최저수준이었다. 그렇게 많은 돈이 풀렸음에도 물가가 안정되어 있었고, 일본과 유럽은 오히려 디플레이션을 걱정했다.

양적완화 곧 금융권을 통한 돈 풀기는 담보력이 있는 상위계층에게 흘러들어가 자산 가격을 올린 반면 가계부채에 시달리는 서민들에게는 흘러가지 않아 소비자 물가는 오르지 않았기 때문이다.

2020년 경제위기에는 더 많은 유동성이 풀렸다. 미국 경제학자 어빙 피셔는 '화폐수량설'로 물가변동을 명쾌하게 설명했다. 물가수준은 결국 화폐량과 유통속도에 달렸다는 이야기다. 생산품 가격을 P, 생산품 거래총량을 T, 화폐량을 M, 화폐유통 속도를 V라고 한다면, 'MV=PT'라는 것이다.

지금은 투자 대상을 찾지 못한 돈이 중앙은행 금고나 은행에서 자고 있다. 하지만 경기가 본격적으로 좋아지면 문제는 달라진다. 잠자고 있는 돈들이 투자처를 찾아 쏟아져 나오면서 통화량의 유통 속도가 빨라진다.

그러면 시중 유동성이 급격하게 증가하면서 인플레이션이 발

생한다. 여기에 놀라 중앙은행이 급격한 계단식 금리인상을 서두
르면 탈이 날 수 있다.

그때는 기업부채 등의 부도사태가 터지면서 시장이 망가지거
나 아니면 인플레이션의 쓰나미가 밀려올 가능성이 있다.

미중 무역전쟁
본질을 파헤치다

미중 무역전쟁의 본질을 살펴보려면 지난 역사의 몇 장면을 회상해보아야 한다.

회상1. 1929년 대공황, 미국의 보호무역

'스무트-홀리 관세법'의 악몽

미국 경제사학자 존 스틸 고든은 자신의 책 《월스트리트 제국》에서 "대공황은 29년 10월 29일 주가 대폭락이 아니라 이듬해 30년 6월 17일 보호무역법인 스무트-홀리 관세법 제정이 불러왔다."라고 주장했다. 1930년대의 대공황의 주범은 보호무역주의라는 이야기다.

1929년 대공황이 시작되자 미국 의회는 1930년에 공화당의 스무트 의원과 홀리 의원이 공동 발의한 스무트-홀리 관세법을 제정하여 보호무역주의 정책을 강화했다. 미국산을 우선적으로 써야 한다는 이 법안은 평균 관세를 13%에서 59%로 올리고, 최고 400%의 관세를 매길 수 있게 했다. 경제학자 1,028명이 세계 경제가 동반 추락할 수 있다고 결사반대하며 탄원서를 냈음에도 후버 대통령은 법안에 서명했다.

미 의회와 정부는 스무트-홀리 관세법의 시행으로 대공황 쇼크로부터 자국 산업과 국민들을 보호할 수 있다고 믿었다. 공화당이 이 법안을 추진했던 이유는 주요 지지층인 농부들과 제조업 종사자들의 표심을 장악하기 위해서였다. 관세 장벽을 높이면 높일수록 자국 시장이 탄탄해지리라 판단했기 때문이다. 하지만 이는 무역 상대국들의 강력한 반발을 사 무역 전쟁으로 치달았다. 이로 인해 세계 각국에서 경쟁적으로 보호무역주의 정책이 강화되어 경제블록 간 무역이 전면적으로 막히다시피 했다.

결과는 참혹했다. 대공황 기간 중 미국 수입은 66%, 수출은 61% 각각 급감했다. 미국 국민총생산(GNP)은 1929년의 1031억 달러에서 1933년 556억 달러로 반토막 났다. 전 세계 국제 무역량의 3분의 2가 날아가 버렸다. 이로써 교역증대에 의한 세계 경제 회복 가능성은 아예 없어졌다. 세계 경제는 이후 3~4년 동안 더욱 침체하여 모든 나라는 독자생존을 모색해야 했다. 그 결과 1차 대전 배상금을 갚기 위해 수출에 사활을 걸었던 독일은 극단적인 파시즘의 길을 걷게 된다.

당시 무역 전쟁이 가르쳐 준 뼈아픈 교훈은 보호무역은 역효과를 부를 뿐이라는 점이었다. 또 미국이 글로벌 무역시장의 규칙을 깼을 때 어떤 파국을 맞게 되는지도 함께 알려줬다. 안타까운 건 80년 전의 정책 실수가 현재도 반복되고 있다는 점이다.

회상2. 중국의 경제발전을 지원한 미국

중국을 죽의 장막에서 바깥 세상으로 이끌어낸 사람이 미국의 국무장관 키신저였다. 이후 미국은 중국의 경제발전을 음으로 양으로 지원했다. 결정적인 것은 중국을 세계시장에 편입시키기 위해 WTO에 가입시킨 일이었다.

"중국이 세계무역기구(WTO)에 가입하면 우리 상품을 더 많이 수입하게 되는 것뿐만 아니라 민주주의의 가장 소중한 가치인 '경제적 자유'를 받아들이는 것이다. (중략) 인터넷 발전과 맞물려 중국은 미국처럼 변모할 것이다."

2000년 3월 클린턴 대통령이 존스홉킨스대에서 중국의 WTO 가입이 미국 국익에도 도움이 될 것이라고 말한 내용이다. 많은 나라가 중국의 WTO 가입을 반대했지만 미국의 적극적인 지원으로 이듬해 중국은 WTO에 가입했다. 이후 중국은 WTO 가입으로 인한 낮은 관세 덕에 세계 2위의 경제 대국이 되었다.

회상3. 이라크 전쟁의 비하인드 스토리

세계에서 이라크만큼 미국의 이익을 위해 철저히 유린된 나라는 없다. 이라크는 중동에서 사우디 다음으로 석유 매장량이 많은 나라이다. 1979년 대통령직을 승계한 후세인이 미국의 주요 관심인물로 떠오른 것은 이란의 친미적인 팔레비 왕조가 무너지고 반미적인 호메이니 정권이 들어선 이후이다.

미국은 이라크를 완충지대 삼아 이란이 미국의 중동 이해관계 곧 석유 공급선의 안정과 이스라엘 안보에 끼치는 위협을 막으려 했다. 후세인이 1980년 이란과의 전쟁을 일으킨 뒤 미국은 대외적으로 중립을 표방했으나 이란의 견제세력으로서 후세인의 존재를 내심 반겼다.

1984년 초 이라크군이 화학무기를 사용해 국제사회가 들끓자 미국도 1984년 3월 공개 성명을 발표해 이라크를 비난했다.

그러나 최근 공개된 비밀문서들에 따르면 조지 슐츠 국무장관은 성명 발표 며칠 뒤 이라크 외교관들을 만나 "미국은 화학무기 사용을 엄격히 반대하지만 이라크와의 우호관계에 대한 미국의 관심은 전혀 줄지 않았다."는 메시지를 전했다. 그럼에도 후세인이 서운함을 감추지 않자 슐츠 장관은 당시 제약회사 경영자였던 럼즈펠드를 바그다드로

이라크의 사담 후세인

보내 "미국의 우선 관심사항은 화학무기 보다는 이라크와의 관계 개선"이란 메시지를 전달했다.

럼즈펠드는 앞서 1983년 12월에도 대통령 특사 자격으로 공개적으로 이라크를 방문해 후세인으로부터 환대를 받았다. 당시 레이건 행정부는 럼즈펠드에게 "미국은 이란의 승리를 막기 위해 필요한 모든 지원을 아끼지 않겠다."는 점을 후세인에게 분명히 밝히라는 지침을 내리고 있었다. 답례로 이라크 정부는 "후세인 대통령은 럼즈펠드 특사의 방문을 매우 기뻐했으며 그를 높이 평가했다."는 감사 메모를 미국에 전달하기도 했다.

2차에 걸친 럼즈펠드의 바그다드 방문이 이뤄졌을 무렵, 이라크는 국토 면적에서나 인구에서 대국인 이란군의 공세에 밀려 유전지대를 빼앗기는 등 고전하고 있었다. 미국은 군사정보와 물

자를 비롯해 물심 양면으로 후세인 정권을 지원했다. 미 백악관과 국무부는 수출입은행을 비롯한 국제금융기관들에 압력을 가해 이라크의 전쟁비용을 대주도록 했다. 1982년 미 국무부는 국제테러리즘 지원 국가 명단에서 이라크를 뺐다. 럼즈펠드 방문이 있은 지 1년도 못돼 미-이라크는 닫혔던 외교관계를 텄다.

그러나 1988년 이란과 휴전 협정을 맺은 후세인이 중동의 맹주가 되겠다는 야망을 노골화하면서 미국과 갈등이 시작됐다. 후세인은 1990년 8월 쿠웨이트를 전격 침공했다. 이 전쟁에서 승리하면 세계 석유매장량의 대부분이 집중 매장되어 있는 페르시아만을 지배하게 됨으로서 아랍세계를 군림하게 될 터였다. 그러나 1991년 1월 미군 주도의 연합군에 패퇴했다.

이어 1993년 걸프전 전승 기념식 참석차 전직 대통령 신분으로 쿠웨이트를 방문한 조지 H 부시 전 대통령 암살기도 사건이 발생했고 미국은 그 배후로 후세인을 지목했다. 이후 유엔의 경제제재, 미국과 영국의 끊임없는 군사적 압박 속에서 후세인과 미국의 증오는 최고조로 끓어올랐다. 1990년대 중반부터 서서히 세를 불리던 미국의 네오콘(신보수주의자)들은 후세인을 냉전종식 이후 세계평화를 위협하는 제1의 공적으로 공개리에 규정했다. 1998년에는 무기 사찰을 거부한다는 이유로 이라크에 대규모 공습을 감행하였다.

후세인, 원유 거래 유로화로 바꾸다

후세인 정권은 미국이 가장 싫어하는 마지막 카드를 꺼냈다. 2000년 11월 6일자로 원유 거래를 달러에서 유로화로 바꾼 것이다. 이로써 철두철미하게 미국에 등을 돌렸다. 이로 인해 '달러마저 거부하는 반미국가=악의 축 국가'라는 등식이 성립되었다. 만일 이라크처럼 달러 대신 유로화로 결제하는 나라들이 중동 산유국 가운데 늘어나기 시작하면 OPEC의 공식 결제화폐로 달러와 함께 유로화가 지정될 수도 있었다.

이런 사태에 직면하여 '전쟁을 통해서라도 결사적으로 저지하지 않으면 안 된다는 강박관념'이 부시 정권을 억눌렀다. 미국의 국익을 좌지우지하는 오일 달러가 한물가고 그 자리에 유로화가 들어선다는 것은 미국으로서는 끔찍한 일이었다.

에너지 문제도 그렇지만 미국이 진짜로 무서워하는 것은 자국의 경제시스템이 붕괴되는 공포 곧 기축통화 달러의 지위 하락이다. 석유 소비량의 약 48%를 중동에서 수입하고 있는 EU가 맹국들이 유로 결제를 중동 산유국 전체로 확대한다면 어떻게 될까? 중동은 유로 경제권의 지배 아래 놓일 것이고, 유로가 광범위한 지역에서 기축통화로서의 위치를 확립할 것이다.

북한도 2002년 12월 결제화폐를 달러에서 유로화로 바꿈으로써 달러를 배척하는 진짜 반미국가가 되었다. 부시가 테러 지원국가로 지명한 '악의 축'인 이라크, 북한 모두 유로 결제로의 움직임을 보인 국가들이었다. 많은 사람들이 이라크 전쟁 직전에 있었던 일로 9·11 테러만 떠올리지만 그보다도 훨씬 중요한 일이 바로 이 석유결제통화 문제였다.

두 번째는 냉전체제 붕괴 이후 수요가 줄어든 군산복합체의 지원과 신무기 실험, 군사력 과시 등 군수산업을 살려야 하는 문제도 있었다. 게다가 미국이 묵과할 수 없는 또 다른 문제가 터졌다. 바로 이라크와 중국 사이에 중대한 협정이 맺어졌다. 중국은 미국의 이라크 침공 직전에 이라크 남부의 유전개발권을 후세인으로부터 양도받았다. 이것이 미국에게는 상당한 자극이 될 수밖에 없었다. 석유저장고인 이라크가 중국과 손을 잡은 것은 미국에게는 더 이상 지체할 수 없는 결단을 내리게 하였다.

"부시 행정부에는 세계를 장악하기 위해 먼저 석유를 장악해야 된다고 믿는 사람들이 있다. (중략) 부시가 중동 지역의 석유통제권을 확보하게 되면, 중국에 대해 경제 성장 속도를 지시하고 교육체계에 간섭하게 될 것이다. 같은 방법으로 미국은 독일과 프랑스, 러시아, 일본에 개입하려 들 것이고, 종국에 가서는 영국도 마찬가지 운명에 처하게 될 것이다."

부시의 이라크 침공을 한 달 여 앞둔 2003년 2월 5일, 후세인이 영국의 '채널4' 방송과 인터뷰 한 말이다.

2003년 3월 20일 미국은 대량 살상무기 보유를 구실로 이라크를 침공한다. 하지만 전쟁의 명분인 대량 살상무기는 발견치 못했다. 그로부터 3년여의 세월이 흐른 2006년 말, 후세인은 동트는 새벽녘에 마침내 자신의 반역자들을 처형시키던 장소에서 조용히 형장의 이슬로 사라지고 말았다.

9·11 테러 이후 미국 국민들은 강한 미국을 선호하였기에 당시는 이라크 침략에 대한 정당성을 인정하였다. 하지만 지금은 미국 안에서조차 석유를 노린 비열한 침략이었다는 분위기가 고조되고 있다.

회상4. 이란이 '악의 축'으로 지목된 이유

이란이 악의 축으로 지목된 이유는 두 가지다. 하나는 이란의 핵 보유 의지와 장거리 미사일 개발이다. 이는 이스라엘로서는 묵과할 수 없는 사안이다. 또한 이란에 이러한 기술개발을 공여할 수 있는 나라로 북한이 주목받고 있다. 북한 역시 악의 축으로 불렸던 이유이다. 미국의 북핵 견제는 이스라엘 측의 사주로 볼 수 있는 대목이다.

또 다른 하나는 이란이 기축통화인 달러에 도전했기 때문이다. 2002년 이란의 대통령이었던 아흐마디 네자드는 "세상에서 석유가 가장 많이 나는 중동에 왜 석유 거래시장이 없느냐?"면서 석유거래소를 만들겠다고 했다. 여기서 정작 중요한 것은 이란은 석유대금을 달러 이외의 화폐도 받겠다고 선언했다는 점이다.

처음에 미국은 달래기도 하고 어르기도 하면서 이란을 설득했다. 하지만 결국 2008년 이란에 석유거래시장이 열렸고 이란 돈이나 엔화로도 결제가 허용되었다. 이로써 미국과 이란은 돌이킬 수 없는 강을 건넌 것이다.[*]

회상5. 위안화 거래 원유 선물시장 개설

중국은 세계 최대 석유수입국이다. 일일 평균 수입량이 1,000만 배럴을 넘었다. 중국의 주요 석유조달 국가는 사우디아라비아·러시아·이란·이라크·앙골라 등이다. 사우디를 제외하곤 모두 미국과 관계가 불편한 나라들이다. 특히 미국이 악의 축으로 규정하고 있는 이란 석유의 70%를 중국이 수입해주고 있다. 그것도 석유거래에 위안화를 사용하고 있다. 미국이 거슬려 하는 대목이다. 러시아와의 거래도 양국 간 화폐가 기본이다.

게다가 중국은 여기에 머무르지 않고 국제 석유거래를 중국

---

[*] 참고자료: 박문환의 스페셜 리포트, 2020.05.08

의 위안화로 주도하기로 했다. 그 일환으로, 상하이 선물거래소는 산하에 상하이 국제에너지거래소를 만들어 2018년 3월 26일을 기해 위안화 표시 원유 선물거래를 시작했다.

상하이 선물거래소의 원자재들은 모두 국내 투자자들에게만 거래가 허용되어 왔었는데, 외국인 투자자들에게 거래를 허용한 것은 원유가 처음이다. 상하이 선물거래소는 이를 위해 외국인 개인투자자에게 3년간 양도소득세를 면제하고, 외국인 중개기관의 수수료 수입에 대해서도 과세하지 않는 등 외국인 투자자들을 유치하기 위해 적극적으로 나섰다.

원유는 달러로만 거래할 수 있다는 게 여태까지의 불문율이었다. 중국이 기축통화 달러에 도전한 것이다. 중국의 원유선물 위안화 거래 직후 미국은 중국과의 무역전쟁을 시작한다.

미중 무역전쟁의 시작

중국은 세계 최대 무역국이다. 석유를 비롯한 원자재 수입도 세계에서 가장 많이 하고 있다. 중국은 수입 파워를 이용해 석유와 철강석 등 원자재를 위안화로 수입하기를 원하는데 실제 몇몇 글로벌 기업들이 이에 응하고 있는 추세이다. 더구나 2030년이면 GDP마저 미국을 앞설 전망이다. 이런 추세라면 기축통화도 바뀔 수 있다. 이처럼 중국의 무역 파워와 경제력이 커지면서 미국이 바짝 긴장하고 있다.

미국은 2018년 대중 무역에서 3,755억 달러의 적자를 보았다. 이는 미국 전체 무역적자 8,112억 달러의 47%에 달하는 비중이다. 게다가 중국의 '일대일로' 팽창주의 전략목표와 미래 산업 육성전략 '중국제조 2025' 계획으로 최첨단 산업들을 야심 차게 키워 미국을 따라잡겠다는 계획이 미국의 비위를 건드렸다. 트럼프가 무역 전쟁을 일으킨 이유이다.

지금도 트럼프는 중국이 미국의 지적재산권을 매년 3,080억 달러어치를 도둑질하고 있다고 주장하고 있다. 트럼프는 이참에 중국을 단단히 손볼 요량이다. 이번 무역전쟁의 본질은 중국의 부상을 사전에 꺾어놓겠다는 것이다. 이른바 패권전쟁이다.

미국의 요구사항은 위안화 절상

무역전쟁이 시작된 이후 달러 가치는 올라갔지만, 위안화 가치는 떨어지면서 양국 간 환율전쟁 위기감이 높아졌다. 트럼프는 이를 문제 삼아 관세 폭탄과 더불어 위안화 절상을 동시에 요구하며 중국을 압박하고 있다. 미국이 과거 일본과 벌인 무역전쟁과 환율전쟁에서 엔화의 대폭 절상을 이끌어낸 1985년 '플라자 합의'

가 오버랩 된다.

지금 미국의 무역수지 적자의 47%가 중국으로부터 기인하는데, 이는 과거 플라자 합의 직전에 일본 한 나라에 51%나 집중되었던 것과 비슷하다. 미국은 이러한 요인이 지나치게 저평가된 위안화 환율에 기인한다고 보고 중국을 환율조작국으로 지정할 가능성을 내비쳤다. 이외에도 미국은 중국에게 대미 무역흑자 감축, 미국 수입품에 대한 관세인하, 지식재산권 보호, 중국 진출기업에 대한 기술이전 강요 중단을 요구했다.

중국의 버블과 기업들의 부도 사태

2008년 글로벌 금융위기 이후 세계 경기가 동반 침체국면으로 들어가자, 중국은 그들의 경제 성장 계획과 높은 성장률을 달성하기 위해 돈의 힘에 많이 의존했다. 일례로 2009년 글로벌 금융위기로 선진국 경제가 마이너스(-) 3.5% 침체에 빠졌는데, 중국의 경제 성장률은 9.2%로 매우 높았다. 이후에도 중국은 유동성의 힘으로 무리한 경제 성장을 견인해왔다.

문제는 이 과정에서 기업부채가 많이 늘어났다. 중국 정부와 민간부문의 부채가 GDP에서 차지하는 비중이 2008년 169%에서 2017년에는 300%를 넘어섰다. 특히 기업부채가 같은 기간

GDP의 92%에서 167%로 증가했다.

지난 10여 년 중국의 M2(광의의 통화) 공급량은 세계 최고였다. 그들의 GDP 대비 M2 비중은 2.1배에 달하지만, 미국은 제로 금리에 이어 4차례나 양적완화를 통해 유동성을 풀었음에도 0.9배에 불과하다. 중국이 얼마나 많은 돈을 풀었는지 알 수 있다. 당연히 지금의 중국 경제에 거품이 많이 끼어 있을 수밖에 없다.

여기에 중국의 고민이 있다. 인민은행은 2019년 초부터 버블이 만연해 있는 중국 사회의 '거품' 빼기에 나설 것임을 분명히 하고 공격적인 긴축정책을 펴왔다. 그러던 차에 무역 전쟁이 터지자 순식간에 위기에 봉착했다. 그렇지 않아도 긴축으로 인한 자금난에 수출마저 급감하게 되자 상당수 기업이 부도 위기에 내몰렸다. 최근 인민은행이 정책을 바꾸어 시중 은행에 기업들에 대한 유동성 공급을 적극적으로 늘리라고 지시한 것은 중국 정부의 위기감을 보여주는 대표적 사례이다.

무역전쟁이 격화되자 중국 대기업의 부도가 잇따르면서 중국 경제에 어두운 그림자를 드리우고 있다. 신용등급이 무려 AAA였던 '상하이화신국제' 회사도 부도를 냈다. 중국의 최대 수출국인 미국이 관세 폭탄으로 사실상 시장을 축소하자 상당수 중국 기업이 자금 압박에 휘청거리다 부도를 내기 시작한 것이다.

중국, 은행업 전면개방하고 외국인의 금융경영권 장악 용인

중국의 4대 은행이 세계 글로벌 기업의 최상위층을 차지하고 있다. 그만큼 중국은행들이 세계적으로도 규모가 크고 막강한 영향력을 갖고 있다. 그런데 중국 정부가 이 은행들의 전면개방과 더불어 외국 자본의 경영권 장악조차 용인하는 정책을 2018년 8월 23일 밤 전격으로 발표했다.

> "중국 정부가 은행업을 외국자본에 완전히 개방했다. 중국 은행보험감독관리위원회는 8월 23일 밤 홈페이지를 통해 관련 규정을 개정, 은행과 자산운용사의 외국인 투자지분 제한을 없앤다고 밝혔다. 앞서 중국 정부는 지난 6월 축소된 외국인 투자 네거티브 리스트를 발표하면서 금융업과 철도, 전력 인프라 분야에 대한 외국인 투자 개방을 확대하겠다는 방침을 밝힌 바 있다. 당시 중국 정부는 은행업을 전면개방하고, 증권사, 펀드관리, 선물사, 생명보험사의 외국자본 지분을 51%까지 확대하겠다고 설명한 바 있다. 또 2021년까지 51%의 지분 제한 역시 전면 폐지할 예정이다." *

---

* 참고자료: '중국, 은행업 완전개방…외국 자본 지분 제한 폐지', 연합뉴스, 2018.08.24, 차대운

그런데 중국이 이를 앞당겨 시행했다. 중국이 외국인 투자자에 대한 중국 증권시장 진입 문턱을 2020년 4월 완전히 없앴다. 당초 계획보다 8개월 앞당겨진 것이다. 이는 외국인 투자자가 중국에서 독자적으로 100% 지분을 보유하며 증권사와 자산운용사를 설립하고 운영할 수 있다는 것을 뜻한다. 중국 금융당국은 2020년 1월부터 외국인이 100% 지분을 가진 선물·생명보험회사 설립을 허용했고, 이번에 외국인 증권사와 자산운용사의 지분 제한을 철폐해 완전 개방한 것이다.

이에 앞서 2020년 1월 중국은 미중 무역협상의 하나로, 미국 기업들에 대한 기술이전 강요 금지와 기업 비밀 절취에 대한 처벌 강화, 지식재산권 보호 강화, 은행 증권 보험 등 중국 금융시장 개방 확대, 인위적인 위안화 평가절하 중단 등을 약속한 바 있었다. 이로써 중국은 금융시장 개방에는 진일보했으나 미국의 입장에서는 중국 외환시장의 폐쇄적 운용으로 달러의 자유로운 출입이 제한되어 불완전 개방이라는 불만이 남아 있다.

달러에 도전하는 중국의 위안화 디지털화폐

미중 무역전쟁이 본격화된 것은 상하이 국제에너지거래소가 2018년 3월 26일 위안화 표시 원유 선물거래를 시작한 직후

였다. 더구나 2020년 4월 중국 중앙은행의 디지털화폐(CBDC·
Central bank digital currency) 발행계획 발표는 더 이상 미국이 간과
할 수 없는 달러에 대한 노골적 도전이었다.

중국의 디지털화폐가 미국의 경각심을 불러일으키고 있는 이
유는 중국이 세계 최대 무역국으로 중국과 거래하는 나라들이
위안화 디지털화폐로 거래할 공산이 크기 때문이다. 특히 디지
털화폐는 전송이 빠르고 편리하며 환전 및 송금 수수료가 저렴
하다는 장점을 갖고 있어 미래화폐로 부상할 가능성이 크다. 게
다가 은행구좌도 없이 사는 아프리카 등 많은 개도국 사람들에
게 구좌 없이도 서로 돈을 주고받을 수 있는 디지털화폐의 영향
력은 클 것이기 때문에 중국의 디지털화폐가 개도국에 급속도로
퍼져나갈 수 있다.

주목되는 미국의 대응

미국은 중국의 디지털화폐가 확장일로에 들어서기 전에 무언가
새로운 대안을 내놓아야 할 것이다.

미국 연준은 2019년 페이스북의 디지털화폐 '리브라' 발행계
획에 대해 불허 입장을 밝힌 바 있다. 기축통화인 달러에 대한 도
전으로 인식했기 때문이다. 하지만 중국의 디지털화폐의 발행계

획으로 리브라 사용의 재검토와 아울러 연준 자체의 디지털화폐 발행계획을 앞당길 것으로 보인다.

미국은 그간 디지털화폐(CBDC) 개발에 대해 소극적인 태도를 보여 왔으나 페이스북 리브라의 출현과 코로나19 경제위기로 디지털화폐에 대한 입장이 빠르게 변하고 있는 중이다. 연준이 디지털화폐 도입에 대한 적극 검토에 들어갔고 미국 의회도 경기 부양책의 하나로 '디지털달러' 정책을 밀고 있다.

미국으로서는 시간이 많지 않다. 프랑스도 이미 디지털화폐의 시험운용을 유럽중앙은행에 신청한 상태로 유로존도 가동시킬 준비를 끝내놓고 있기 때문이다. 게다가 IMF 역시 기존 디지털화폐인 특별인출권(SDR)의 확대를 요구하고 있다.

무역전쟁의 궁극적 목표는 중국의 외환시장 완전개방

미국의 금융, 외환시장 공격은 삼각편대 공습으로 유명하다. 미국 정부가 깃발을 들면 앞장서는 행동대 역할은 월스트리트의 헤지펀드들이다. 그리고 미국 연방준비이사회는 통화정책으로 그 뒷배를 봐준다. 일본의 잃어버린 30년의 공격 패턴이 그랬다.

미중 무역전쟁의 궁극적 목표는 궁극적으로 중국의 금융시장과 외환시장의 개방이다. 미국은 제조업 수출로 돈을 버는 나라가 아니다. 환율이 제조업 수출 증가에 미치는 역할은 미미하다. 그들이 궁극적으로 노리는 것은 중국 금융시장과 외환사장의 완벽한 개방이다. 미국은 해외에 투자한 금융자본으로 돈을 버는 나라이다. 곧 '금융국가'인 것이다. 그들의 주특기로 돈을 벌기 위해서는 상대국의 금융시장과 외환시장 개방이 선결 조건이다.

워싱턴 컨센서스의 목표, 중국의 온전한 개혁

무역전쟁이 처음 시작되었을 때만 해도 중국은 미국이 무역수지 적자 폭을 줄이기 위한 말 그대로 무역전쟁인줄 알았다. 그런데 무역전쟁이 진행될수록 전선이 다각도로 펼쳐지는 걸 보고서야 이게 단순한 무역전쟁이 아니라 중국 시장을 자유경제체제 곧 개방경제로 만들겠다는 미국의 의도와 더불어 중국 굴기의 꿈을 사전에 봉쇄하려는 패권전쟁임을 인식하게 되었다.

우선 경제적 측면에서 미국은 중국을 온전한 자유 시장체제 곧 개방경제로 바꾸어 놓겠다는 것이다. 중국이 WTO 가입 때 약속했던 사안들을 포함해 금융시장과 외환시장의 완전 개방이 미국의 목표다.

우선 미국은 보복관세율 부과로 2019년 중국 수입품을 600억 달러어치 줄인 데 이어 올해는 공급망 다변화 정책을 추진 중이다. 중국 제조업에 미국 시장을 맡기지 않고 중국에 진출한 미국 기업의 귀환 독려와 더불어 제조기지의 다변화를 추진하고 있다. 특히 이번 코로나 사태를 계기로 마스크와 인공호흡기 부족 사태를 겪으면서 이의 추진이 더 빨라지고 있다.

이뿐 아니다. 사회적으로는 인터넷 개방 요구 등 중국의 민주주의를 고양시켜 자유민주주의 사회체제로의 전환을, 군사적으로는 중국의 팽창전략을 더는 좌시하지 않겠다는 경고를 하고 있다. 궁극적으로 중국의 공산당 1당 독제 체제를 끝장내고 민주주의 국가로 재탄생시키겠다는 것이 목표다.

2030년 중국 GDP, 미국을 추월한다

2020년 4월 기준, 세계 최대 무역국은 중국이다. 그러나 기축통화는 '위안화'가 아니다.

고대로부터 세계 무역을 장악한 나라의 통화가 기축통화가 되었다. 기축통화국이었던 그리스, 로마, 베네치아, 스페인제국, 네덜란드, 영국, 미국으로 세계 경제 패권이 바뀌면서 예외가 없었다. 그러나 미국의 신용화폐인 달러가 기축통화가 되면서는 양상이 조금 복합적으로 바뀌었다. 단순히 무역 규모뿐 아니라 경제 규모, 리더십, IT 기술력과 군사력이 달러가 기축통화로서 역

2020년 1~4월 수출입 상위 10개국 실적

	나라명	금액(억 달러)
1	중국	6,779
2	미국	4,915
3	독일	4,411
4	네덜란드	2,179
5	일본	2,145
6	한국	1,666
7	홍콩	1,571
8	프랑스	1,570
9	이탈리아	1,484
10	벨기에	1,381

출처: 산업통상자원부

할을 하는 데 큰 힘이 되고 있다.

그러나 최근 미국은 당황하고 있다. 무역 규모에 이어 경제 규모마저 중국에 추월당할 위기에 처했기 때문이다. 미국이 중국 때리기에 열을 올리는 이유 중 하나는 중국의 경제 규모가 향후 10년 이내에 미국을 능가할 것으로 보이기 때문이다. 예측 기관마다 약간의 차이가 있긴 하지만, 대략 2030년을 전후로 하여 중국이 미국의 경제 규모를 앞설 것으로 예상한다.

그런데 이번 코로나19 사태를 맞아 이 시기가 더 당겨질 수도 있다는 것이 전문가들의 의견이다. 미국 내 코로나19 확진자 수가 급격히 늘면서 경제 재개가 늦어지고 있기 때문이다. 세계 경

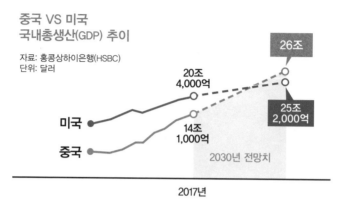

중국 VS 미국
국내총생산(GDP) 추이

자료: 홍콩상하이은행(HSBC)
단위: 달러

26조

20조
4,000억

25조
2,000억

14조
1,000억

2030년 전망치

미국

중국

2017년

제 기관들도 미국의 2020년 경제 성장 전망치를 -9%로 어둡게 보고 있다. 실제 2분기 성장이 전분기 대비 -32.9%(연)로 폭락했다.

반면 중국은 예상 외로 경제 재개가 빨라 여러 경제 지표들이 좋게 나오고 있다. 이에 힘입어 주식 시장과 채권 시장도 호황세로 돌아서서 스마트 자본이 중국으로 몰려가는 형국이다. IMF도 2020년 중국은 역성장이 아니라 1.2% 내외의 성장을 이룰 것으로, 2021년에는 9.2% 성장할 것으로 예측하고 있다. 곧 2020년과 2021년 중국의 경제 성장률을 평균하면 5% 이상이 된다고 보는 것이다. 이로 말미암아 중국과 미국의 경제 규모 역전은 예상보다 1~2년 더 당겨질 수 있다. 이러한 양국 간의 경제 규모 역전은 달러와 위안화 위상 변화에도 큰 영향을 미칠 것으로 보인다. 미국의 마음이 급한 이유다.

군사적 충돌 위기감 고조

특히 남중국해에서 갈등과 군사적 위기감이 고조되고 있다. 남중국해의 스프래틀리 군도는 해역에 석유 등 천연자원 매장량이 풍부할 뿐 아니라 교통과 군사적 요충지이다. 사실 남중국해의 스프래틀리 군도는 중국보다는 베트남과 필리핀에 더 가까운 곳으로 어업권과 자원 영유권 등을 놓고 인접국 간 분쟁이 끊이지 않는 해역이다. 남중국해는 태평양과 인도양을 잇는 중요한 해상 루트로 매년 4만여 척 선박이 이곳을 통과한다.

한국, 일본, 대만이 수입하는 석유 중 90%와 액화천연가스(LNG) 3분의 2가 이 바다를 지나간다. 그간 미국은 남중국해 분쟁에 중립적인 태도를 유지했으나 스프래틀리 군도에서 중국이 군사력을 강화하자 2015년부터 바짝 긴장하기 시작했다. 중국이 남중국해 영유권을 주장하기 위해 스프래틀리 군도의 암초와 산호초 위에 건설한 7개 인공섬을 군사기지화하면서부터이다. 이후 중국은 인공섬에 비행기 활주로와 군사항을 건설하고 2017년 인공섬 3곳에 대함정 크루즈 미사일 배치, 2018년 초 통신·레이다 전파교란 장비 설치에 이어 지대공 미사일도 배치했다.

여기에 미국이 내심 가장 우려하던 일도 벌어지고 있다. 중국이 남중국해에서 2018년 12월부터 미국 전역을 공격할 수 있는 핵탄두 탑재 가능 신형잠수함 탄도미사일(SLBM) 발사실험을 벌써 4번이나 계속하고 있다.

미국이 미소 냉전시대부터 가장
신경 쓰는 부분이 핵잠수함이다. 유
사시 해상봉쇄를 단행해도 미 대륙
근처에 나타날 수 있는 게 핵잠수함
이다. 또 지상의 모든 핵기지가 상대
의 공격에 박살난 후에도 바다 속 핵
잠수함은 상대국에 치명적 타격을

남중국해 스프래틀리 군도의 인공섬

줄 수 있다. 세계의 핵잠수함이 상대에게 노출되지 않기 위해 수
심 깊은 북극해에 몰려있는 이유이다.

트럼프로서는 그렇지 않아도 코로나19 초기대응을 잘못했다
고 책임론이 일고 있던 판에 속죄양이 필요했다. 중국이 디지털
화폐로 달러에 도전하는 것과 핵잠수함 미사일 발사는 미국이
방관할 수 없는 사안으로 중국을 심하게 몰아칠 공산이 있다.

• 코로나 바이러스 중국 책임론에 대한 관세 보복과 제조업 공
급망 분산정책에 더해 군사적 압박이 거론되고 있다. 실제 미국
의 항공모함 3척 등 6개 전단과 대규모 병력이 남태평양과 동북
아로 집결해 중국을 압박하고 있다. 미중 무역 전쟁이 전방위로
확전될 수밖에 없는 이유이다.

ABOUT MONEY

화폐경제에서
돈의 흐름을 보다

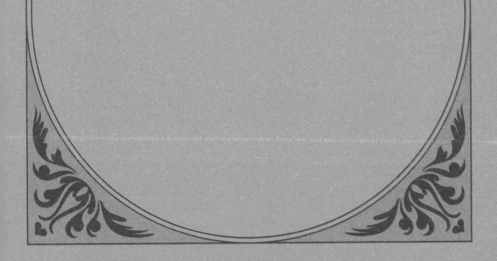

세계 금리는
왜 계속 내려갈까?

1980년 이후 계속 낮아지는 금리

시의적절하게 힘을 발휘해야 하는 금리가 어느 순간부터 계속
낮아지고 있다.

경제통계나 기사에서 FRED라는 약자를 많이 보았을 것이
다. FRED는 'Federal Reserve bank of st.Louis Economic Data'
의 약자로, 세인트루이스 연방준비은행에서 제공하는 경제통계
를 뜻한다. 다음 페이지의 그래프는 FRED에 따른 1950년대 중반
부터 2019년까지 약 60여 년 간의 미국의 기준금리 수치와 시중
장기금리(10년물 국채 이자율) 수치를 비교한 것이다.

출처: 연준

⋯ 미국 기준금리와 시중 장기금리(10년물 국채) 추이

　이 그래프가 보여주는 두 가지 금리 추이를 통해 장기채권 수
익률이 단기채권보다 낮아질 때, 즉 장단기 금리 차가 역전되었
을 때 뒤이어 경기가 침체되었음을 알 수 있다. 또 시중금리가 오
르기도 하고 내리기도 하면서 변동성을 보이지만, 큰 틀에서 보
면 1980년을 최고점으로 계속 낮아지고 있다는 점도 확인할 수
있다.

　이유가 무엇일까? 이 문제의 답을 알기 위해서는 통화의 역사
를 되짚어보아야 한다.

달러를 금에 고정시킨 브레턴우즈 체제

1914년 1차 대전을 전후해 미국의 제조업 경쟁력이 세계 최강이 되면서 세계의 패권은 영국에서 미국으로 넘어왔다. 곧 세계의 기축통화가 파운드에서 달러로 옮겨온 것이다. 미국은 2차 대전 중인 1944년 브레턴우즈 회의에서 영국 대표인 케인즈의 세계화폐(방코르) 사용 제안을 힘으로 일축시키고, 자국의 달러를 기축통화로 하는 금환본위제도를 실시키로 했다.

달러의 구조적 한계, 트리핀 딜레마

무릇 인플레이션의 근본 원인은 재정 적자에 기인하는 경우가 많다. 그런데 미국은 재정 적자가 일어나야만 달러가 발행되는 구조를 가졌다. 곧 미국 정부가 국채를 발행해 연준에 줘야 정부는 연준으로부터 그에 상응하는 달러를 받을 수 있다. 그리고 미국이 경상수지 적자가 되어야 달러가 해외로 공급된다.

1950년대 수년간 미국의 경상수지 적자가 이어지자 이러한 상태가 얼마나 지속 가능할지, 또 미국이 경상수지 흑자로 돌아서면 누가 국제 유동성을 공급할지에 대한 문제가 대두됐다.

1960년에 이미 방만하게 공급된 달러는 외환시장에서 평가절하 압력에 시달렸다. 그러자 미국 경제학자이자 예일대 교수

로버트 트리핀 교수

로버트 트리핀은 미국의 방만한 재정운용 정책이 지속될 경우 금 태환이 가능하지 않을 수 있다고 경고했다.

미국의 경상수지 적자가 심각해진 1960년 트리핀은 미 의회에서 기축통화로서 달러의 구조적 모순을 설명했다. "미국이 경상적자를 허용하지 않아 국제 유동성 공급이 중단되면 세계 경제는 크게 위축될 것"이라면서도 "그러나 적자상태가 지속돼 달러화가 과잉 공급되면 달러 가치가 떨어져 준비자산으로서의 신뢰도를 잃고 고정환율제도도 붕괴될 것"이라고 주장했다.

이후 달러화의 이럴 수도 저럴 수도 없는 태생적 모순을 가리켜 '트리핀 딜레마'라고 한다.

세계총생산 증가 대비 서너 배 빠른 금융자산 팽창속도

금본위제 아래에서는 화폐 발행액이 비축 금의 한도 내로 제한되었지만 1971년 브레턴우즈 체재를 파기한 닉슨쇼크 이후 금과의 연결고리가 끊어진 달러는 근원인플레이션 한도 내에서 무제한 발행되어 세계 각국으로 퍼져나갔다. 달러의 발행량이 늘어나자 달러는 경쟁국 통화들에 비해 그 가치가 절하되어 미국 상품 수출의 가격경쟁력이 높아졌다.

이렇게 되자 경쟁국들도 달러의 평가절하를 견제하기 위해 경쟁적으로 화폐 발행량을 늘려나갔다. 그 결과 금본위제 아래에서는 상품과 서비스의 유통에 비해 화폐의 유통량이 적은 게 문제였는데 이제는 너무 많은 게 문제가 되었다.

세계 총생산(GDP) 증가율이 연 3~4%임에도 금융자산 증가속도는 그 3~5배에 달하는 15% 내외로 늘어났다. 너무 과도한 증가율이었다. 금환본위제였던 1970년에는 세계 총생산 대비 세계 금융자산의 비중이 50%에 불과했는데 1980년에는 109%로 늘어났다. 불과 10년 사이에 통화량을 토대로 하는 세계의 금융자산이 두 배나 증가한 것이다.

달러는 구조상 미국정부의 재정 적자와 연계되어 발행되게 되어있어 미국은 재정 적자 곧 국가부채가 계속 늘어나고 있다. 재정 적자 문제는 미국뿐 아니라 유럽, 일본 등 모든 선진국의 공통된 문제이다. 이로 인해 미래 후손들은 새로운 빚더미에 앉게 될 것이다.

국가부채가 늘면 이자 부담과 원금 감당이 어려워지면서 많은 나라가 자국 화폐의 가치절하를 위해 인플레이션 증대와 인위적인 평가절하로 부채의 짐을 덜려고 하는 일들이 벌어진다.

게다가 각국정부는 경기부양을 위해서는 약간의 인플레이션이 필요하다고 믿고 있다. 그래서 근원인플레이션이 허용하는 한도 내에서 끊임없이 화폐 발행량을 늘리는 인플레이션의 유혹에 빠져 시중 유동성이 계속 늘어났다.

자본집적도 증가로 시중 금리는 계속 내려가

1980년대 신자유주의가 본격화되었다. 경제를 시장의 효율에 맡기자는 신자유주의 이후 소득불평등이 급증하는 상황에서도 미국인들은 그것을 개인의 능력 탓이라고 여겼다. 하지만 아니었다. 돈이 돈을 불리는 '금융자본주의'의 속성이었다.

곧 땀 흘려 일해야 버는 근로소득(세계총생산) 대비 돈이 돈을 불려주는 불로소득(금융자산소득)이 서너 배 더 빨리 성장한 것이다. 세계총생산액(GDP) 대비 세계 금융자산의 비중 곧 자본집적도가 1980년에 109%였던 것이 1990년에 263%로 늘어났다. 실물경제에 비해 금융자산의 증가속도가 날이 갈수록 더 가팔라진 것이다.

그 뒤 미국은 다른 나라에도 신자유주의를 강하게 밀어붙였다. 이른바 '워싱턴 컨센서스'라 하여 미국식 시장경제 체제와 금융시스템의 대외확산전략을 말한다. '세계화'와 '자유화'라는 용어가 이때 만들어졌다.

이후 미국은 자신의 패권적 지위를 이용해 강제로 남의 나라 외환시장 빗장을 열어 제치며 '자본 수출'에 광분했다. 그 무렵 일본과 독일이 상품 수출로 부의 획득을 도모했다면 미국은 세계 각국의 금융시장과 외환시장에 자본(달러)을 투자하여 그 금융 수익으로 부를 긁어모았다.

세계 각국의 외국인 투자 자본의 3분의 2는 미국 자본으로 채워졌다. 이 통에 중남미와 동남아도 외환위기로 몸살을 앓았으며 우리도 1997년 IMF 외환위기를 당했다. 이때 우리 주요 은행들의 주식 60% 이상이 그들 손으로 넘어갔다. 은행 3개는 아예 통째로 넘어갔다. 대기업 주식도 절반가량 외국인에게 넘어가기는 마찬가지였다. 세계에 금융자본이 넘치다 보니 자본집적도는 2000년 310%로 폭발적으로 늘어났다.

이렇게 상품과 서비스의 증가량에 비해 유동성이 급격히 증가하다 보니 시중금리는 계속 내려갈 수밖에 없었다. 1980년대 초에 15%가 넘었던 미국의 시중금리가 1990년에는 8%대로 떨어졌고 2000년대에는 5%대로 낮아졌다. 세계 금리는 자본조달 창구인 미국의 시중금리와 직접 연계되어 함께 낮아졌다.

40년 장기금리 하락이 세계 경제에 미치는 영향은?

금융자산이 이렇게 많이 늘어난 것은 화폐의 본원적 기능인 거래적 동기에 의한 화폐 수요 증가보다는 투기적 수요가 많이 증가했다는 뜻이기도 하다. 일일 평균 외환거래액이 2004년 3조 달러가 넘어섰다. 이 가운데 상품과 서비스의 무역거래와 장기투자에 필요한 외환은 하루 300억 달러로 1%에 불과했다.

그 뒤 파생상품 등 투기거래의 급증으로 세계는 2008년 글로벌 금융위기를 맞았다. 2008년 초에 발표된 맥킨지 보고서를 보면, 2006년도 전 세계 금융자산 총액은 167조 달러에 이르러 전년 대비 17.6%나 늘어나 지나치게 금융시장이 팽창하고 있었다. 자본집적도가 글로벌 금융위기 직전인 2007년에는 355%로 증가했다. 선진국은 400%가 넘었다.

또 신자유주의 이후 등장한 주주 이익을 극대화하는 주주자본주의는 부의 분배가 노동자에게서 주주 등 금융자본가에게로 쏠리게 하고 있다. 이에 따라 소득불평등 심화가 단순한 최상위 집단으로의 소득집중뿐 아니라 중산층의 몰락을 가속화시키고 있다.

게다가 1980년대 레이건 정권 때부터 시행한 부자 감세 정책은 심각한 소득불평등을 불러와 상위 10%가 전체 소득의 거의 50%를 독식하는 체제를 만들었다. 문제는 이로 인해 사회의 소비수요가 팍 줄어든다는 것이다. 중산층과 서민들은 사실 버는 대로 소비할 수밖에 없는 처지이다. 그러나 소득과 부가 상위 극소수계층으로 몰리면 그들은 소비하는 데 한계가 있다. 사회 전체적으로 봤을 때 소비가 크게 줄어드는 것이다. 이로 인해 생산성의 향상으로 상품은 넘쳐나는데 수요 부족으로 소비가 크게 줄어들어 투자 역시 급감했다.

저금리를 바라보는 두 가지 시각

각국 정부는 글로벌 금융위기 이후 경기를 살리기 위해 금리를 인하하기 시작하여 제로 금리까지 내렸다. 더 이상 금리를 내릴 수 없게 되자 선진국들은 시중 국채를 사들여 돈을 푸는 양적완화 정책으로 시중 유동성을 대폭 늘려 2013년 일일 평균 외환거래액은 5조 3,000억 달러를 넘어섰다. 시중에 유동성이 늘어나 돈을 빌리려는 사람보다 돈을 빌려주겠다는 사람들이 늘어나면 금리는 떨어지게 마련이다. 이제 시중금리는 제로 금리로 낮아졌다. 심지어 마이너스 금리도 출현했다.

이러한 유동성 살포는 금융위기를 극복하기 위한 방안이었지만, 버블을 일으켜 다음 위기를 예고하는 신호탄이기도 하다. 그리고 정부의 선의에 의한 통화정책, 곧 경기를 살리기 위한 통화

팽창정책 또는 과열을 식히기 위한 긴축정책들이 때로는 시차를 두고 통화교란으로 작용해 과도한 호황이나 공황을 불러온다. 또 한편으로는 금융세력들이 이를 인위적으로 조장하고 악용해 기업들을 헐값에 인수하고 서민들의 현금자산을 거덜 내기도 한다.

역사를 살펴보면, 과도한 통화팽창은 제국을 절단 내기도 했다. 곧 강대국이 망하는 데 패턴이 있었다. 멸망의 근본원인은 대부분 재정 적자로 인한 과도한 부채증가와 통화팽창으로 인한 인플레이션과 그로 인한 통화붕괴였다. 이는 시장붕괴로 이어져 거대한 제국을 쓰러트렸다. 강대국이 쇠퇴의 절정으로 치달을 때 나타나는 공통된 현상이었다.

13~14세기 몽골제국(원나라)에서도 비슷한 일이 일어났다. 몽골은 은을 지급준비금으로 '교초'라는 지폐를 발행해 고려부터 시리아까지 몽골의 영향권에 있는 모든 지역에서 통용했다. 당시 동양의 기축통화였다. 그러나 원 제국은 방대한 국가 유지와 몽골 국교였던 라마교(티벳 불교의 일파) 행사경비 등을 조달하기 위해 교초를 남발하기 시작했다. 결국 은 태환 기능을 잃은 교초는 물가상승을 가져왔고, 이는 원 제국 멸망 원인 중 하나가 됐다.

2019년 들어 세계 경제 전망이 어두워지자 큰 손들은 위험자산인 주식시장에서 돈을 빼내어 안전자산인 채권시장으로 몰려들었다. 이로 인해 10년물 이상의 장기국채 가격이 급등해 장기

금리가 낮아졌다. 심지어 장기금리가 단기금리보다 낮아지는 장단기 금리 역전현상이 나타났다. 이는 투자자들이 앞으로의 경기 전망을 부정적으로 보고 있다는 의미다. 예전에도 장단기 금리 역전현상이 나타났을 때 경기불황이 왔다.

하지만 일각에서는 지금의 저금리 현상을 부정적 시각으로 볼 필요가 없다고 주장하는 사람들도 있다. 그들은 이제는 인플레이션 없는 유동성 풍요의 시대로 접어들어 예전 잣대로 금리를 해석해서는 안 된다고 강조한다.

그들의 말이 맞다면, 저금리는 사실 경제에 좋은 것이다. 투자를 유인해 제4차 산업혁명의 원동력이 될 수도 있을 뿐 아니라 경제 도약의 기회가 될 수도 있다.

저금리의 미래는 어떤 모습일까?

투자와 소비가
살아나지 않는 이유

    '저금리, 저투자, 저성장, 저물가'로 대표되는 제로 경제 시대에 투자와 소비가 살아나지 않고 있다. 교과서대로라면 금리가 낮으면 투자와 소비가 살아나야 한다. 그러나 유럽과 일본은 이미 제로 금리이고 나머지 나라들도 제로 금리로 수렴해 가고 있는데도 투자와 소비는 살아날 기미를 보이지 않고 있다.

공급과잉과 소비부진

이유는 크게 세 가지로 볼 수 있다. 첫 번째 이유는 '공급과잉과 소비부진' 때문이다. 《공급과잉의 시대》라는 책을 낸 다니엘 알퍼트는 세계 경제의 불안 원인이 '만성적인 공급과잉' 때문이라고 지적했다. 과학과 기술의 발달은 생산성을 비약적으로 향상하는데 비해 소비는 산술급수적으로 확대되고 있으며 일부 선진국에서는 고령화와 인구둔화로 소비가 정체 내지 감소되고 있다. 게다가 소득불평등과 부의 편중으로 인한 사회 전체의 소비부진 현상은 세계 경제를 상품과 서비스의 공급과잉에 시달리게 하고 있다.

상품과 서비스뿐 아니라 자본도 엄청난 공급과잉 상태. 미국을 비롯한 EU, 일본, 중국 등은 수요 부족에 허덕이는 경제회복을 위해 엄청난 유동성을 방출하면서 정부부채는 물론이고 기업부채와 개인부채도 크게 늘어나고 있다. 제로 금리로 향하는 저금리 수준에서는 이자지급이 크게 부담이 안 되기 때문이다. 하지만 어떤 돌발변수로 인해 금리가 오르게 되면 이자 지급이 부담될 수밖에 없고 급기야는 문제가 터질 수밖에 없다.

경제가 안정되려면 상품과 서비스의 수요와 공급이 균형을 이루어야 한다. 가장 이상적인 상황은 수요보다 공급이 약간 부족한 상태이다. 공급이 약간 부족하면 팔 사람보다 사려는 사람이 많기 때문에 가격은 조금씩 오르게 되고, 그러다 보면 약간의 인플레이션이 발생하는 게 이상적인 경제 상황이다. 그러나 현재로서는 상품, 노동, 자본 등 모든 게 공급이 수요를 상회한다. 이러한 상태에서 물가는 내리고 디플레이션 위험이 상존해 있다.

공급과잉이나 디플레이션 경제하에서는 현금이 빛을 보게 된다. 공급과잉 상태에서 기업들은 투자에 보수적일 수밖에 없다. 대기업의 사내유보금이 쌓이는 이유이다.

가계부채에 시달리는 소비자들은 소비 여력이 부족하기도 하지만 그들 역시 소비를 줄이고 현금을 보유하는 것이 공급과잉과 디플레이션 시대에 필요한 자세로 생각하고 있다.

소득불평등과 부의 편중으로 인한 소비 부진도 주요 원인이다. 1970년까지만 해도 세계 금융자산 규모는 세계 총생산 규모의 절반에 불과했다. 1971년 8월 15일, 미국 대통령 닉슨이 달러와 금의 연결고리를 끊어버린 후 달러가 근원인플레이션이 허용되는 한도 내에서 제약 없이 발행되었다. 이때부터 세계 금융자산의 증가속도가 세계 총생산의 증가속도보다 훨씬 빨라졌다. 금의 제약으로부터 해방된 달러가 거의 무제한 인쇄되어 전 세계에 뿌려졌다. 하지만 이것이 문제의 시작인지는 그때는 아무도 몰랐다.

날로 심각해지는 소득불평등, 상위 1% 독식 체제

2017년 발표된 연준 자료에 따르면 상위 1%만이 소득 증가를 보여 미국 전체 소득의 23%를, 차상위 9%는 현상 유지하여 25%가량을 가져갔다. 즉, 상위 10%가 미국 전체 소득의 48%가량, 거의 절반을 가져간 것이다. 그렇다면 자연스럽게 90%에 해당하는 국민이 남은 절반가량을 나눠 갖게 된다. 즉, 경제의 건전성을 상징하는 중산층이 붕괴되고 있는 것이다.

이런 현상은 자본주의에 대한 심각한 도전이다. 중산층이 붕괴되어 하류로 전락하고 있다. 사회의 허리인 중산층이 줄어들면 건전한 자본주의 사회는 지탱하기 어렵다.

1980년대 레이건 정권 때부터 시행한 부자 감세와 금융자유화 정책은 심각한 소득불평등을 불러와 상위 10%가 전체 소득의 거의 50%를 독식하는 체제를 만들었다.

이로 인해 사회의 소비수요가 팍 줄어든다는 게 큰 문제다. 소득과 부가 상위 극소수계층으로 몰리면 그들이 소비하는 데는 한계가 있다. 사회 전체적으로 봤을 때 소비가 크게 줄어드는 것이다. 이로 인해 생산성의 향상으로 상품은 넘쳐나는데 '수요부족'으로 소비가 크게 줄어 터진 게 대공황이다.

10명이 사는 사회를 가정했을 때, 돈 잘 버는 1명이 나머지 9명보다 소득이 더 많아지면 사회 전체 절반 가까이의 소득이 사회로 흘러나오지 못하고 그들의 곳간에 축적된다. 곧 사회 전체 소득의 절반이 소비력을 잃어버리는 사회는 '수요부족'으로 공황을 맞을 수밖에 없다. 이것이 현대금융자본주의의 '내재적 모순'이다. 더 큰 문제는 이러한 소득불평등이 개선될 가능성이 없이 더 심화되어 왔다는 점이다.

에마뉘엘 사에즈 버클리대학 교수는 상위 10%의 2015년 실질소득이 전체 소득에서 차지하는 비중이 50.5%로 커졌다고 주장했다. 그는 특히 상위 1%의 소득 회복속도가 가팔라 글로벌 금융위기 이후 6년간 미국에서 늘어난 소득의 52%를 그들이 차지했다고 한다.

이런 현상은 세계적으로 확산되어 국제구호개발기구 옥스팜이 2018년 1월 발표한 '부가 아닌 노동에 보상하라'는 보고서에서 2016년 6월부터 1년간 증가한 세계 부의 82%를 상위 1%가 독식한 것으로 나타났다.

상위 10%가 전체 소득 반을 차지하면
대공황이 나타날 가능성

다음 그래프에서 보듯, 상위 10%의 소득이 전체 소득의 50%에 육박하면서 1929년 대공황이 터졌고, 2007년 다시 이 비율이

미국 상위 10%의 소득 점유율 추이

대공황

2차대전 발발

빌 클린턴 취임

50(%)

45

레이건 취임

40

조지 부시 취임

35

30

2차대전 종결

블랙먼데이(주가대폭락)

25

1917 1927 1937 1947 1957 1967 1977 1987 1997 2006(년)

··· 소득은 시장소득과 자본소득의 합산(그래프가 상승할수록 양극화 심화)

출처: Emmanuel Saez

50%에 달하면서 글로벌 금융위기가 발발했다. 이렇듯 소득불평등이 극도로 심해지면 수요부족으로 대공황을 맞는 것이다.

이 그래프는 대공황 때 당선된 프랭클린 루스벨트 대통령의 부자증세로 부의 재분배가 이루어져 상위 10%의 소득이 30% 초반대로 떨어졌으나 1980년대 레이건 대통령 이후 부자감세가 추진되어 다시 상위 10%의 소득이 전체 소득의 50%대로 육박하고 있음을 보여준다.

소득불평등보다 더 심각한 부의 편중

부의 편중 문제는 소득불평등 문제보다 더 심각하다. 미국이 가진 부의 대략 40%를 상위 1%가 갖고 있다. 미국 내 금융자산의 절반가량 역시 그들 소유이다. 문제의 심각성은 그들의 부의 증가 속도가 가파르게 우상향하면서 부의 독점화 현상이 더 심해지고 있다는 점이다.

차상위 9%도 현재는 그 정도의 부를 소유하고 있다. 곧 상위 10%가 미국 부의 80% 가까이를 소유하고 있다. 나머지 미국 국민 90%의 자산은 점점 비중이 줄어들면서 현재 20% 초반대에

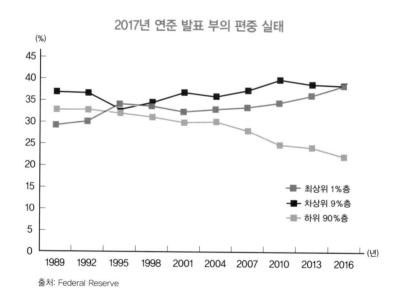

2017년 연준 발표 부의 편중 실태

출처: Federal Reserve

간신히 턱걸이하고 있는데 상황이 점점 안 좋아지고 있다.

이는 미국만의 문제가 아니라 전 세계적인 현상이다. 자본집적도 비중의 증가 곧 금융자산의 팽창과 부자감세로 인해 부익부빈익빈 현상이 극도로 심화되고 있다. 있는 자들이 더 많은 부를 움켜쥐어 중산층이 붕괴되고, 빈곤층으로 내몰리고 있다.

이런 추세가 날이 갈수록 더 심해진다면 과연 사회가 버텨낼 수 있을까? 확실한 것은, 날이 갈수록 심화되는 상위 1%의 독식 체제로는 자본주의가 버텨낼 수 없다는 사실이다. 이로 인해 국민의 90%가 하류화 물결 속에 익사당하는 사회는 더더욱 자본주의가 버텨낼 수 없다.

선거가 금권에 휘둘리는 정의롭지 못한 사회는 영속 가능하지 못하다. 불로소득 증가속도가 근로소득 증가속도보다 몇 배나 빠른 사회는 영속 가능하지 못하다. 결론적으로 지금과 같은 금융자본주의는 영원하지 못하다는 사실이다.

2008 글로벌 금융위기의 원인이 제거되지 않았다

2008년 글로벌 금융위기가 일어나자 미국 연준은 급히 금리를 내리고 정부는 재정을 풀어 대항했다. 미국 정부는 대공황 때 루즈벨트가 했던 식으로 은행들이 소유하고 있는 부실채권을 구조조정 자금으로 싸게 사들여 처리하려 했으나 월스트리트의 반발에 밀려 결국 처리하지 못하고 유동성 살포에 나섰다.

금융위기가 발발한 후 2개월 남짓 기간인 2008년 11월 말까지 연준에 의해 집행된 금액만 3.2조 달러였다. FRB 기준금리도 2006년 5.25%에서 10차례에 걸쳐 제로 금리에 가까운 0.25% 수준으로 인하했다. 그러나 효과는 기대에 미치지 못했다.

미국정부와 중앙은행이 2008년 9월 이후 금융위기 극복을 위해 투입한 자금이 5조 달러에 달하고 금융회사에 투입한 공적자금만 2조 달러를 넘었다. 문제는 이 돈을 정확히 부실채권 제거에 정조준하지 못하고 금융계의 반발로 엉뚱하게 전 방위로 살포했다는 데 있다.

제로 금리로도 효과를 보지 못하자 연준은 이듬해 3월 최후의 수단인 양적완화 정책을 실시했다. '양적완화'란 제로 금리 상태라 더 이상 금리를 내릴 수 없고, 재정도 부실할 때 사용하는 초월적 정책이다. 벤 버냉키 의장이 2009년 초부터 2010년 초까지 국채를 사들여 1조 7,500억 달러를 시장에 직접 푼 양적완화 정책이 1차 라운드였다. 그 뒤에도 경기가 살아날 움직임을 보이지 않자 2010년 11월에 2011년 6월까지 매달 750억 달러씩 총 6,000억 달러를 푸는 2차 양적완화 조치를 시행했다. 하지만 미국 경제의 아킬레스건인 실업률이 여전히 8% 선에 머물러 있고 경기부양도 반짝 효과에 그쳤다. 경기가 불투명하여 투자에 대한 자신이 서지 않자 대부분의 돈들이 밖으로 풀리지 않고 다시 은행으로 들어가 낮잠을 잤다.

그 뒤 연준은 6,670억 달러를 풀어 일명 '오퍼레이션 트위스트'라는 것을 시행했다. 단기국채를 팔고 장기국채를 사들이는 것이다. 이는 장기국채의 가격을 올리기 위한 것이다. 채권의 가격이 오른다는 것은 이자율이 싸진다는 뜻이다. 곧 장기금리를 인하시켜 투자를 활성화시키기 위한 것이었다. 그래도 큰 효과를 보지 못하자 이후 2012년 9월에는 아예 기한을 정하지 않고 매달 400억 달러씩 푸는 3차 양적완화정책에 나섰다. 뒤이어 넉 달 후에는 매입금액을 매달 850억 달러로 높였다.

양적완화 정책의 문제점

양적완화 정책은 기본적으로 두 가지 문제를 안고 있다. 하나는 양적완화로 인해 사회적 소득불평등이 심화되고 있다는 점이다. 또 다른 하나는 경기가 급속도로 살아날 경우, 유동성 쓰나미 현상을 초래해 대혼란을 일으킬 수 있다는 점이다. 이를 금리인상으로 제어하는 과정에서 기업부채의 부도 가능성과 개발도상국들의 외환시장이 큰 타격을 받을 수 있다.

양적완화로 인한 유동성 장세는 결과적으로 투기자본을 키워 준다. 그들은 거의 제로 금리로 돈을 융통하여 헤지펀드를 활용하거나 부동산 투자 등으로 재산을 증식시킨다. 유동성 장세는 실물경제와 상관없이 돈의 힘으로 주식과 부동산 가격을 상승시키기 때문에 그들이 손쉽게 돈을 벌 수 있는 것이다. 이렇게 금융 장세는 있는 자들의 재산을 더 증식시켜 주고, 있는 자들의 금융자산 증식이 일반인들의 근로소득을 훨씬 앞서게 된다. 불행하게도 불로소득이 자본주의의 정점에 서고 자본의 세습이 고착화되는 것이다. 이는 부익부 빈익빈을 심화시켜 소득불평등의 골을 깊게 만든다.

이렇게 미국은 부실정리 대신 무제한 유동성 공급을 취했다. 월가의 모럴해저드를 연방정부의 돈으로 덮어줬다. 결국 이러한 유동성 조치는 또 다른 형태의 위기를 잉태하고 있다.

결론적으로 미국은 극소수 금융계 부호들에게만 득이 되는 정책을 추진했다. 다시 말해 이는 절대 다수의 사람들에게는 피해를 주었다. 주변국들에게도 엄청난 피해를 주었다. 월가를 살리기 위해 정말 많은 사람들이 오랜 기간 고통 속에 피해를 보아야 했다.

너도나도 양적완화

다른 나라들 역시 2008년 이후 금융위기 대응 수단으로 금리를 내리고 재정을 확대했다. 그러고서도 경기가 풀리지 않자 양적완화 정책을 다 같이 사용했다. 미국·유로·일본·영국의 중앙은행들만 해도 양적완화 프로그램을 통해 2012년 7월까지 총 5조 달러에 달하는 돈을 뿌렸다. 중국은 발표를 하지 않고 있지만 전문가들은 미국 이상으로 유동성을 늘린 것으로 보고 있다.

사실 이러한 양적완화 정책은 성공했다고 보기 어렵다. 주요 나라들에서 실업률이 여전히 높은 수준이고 재정위기 공포가 사라지지 않고 있다는 사실이 그 근거다. 유럽은 경기가 풀리지 않자 추가 양적완화를 다시 고려하고 있다. 어떤 면에서는 추가 양적완화를 고려한다는 사실 자체가 기존의 양적완화가 그다지 성공적이지 못했음을 방증하는 것이다.

잠재된 위험

결론적으로 글로벌 금융위기 당시의 부실은 파헤쳐지지 않고 유동성의 힘으로 봉합되었다. 파생상품 남발로 금융위기를 일으킨 월가는 혹독한 자기반성도 없었고, 아무런 책임도 지지 않았다. 게다가 부실도 처리하지 않았다. 그 뒤에도 건전성 확보를 위해

특단의 개혁을 했다는 이야기도 들려오지 않았다. 월가는 지금도 부실과 리스크를 누가 얼마만큼 가지고 있는지 알기 힘든 구조다. 파생상품은 대부분 장외거래이기 때문이다.

현재의 과잉유동성 장세에서 가장 위험한 요소는 부채의 증가이다. 그중에서도 세계 유수의 기관들은 기업부채의 위험성을 경고하고 있다.

미국의 채권금리가 올라갈 때 달러표시 채권을 발행한 기업들이 위험할 수 있다. 대표적인 사례가 중국의 건설기업들이다. 중국 위기론이 회자되는 이유이다. 또 다른 위험은 전쟁 등 돌발변수로 인한 이자율의 급등이다. 이게 단기간에 회복되지 않아 시간을 끌 때 인플레이션 기대심리를 자극하면 이는 정부의 통제 밖으로 치달을 수 있다.

그 밖에도 위험은 상존한다. 주식시장과 부동산시장 등 자산가격의 거품이 언제 어떻게 꺼질지 모른다. 또 무역전쟁이 환율전쟁으로 치달아 각국이 평가절하에 열을 올리게 되면 현재의 외환시장이 요동치면서 금융시장 역시 무사하기 힘들다.

또 석유의 유로화나 위안화 판매가 현실화되거나, 블록 간 암호화폐의 결성 등 달러에 도전하는 세력이 나타나면. 달러가 흔들리면서 이자율 역시 흔들릴 수 있다.

포트폴리오의 재구성이 거론되는 이유이다.

통화승수 감소는 곧 통화 유통속도의 저하

초저금리와 양적 완화로 인한 유동성 증대는 담보 여력이 있는 상위 10% 소유의 자산 가격은 대폭 올렸지만, 가계 부채에 시달리는 나머지 90% 국민에게는 그림의 떡이 되어 사회 전체의 소비 증가로 연결되지 않아 소비자 물가는 오르지 않는 현상이 나타났다.

또한 소득과 부가 점점 줄어드는 중산층과 서민들은 불안한 미래에 대비하기 위해 현재의 소비를 억제함으로써 돈이 도는 속도 곧 통화승수가 급격히 떨어지고 있다. 이로 인해 인플레이션이 일어나지 않고 있으며 디플레이션을 걱정해야 할 정도로 소비가 급격하게 위축되고 있다.

본원통화 대비 광의의 통화량(M2)이 통화승수인데, 미국이 2008년 9에서 2018년 4로 줄어들었고, 일본은 12에서 3으로 낮아졌으며 우리나라 같은 경우는 27에서 16으로 감소했다.

이러한 요인들, '공급과잉과 수요부진', '글로벌 금융위기의 원인이 제거되지 않은 점', '통화승수의 감소' 등이 복합적으로 작용해 제로경제 시대에 투자와 소비가 살아나지 않고 있다.

심각한 한국의 빈부격차

IMF에 의하면 한국의 빈부격차는 미국 다음으로 높다, 하지만 어려운 실정은 미국보다 우리나라가 더 심각하다. 미국은 원하면 일자리를 구할 수 있는 나라다. 이번 경제위기가 급습하기 전인 2020년 초만 해도 미국의 실업률

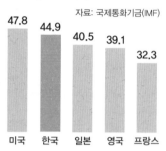

주요국 상위 10% 소득집중도
(단위: %, 2012년 기준)

자료: 국제통화기금(IMF)

47.8 / 44.9 / 40.5 / 39.1 / 32.3
미국 / 한국 / 일본 / 영국 / 프랑스

은 3.5%에 불과했다. 그러나 우리나라는 청년실업율이 10%를 상회하고 일자리를 구할 수 없는 노인빈곤률은 46%에 이르고 있다.

우리나라 실질 청년실업률은 23%에 달한다. 우리나라 실업률 통계는 문제가 있다. 일 년에 한 달만 아르바이트를 해도 취업자에 해당하고, 한 달만 입사지원서를 내지 않거나 면접을 본 사실이 없으면 구직 의사가 없는 것으로 간주하여 실업률 통계에서 빠지

주요국의 소득양극화 지수

미국 125.3
한국 100
영국 98.2
스웨덴 84.7
일본 76.2
독일 71.4
프랑스 65.3

※삼성경제연구소, 한국의 2004년 소득양극화 지수를 100으로 봤을 때 각국 비교 지수로, 수치가 높을수록 양극화가 심하다는 뜻.

게 된다.

노인실업률은 상황이 더 안 좋다. 눈높이를 아무리 낮추어도 일자리가 없다. 그렇다보니 노인빈곤률이 높을 수밖에 없다. 빈곤률이란 수입이 중위소득의 반도 안 되는 경우를 일컫는다. 그러다 보니 생활고를 이겨내지 못해 자살률이 OECD 국가 중 최고로 높다. 특히 노인자살률은 OECD 평균의 3.2배에 달한다.

한국의 소득불평등 맨얼굴 국제 통계를 통해 공개되다

우리나라의 소득불평등이 세계에 공개됐다. 2014년 9월 프랑스 파리경제대학의 세계 상위소득 데이터베이스에 한국의 상위계층 소득점유율 통계가 정식으로 등록됐다. 국세청 납세 자료를 기반으로 한 동국대 경제학과 김낙년·김종일 교수의 '한국의 고소득층' 논문을 토대로 작성한 것으로 추정된다.

그간 경제협력개발기구(OECD)는 이 데이터베이스를 참고해 소득·세제 관련 동향을 발표해 왔다. 하지만 OECD 회원국임에도 한국의 자료는 데이터베이스에 등록되지 않아 연구대상에서 비켜나 있었다.

이번 우리나라 데이터베이스의 특징은 소득을 축소 신고하면 불법을 무릅써야 하는 조세 통계를 활용했다는 점이다. 이

상위 1% 소득점유율 (단위:%)		상위 10% 소득점유율 (단위:%)	
네덜란드	6.33	덴마크	26.88
덴마크	6.41	스웨덴	27.90
스웨덴	7.13	노르웨이	28.33
핀란드	7.46	뉴질랜드	30.88
노르웨이	7.80	네덜란드	30.90
프랑스	8.08	호주	30.98
뉴질랜드	8.13	스페인	31.64
스페인	8.20	핀란드	32.50
호주	9.17	프랑스	32.69
이탈리아	9.38	스위스	33.15
일본	9.51	이탈리아	33.87
포르투갈	9.77	독일	34.71
아일랜드	10.50	아일랜드	36.13
스위스	10.54	포르투갈	38.25
독일	10.88	영국	39.15
캐나다	12.22	캐나다	40.12
한국	12.23	일본	40.50
영국	12.93	한국	44.87
미국	19.34	미국	48.16

※파리경제대학 DB에 등록된 OECD 가입국 기준.
※자료: 세계 상위소득 데이터베이스

데이터베이스를 구축·활용해 소득분배의 실상을 조명한 대표적 경제학자로는 '21세기 자본론'으로 유명세를 얻은 파리경제대 토마 피케티 교수가 있다. 김낙년 교수 등의 연구도 가계조사가 아닌 국세청 납세 자료를 활용한 데이터였기에 고소득층의 소득을 정확히 파악한 것으로 평가받았다.

한국의 소득불평등은 미국 다음으로 악화된 수준이다. 2012년 말 기준 한국의 소득 상위 1% 인구는 전체 소득의 12.23%를, 상위 10% 인구는 전체의 44.87%를 차지하고 있다. 데이터베이스에 등록된 19개 OECD 회원국을 대상으로 따져볼 때 상위 1% 기준에서는 3위, 상위 10%에서는 2위에 해당하는 높은 집중도다.* $

＊ '한국 소득불평등 맨얼굴 국제DB 통해 첫 공개', 국민일보, 2014.09.12, 이경원

현대통화이론은
경제위기의 대안이 될까?

현대통화이론(MMT)의 출현

양적완화로 자산 가격만 끌어올리는 통화정책에 대한 반발로 재정정책의 중요성이 부각되고 있다. 금융권에 돈을 풀어 부자들의 배만 불리지 말고, 정부가 재정 적자 규모에 얽매이지 말고 필요한 만큼 통화를 발행해 일자리를 늘려야 한다는 게 현대통화이론(Modern Monetary Theory: MMT)의 핵심이다. 그럼 현대통화이론이 무엇인지 알아보자.

장기적 추세로 보았을 때 금리는 계속 낮아지고 있다. 게다가 2008년 글로벌 금융위기 이후 제로 금리와 오랜 양적완화 정책으로 엄청난 통화가 발행되었음에도 인플레이션이 발생하지 않았다. 이는 미국뿐 아니라 EU와 일본도 마찬가지였다.

그러다 보니 직접 돈을 굴려 투자하는 월가 등 투자자와 재정정책을 이용해 경기를 부양하고자 하는 정부 입장에서는 기존 경제학이 아닌 새로운 시각으로 통화시장을 바라보기 시작했다. 그래서 등장한 게 현대통화이론이다.

현대통화이론은 정부재정에 대한 새로운 관점을 제시한다. 기축통화 국가는 과도한 인플레이션만 없다면 경기부양을 위해 화폐를 마음껏 발행해도 된다는 이론이다. 기존 주류 경제학에서 이야기하는 정부 지출이 세수를 뛰어넘어선 안 된다는 통념을 깬 것이다.

현대통화이론 주장자들은 국가가 경기부양에 필요한 정책을 도입하는 데 돈이 모자란다면 일단 화폐를 발행하고, 이로 인해 일정 수준의 인플레이션이 발생할 것 같다면 세금을 거둬들여 시중의 유동성을 흡수하면 된다고 주장한다.

'국가는 재정 지출을 위해 국채도 발행할 필요가 없다.'는 내용을 근간으로 한 현대통화이론은 1970년대 미국 이코노미스트이자 헤지펀드 매니저 워런 모슬러와 1990년대 초 윌리엄 미첼 뉴캐슬대 교수 등이 발전시킨 이론으로 학계에서는 환영받지 못했다. 연준 역시 현대통화이론에 반대하고 있다.

레이 달리오의 예측,
미국 현대통화이론 받아들여야 할 것

주류 경제학자와 연준이 현대통화이론을 터무니없다고 치부하는 것과 달리 월가와 정가 일부는 다소 호의적인 반응을 보이고 있다.

세계 최대 헤지펀드 브리지워터의 설립자 레이 달리오(Ray Dalio)는 미국 경제가 또다시 위기에 빠지면 기존의 제로

세계 최대 헤지펀드를 이끄는 레이 달리오

금리 정책과 양적완화로는 한계가 있다고 지적하면서, "미국이 새로운 통화정책으로 현대통화이론을 도입하게 될 것"이라고 주장했다.

레이 달리오는 이미 오래전부터 현대통화이론 도입의 불가피성을 주장했다. 그는 기존 통화정책이 부자만 돕는 정책이라고 단언했다. 그는 제로 금리와 양적완화가 "교육, 인프라, 연구·개발 같은 좋은 투자를 유발하지는 못하고 자산 가격을 높여 고액 자산가만 도왔다."고 비판했다. 이런 이유로 경기불황기에는 통화정책의 변화가 불가피하다며 재정정책과 통화정책이 연결된 현대통화이론을 대안으로 꼽았다.

이 이론은 과도한 인플레이션이 없다면, 정부가 재정 적자 규모에 얽매이지 말고 필요한 만큼 통화를 발행해 일자리를 늘려야 한다는 게 핵심이다. 다만 레이 달리오는 "이 방법의 가장 큰 위험은 돈을 찍어내고 할당하는 것이 정책당국자들에 달려있다는 점이라며 이 체계가 잘 돌아가기 위해서는 중요한 결정이 정치적이지 않은 현명한 사람들에 의해 만들어져야 한다."고 지적해 현대통화이론의 취약성에 대해서도 언급했다.

재정운영의 최고 목적은 완전 고용

현대통화이론을 설명한 《균형재정론은 틀렸다》의 저자 렌델 레이(Randall Wray) 교수는 그의 책에서 "정부의 재정 운영에 있어서 최고의 목적이 되어야 하는 것은 바로 완전 고용이다."라고 주장했다. 이 이론이 과감한 재정 적자를 불사하는 것은 정부 지출이 늘어나야 민간의 현금 보유가 많아지기 때문이다. 곧 재정정책의 목표는 경기순환에 맞서 이를 안정시키는 적극적인 역할과 더불어 완전 고용이 달성되도록 소득을 늘리고 목표이자율을 달성하는 두 가지의 원리에 따라 운영되어야 하며, 이를 위해 필요하다면 재정 적자를 얼마든지 받아들여야 한다는 것이다.

월가뿐 아니라 진보적 정치인 버니 샌더스 상원의원이나 알렉산드리아 오카시오 코르테즈 하원의원 등 정치인들이 현대통화이론을 지지한다. 이들이 현대통화이론을 논란의 무대로 끌어 낸 사람들이다. 2016년 대선에서 선풍을 일으켰던 버니 샌더스 는 현대통화이론을 노골적으로 지지하고 있지는 않지만, 상위 1%에 대한 증세와 정부의 재정정책 강화로 서민복지 지출 극대 화를 주장하고 있다.

한편 알렉산드리아 오카시오 코르테스(Alexandria Ocasio-Cortez) 하원의원은 스스로 현대통화이론의 팬이라고 자처하며, 노골적 으로 현대통화이론을 지지하고 있다. 그녀는 남미계로 바텐더 출 신임에도 2018년 29세 나이에 파격적인 소득과 부의 재분배 정 책을 공약을 내걸어 뉴욕에서 하원의원 후보로 출마하여 78%라 는 압도적인 득표율로 당선되었다. SNS 소통에 능한 최연소 의 원인 그녀의 트위터 팔로워 수는 약 380만 명에 이른다.

알렉산드리아 오카시오 코르테스 하원의원

오카시오 코르테스는 그녀가 추진하고 있는 '그린 뉴딜정책'에 무려 130조 달러를 쓰자고 주장하고 있다. 그린 뉴딜정책은 기후변화 문제와 사회경제적 불평등 문제를 10년 내에 해소하겠다는 목표를 갖고 있다. 전문가들은 알렉산드리아의 공약을 전부 추진하려면 560조 달러는 있어야 할 것으로 추정한다. 이 비용을 그냥 돈을 찍어서 추진하자는 것이다.

이런 과격한 주장도 있지만, 현대통화이론의 골자는 통화 정책을 중앙은행에만 맡기지 말고 정부의 적극적인 재정정책을 통해 메인스트리트 곧 실물경제에 점적관수식 통화 공급을 하자는 것이다. 그렇게 국가가 일자리 창출의 마지막 보루가 되어 완전고용 달성을 위해 노력해야 한다는 것이 본래 취지다.

인플레이션이
몰려오고 있다

동시에 급격히 상승하고 있는 세 가지 물가지수

드디어 올게 오고 있다. '인플레이션의 물결'이다. 미국의 2020년 7월 생산자물가지수(PPI)가 '전월대비' 0.6%가 올랐다. 18개월 만의 최대 상승이다. 연율로 치면 7.2%다. 7월 수입물가지수(IPI) 역시 전월대비 0.7% 증가했다. 이것도 연율로 치면 8.4%다. 미중 무역전쟁의 여파다. 중국 수입물품에 대한 고관세가 원인이다. 여기에 7월 소비자물가지수(CPI)도 '2개월 연속' 전월 대비 0.6% 올랐다. 전문가들의 예측치 0.3%를 훌쩍 뛰어 넘었다. 1991년 이후 최대 상승이다. 디플레이션을 걱정하던 처지에서 인플레이션

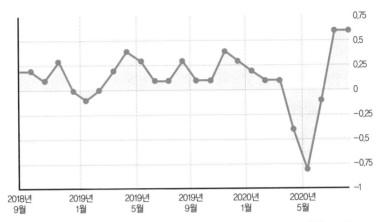

전월 대비 미국 소비자물가지수(CPI)

출처: Investing.com

을 뛰어넘어 단숨에 하이퍼인플레이션으로 치달을 모양새다.

연준의 간접 통화정책

연준도 이를 감지한 듯 그간 고수했던 목표 '2% 인플레이션 방어'의 용인 가능성을 내비쳤다. 물가인상 방어에 연연하지 않겠다는 뜻이다. 인플레이션 용인은 달러 가치 하락을 용인한다는 말과 같다.

이러한 추세가 계속되면 앞날도 불안해진다. 연준이 소비자물가지수 2% 상승까지는 버틴다 해도 3%에 근접하면 더 이상

버티기 힘들 것이다. 2022년 말까지 제로금리를 지속하겠다는 의미로 점도표도 공개한 터에 금리를 올려 인플레이션을 잡기는 힘들 것으로 보인다. 게다가 금리를 올리면 당장 기업부채 쪽에서 사단이 날 가능성이 크다.

그렇다고 연준이 손 놓고 있을 수도 없는 처지이다. 그렇다면 할 수 있는 일은 시중 유동성을 거둬들이는 일이다. 하지만 여기에도 문제는 있다. 연준의 비상하고도 특별한 대책이 없으면 '긴축 발작' 우려가 있다. 잘못하면 시장이 놀라 주식시장이 붕괴할 수도 있다.

유동성을 줄이더라도 가능한 일반인들이 눈치 못 채게 연준이 직접 나서지 않고 시중 은행들로 하여금 국채를 사들이게 할 것으로 보인다. 사실 이는 그리 어려운 작업이 아니다. 지금 연준이 하고 있는 일을 반대로만 하면 되기 때문이다.

연준의 자산 곧 본원통화 발행액은 6월 10일 7조 1,689억 달러로 정점을 찍은 이후 오히려 줄고 있다. 유동성을 거둬들이고 있는 것이다. 그렇다고 공약한 양적완화를 안하는 것은 아니다. 매월 국채와 모기지 증권을 사들이고는 있으나 그 보다 더 많은 돈을 레포 시장*과 외국 중앙은행 계좌로부터 거둬들이고 있는

---

* Repo, 환매조건부채권. 자금이 필요한 금융회사가 자신의 채권을 담보로 초단기로 돈을 빌리는 시장.

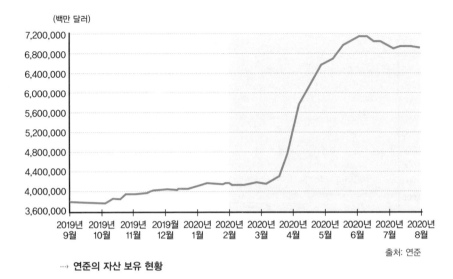

(백만 달러)

… **연준의 자산 보유 현황**

출처: 연준

것이다.

연준이 긴축으로 돌아섰다면, 인플레이션 진행과 달러 하락세가 멈춰야 하는 게 아닌가? 아니다. 연준은 지금 간접적인 방법으로 유동성을 늘리고 있다. 대형 은행들로 하여금 시중에 돈을 풀게 하는 방법이다.

연준에는 은행들의 지불준비금이 보관되어 있다. 2008년 글로벌 금융위기 이후부터 법정 지불 준비금을 초과하는 부분에 대해서는 연준이 이자를 지급하고 있다. 이를 '초과지급준비금리'(IOER)라고 한다. 이를 기준금리 범위 내에서 운용하고 있다. 지금 연준은 현재 초과지급준비금리를 0.1%로 낮게 운용하고 있

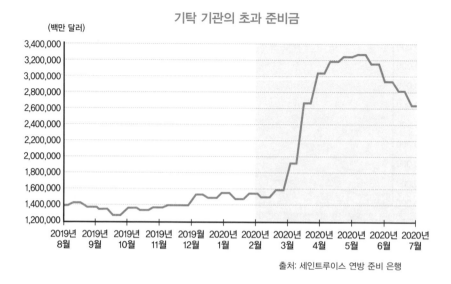

기탁 기관의 초과 준비금

(백만 달러)

출처: 세인트루이스 연방 준비 은행

다. 은행들이 그 이상의 수익을 원한다면 돈을 연준에 쌓아두지 말고 밖으로 들고 나가 수익을 거두라는 이야기다.

더구나 연준은 대형은행들의 위험 감수를 억제하는 '보충적 레버리지 비율(SLR)' 곧 자본요건을 2021년 3월 31일까지 1년간 일시적으로 완화했다. 연준은 이를 완화해주면서 한마디 보태는 것을 잊지 않았다. '이 돈으로 자사주 매입 등 엉뚱한 곳에 쓰지 마라.'는 경고였다. 즉 초과지불준비금으로 국채를 사라는 이야기다. 실제 위 그래프에서 보듯 대형은행들이 6월 이후 초과지불준비금을 지속적으로 줄이고 있다. 시중에 돈이 풀리고 있는 것이다.

세계 중앙은행들이 미 국채 대신 금을 외환보유고에 담아

연준이 이렇게 국채시장에 신경 쓰는 데는 이유가 있다. 우선 미국 정부가 발행하는 국채의 양이 너무 많다. 미국 정부가 경제위기 타개를 위한 재정부양책을 강하게 밀어붙이고 있기 때문이다. 게다가 그간 미국 국채의 단골손님이었던 외국 중앙은행들은 2020년 들어 미국 국채를 사지 않고 있다. 다음 그래프는 외국 중앙은행들이 올해 상반기 미국 국채를 거의 사지 않았음을 보여준다.

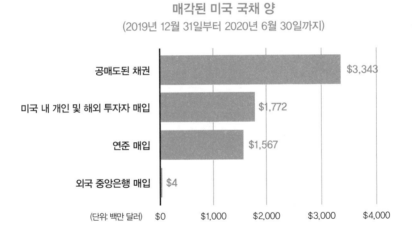

매각된 미국 국채 양
(2019년 12월 31일부터 2020년 6월 30일까지)

그러면 각국 중앙은행들은 외환보유고를 어떻게 운용하고 있을까? 세계 중앙은행들은 최근 미국 국채 대신 금을 외환보유고에 담고 있다. 최근 몇 년 간 세계 중앙은행들의 금 매입이 지속적으로 늘어나고 있는데 2020년 상반기 금 매입량은 374톤으로 2000년대 들어 최대 수준이었다.

2019년 국가별 외환보유고 내역을 살펴보면 놀라울 정도로 금의 비중이 높다. 독일 70.2%, 이탈리아 66.1%, 네덜란드 65.4%, 프랑스 60.7%, 헝가리 60.6% 등이다. 반면에 우리나라는 1.2% 수준이다. 명목상으로는 미국 연준의 금 보유량이 세계 최

2019년 5월 글로벌 중앙은행 금 보유고 순위

순위	나라명	중앙은행 금 보유고(톤)	외화보유고 비중(%)
1	미국	8,133.5	74.8
2	독일	3,369.7	70.2
3	IMF	2,814.0	–
4	이탈리아	2,451.8	66.1
5	프랑스	2,436.0	60.7
6	러시아	2,168.3	18.5
7	중국	1,885.5	2.5
8	스위스	1,040.0	5.5
9	일본	765.2	2.5
10	네덜란드	612.5	65.4
11	인도	608.8	6.3
12	유럽중앙은행(ECB)	504.8	28.2
13	대만	423.6	3.7
14	헝가리	382.5	60.6
15	카자흐스탄	361.7	55.6
16	우즈베키스탄	348.4	53.4
17	사우디아라비아	323.1	2.7
18	영국	310.3	7.9
19	터키	293.6	14.0
20	레바논	286.8	22.9

자료: 세계금협회WGC, 표 출처: 뉴스핌

대이나 연준은 몇 년째 실사를 거부하고 있다. 이런 행태를 보이는 미국 연준을 더 이상 믿을 수 없다는 이유로 2017년 독일은 연준에 맡겨 놓은 금 중 300톤을 회수했다.

한편, 중국 중앙은행의 금 보유량은 외환보유고 내 비중이 2.5%에 불과하지만 이는 중국 중앙은행이 IMF에 자진 신고한 금액으로 실제 중국 중앙은행이 금을 어느 정도 갖고 있는지는 아무도 모른다. 세계 최대의 금 구매 국가가 중국이기 때문이다. 세계 금 연간 생산량은 약 3,700톤 정도인데 이중 3분의 2를 중국과 인도가 매년 꾸준히 구매하고 있다.

이렇다 보니 전세계 중앙은행들의 외화보유액에서 달러가 차지하는 비중이 크게 줄어들고 있다. 2015년 66.0%였던 달러 비중이 5년 사이에 크게 감소해 2019년에는 61.6%로 줄어들었다. 여기에 미국 정부와 연준의 고민이 있다.

세계 중앙은행 외환보유액 중
미국 달러 비중 추이(%)   출처: 월스트리트저널, IMF

왜 금값이 폭락했을까?

2020년 8월 11일. 하루에 금 가격이 5%, 은 가격이 15% 폭락했다. 무슨 일이 있었던 걸까? 가장 중요한 원인은 그간 가파른 가격 상승으로 이른바 '팔자 세력'이 '사자 세력'을 일시적으로 앞선 것이다. 8월 3일 금 지수가 49.3%로 발표되어 근래 처음으로 50을 하회하여 약세 전망이 나왔다.

팔자 세력이 기회를 엿보던 차에 몇 가지 악재가 동시에 발생했다. 8월 11일 미국 국채 입찰 물량의 과다로 국채 금리가 급등했다. 특히 2년물 단기금리가 0.107%에서 0.161%로 50%나 급등했다. 이자 한 푼 안 붙는 금으로서는 단기금리 상승은 큰 악재에 속한다. 더구나 때 맞춰 러시아의 코로나19 백신 개발 소식이 들려와 경기 회복 기대감을 갖게 했다. 여기에 힘입어 달러인덱스 또한 일시 상승했다. 이러한 복합적 요인으로 이익 실현 매물이 쏟아져 나온 것이다. 사실 이렇게 조정 받을 때가 분할 매수기회였다.

미 정부의 국채 매각 대금 쓰임새

다시 인플레이션 이야기로 돌아가 보자. 미 재무부가 2020년 상반기에 발행한 국채 규모는 3조 3,400억 달러에 이른다. 단기간

발행으로는 사상 최대 규모다. 이 국채 매각으로 조성한 돈은 대부분 메인스트리트, 곧 실물경제 시장에 공급되었다. 실업급여와 기본소득 등 개인에게 지출한 금액이 1조 2,000억 달러로 가장 많았고, 다음이 기업대출 등과 정부의 일상 경비, 그리고 주정부 운영 경비 특히 주정부 공무원 해고 방지를 위해 쓰였다.

연준의 양적완화와 달리 재무부가 이렇게 개인, 기업, 주정부에 직접 돈을 공급하면 경제를 살리는 데에 효과적이긴 하지만 다른 문제가 발생한다. 바로 인플레이션이다.

마이너스 실질금리가 인플레이션 기대 심리를 불러오다

여기서부터는 유동성의 증가가 가져오는 영향을 설명하기 위해 여러 그래프와 경제 용어들이 등장함을 양해 바란다.

먼저 돈이 메인스트리트에 풀리자 인플레이션 핵심지표인 M2(광의 통화)가 가파르게 증가하고 있다. 이것이 연준의 양적완화와 확연히 다른 점이다.

미국 화폐 공급 M2

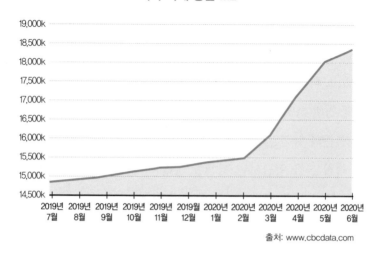

출처: www.cbcdata.com

10년물 물가연동채 실질금리

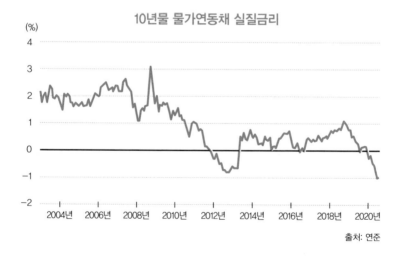

출처: 연준

제로금리 상황에서 인플레이션이 발생하면 실질금리는 마이너스로 치달을 수밖에 없다. 실질금리는 명목금리에서 기대 인플레이션을 뺀 값이다. 실질금리를 잘 나타내는 그래프가 10년물 물가연동채 인플레이션 지수 보완(수익률)이다.

미국 10년물 물가연동채 그래프를 보면 실질금리가 -1.0%로 급격히 하락 중이다. 이는 올해 인플레이션이 이미 1% 발생했다는 의미이기도 하다. 다음 그래프에서는 20년 이래 역대 최고치로 인플레이션 기대 심리가 급격히 상승하고 있음을 알 수 있다.

물가연동채는 원금에 실질금리 하락분(인플레이션 지수)만큼을 보완해주어 물가인상에 따른 원금 손실을 방어해준다. 이런 실질금리 하락은 투자자들이 자산 헤지를 위해 금과 은을 선호하게 만드는 원인이다.

기대 인플레이션율 BEI 추이

출처: 연준

기대 인플레이션율은 명목금리에서 실질금리를 뺀 값이다. 10년물 기대 인플레이션율(BEI)이 급격히 상승하고 있다. 미 정부의 국채 발행액이 많아 장기국채 금리가 급등했기 때문이다. 2020년 8월 14일 기준, 기대 인플레이션율은 1.733%이다. 10년물 국채금리 0.713%에서 10년물 물가연동채 금리 -1.02%를 뺀 값이다.

다시 정리하면, 인플레이션 핵심지표인 M2 통화 그래프가 사상 최대 기울기로 급격히 증가하고 있고, 인플레이션을 선행 예측하는 기대 인플레이션율(BEI)도 매우 큰 반등을 보이고 있다.

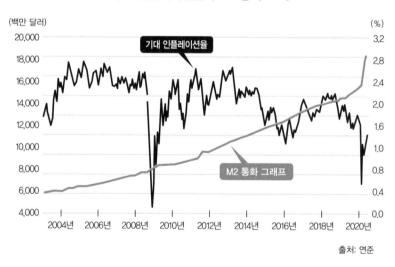

기대 인플레이션율과 M2 통화 그래프

출처: 연준

기대 인플레이션과 달러 가치 곧 달러인덱스는 반대 방향으로 움직인다. 기대 인플레이션이 올라가면 달러 가치는 내려간다는 뜻이다. 이 둘의 상관관계는 -0.91로 비교적 긴밀하게 역의 관계로 움직인다.

기대 인플레이션율과 달러인덱스

출처: 연준

게다가 유로화 강세가 지속되고 있다. 유럽의 EU 가입국들이 7,500억 유로에 달하는 '유로 회복 기금'에 합의했기 때문이다. 이는 EU 사상 최대 금액으로 3,900억 유로는 상환할 필요 없는 보조금 형태로, 나머지는 저리 대출로 집행된다.

이번 합의를 세계가 높이 평가하는 이유는 EU 재정 통합에 대한 가능성과 유로경제의 미래에 대한 믿음을 높였기 때문이다. 유로화는 달러인덱스의 57.6%나 차지한다. 유로화 강세는 곧 달러인덱스 하락을 의미한다.

레이 달리오의 추천

인플레이션이 발생하고 달러 가치가 하락하고 있는 이런 상황을 투자자들은 어떻게 대처해야 할까? 세계 최대의 헤지펀드를 운용하고 있는 레이 달리오는 지금 단계에서 "현금은 쓰레기."라고 단언하며 '물가연동채와 금 그리고 원자재'에 나누어 분산투자할 것을 권한다.

ABOUT MONEY

뉴노멀 시대
돈의 흐름을 예측하다

빈부격차의 주범,
양적완화에 대한 반성이 시작되다

미국은 2008년 글로벌 금융위기 이후 제로 금리와 양적완화 정책으로 엄청난 통화를 발행했음에도 인플레이션이 발생하지 않았다. 이는 미국뿐 아니라 EU와 일본도 마찬가지였다. 시장에 돈을 그렇게 많이 풀었는데 소비자 물가는 왜 오르지 않은 것일까?

밀턴 프리드먼이 말한 "인플레이션은 언제 어디서나 화폐적 현상"이라는 명제는 틀린 걸까?

앞서 여러 번 언급했지만, 양적완화로 늘어난 유동성은 채권, 주식, 부동산 등 담보 여력이 풍부한 상위계층 사람들과 헤지펀드들의 차지가 되었다. 90% 이상의 국민에게는 그 많다는 유동성이 그림의 떡이었다. 그러니 상위계층이 투자하는 자산 가격은 급등했지만, 가계부채에 시달리는 서민들은 쓸 돈이 없어 소비자 물가는 오르지 않았다. 소비자 물가에는 부동산 등 자산 가격 등락은 포함되지 않으니 말이다.

그럼 어쩌다 사회가 이렇게 양극화되었을까? 이를 알기 위해서는 역사를 조금 거슬러 올라갈 필요가 있다.

1971년 미국, 브레턴우즈 체제 파기하다

1944년 브레턴우즈 체제가 만들어졌다. 미국은 베트남전쟁 개입 등 팽창정책으로 재정 적자가 심해지자 스스로 이를 훼손했다. 금 1온스당 35달러라는 금환본위제도의 기본원칙을 지키지 않고 소유한 금 보유량 이상으로 달러를 대량 발행한 것이다. 당연히 인플레이션이 발생했고 세계 각국은 미국에 대한 불신을 드러냈다.

1964년 프랑스 드골 대통령의 협박으로 미국은 마지못해 달러를 보완할 IMF의 특별인출권을 발행했다. 그러나 서독은 미국을 믿지 못해 1971년 브레턴우즈 체제를 탈퇴했다. 그리고 얼마 뒤 스위스, 스페인, 프랑스는 자국이 보유한 달러를 미국에 요구해 금으로 바꿨다. 이때 프랑스는 금 수송선을 자국 해군함대로 호위해 프랑스의 금 인출이 만천하에 공개됐다. 그 뒤 맹방인 영국조차 대규모 금 인출을 요청하자 미국에 비상이 걸렸다.

닉슨 대통령은 1971년 8월 13일 경제 관련 참모 16명을 소집해 군 지하벙커에서 비밀회의를 주재했다. 그리고 8월 15일 일요일 정오 기습발표를 통해, 투기세력 공격으로 금 태환을 일시 정지한다며 경제 비상사태를 선포*했다.

폭발적인 금융자산 증가, 기하급수적으로 늘어난 자본집적도

그 뒤 몇 년간 국제 외환시장은 큰 혼란기를 거쳤다. 이후 1975년 키신저 국무장관의 활약으로 석유 매매를 달러로만 거래하도록 하자 달러는 기축통화로 복귀하게 되었다. 그 뒤 달러는 금과의 연결고리를 끊고 일정 근원인플레이션 하에서 무한정 발행되었다. 그러다 보니 세계 경제 성장률은 연 3~4%인데 반해 세계 금융자산 증가율은 그 서너 배인 평균 15% 안팎이었다.

1971년 닉슨쇼크가 있기 전만 해도 세계 금융자산을 세계총생산(GDP)으로 나눈 '자본집적도(Financial Depth)'는 50%였다. 이후 고삐 풀린 달러와 주요 통화들은 팽창을 거듭해 1980년 자본

---

* IMF 가맹국이 국제 수지 악화 때 담보 없이 필요한 만큼의 외화를 인출할 수 있는 권리.

집적도 109%, 1990년 263%, 2004년에는 334%로 늘어났다. 선진국의 경우에는 400%가 넘었다. 30여 년 사이에 실물경제 증가 대비 금융자산 증가가 8배나 빨리 팽창한 것이다.

땀 흘려 근로소득으로 돈을 버는 서민들에 비해 금융소득으로 앉아서 돈을 불리는 금융자산가들의 부의 증가속도가 8배나 증대되면서 소득불평등과 부의 편중은 더욱 심화됐다.

미국의 소득과 부는 상위 1%에 집중되고 있다. 달러와 금과의 고리가 끊어진 닉슨 쇼크 이후 1972년부터 2001년까지 30년 동안 미국의 인당 국내총생산(GDP)은 70% 이상 증가했으나 평균적인 노동자의 실질 임금은 오히려 줄어들었다. 소득계층 상위 10%의 경우에도 소득이 연 평균 1%밖에 증가하지 않았다. 하지만 상위 1%의 소득은 181% 증가했다. 최상위 0.1%의 소득은 무려 497%나 증가했다. 이런 경향은 그 뒤에도 계속되었다. 그 결과 지금 미국인들은 OECD 최고 수준의 소득불평등과 빈곤율에 노출되어 있다. 이후에도 금융 자산의 증가 속도는 실물경제 증가 속도보다 3~4배 빨랐다.

금융위기 직전인 2008년 초에 발표된 맥킨지 보고서를 보면, 2006년도 전 세계 주식과 채권, 예금 등을 합한 금융자산 총액은 167조 달러에 이르러 전년 대비 17.6%나 늘어났다. 2006년 세계 경제 성장률은 3.8%였는데 말이다.

이러한 금융자산의 급속한 팽창으로 소득불평등과 부의 편중 곧 빈부격차 심화는 일상이 되었다.

월가의 모럴해저드를 연준의 돈으로 덮어줘

2008년 글로벌 금융위기가 닥치자 제로 금리와 양적완화로 인한 유동성 장세는 오히려 결과적으로 투기자본을 키웠다. 그들은 거의 제로 금리로 돈을 융통하여 헤지펀드를 활용하거나 주식과 채권, 부동산 투자 등으로 재산을 증식시켰다. 유동성 장세는 실물경제와 상관없이 돈의 힘으로 주식과 부동산 가격을 상승시키기 때문에 그들은 손쉽게 돈을 벌 수 있었다.

금융 장세는 있는 자들의 재산을 더 증식시켜 일반인들의 근로소득을 훨씬 앞서게 됐다. 불행하게도 불로소득이 자본주의의 정점에 서서 자본 세습이 고착된 것이다. 이는 부익부 빈익빈을 심화시켜 소득불평등의 골을 깊게 만들었다.

이렇게 미국은 부실정리 대신 무제한 유동성 공급을 취해 월가의 모럴해저드를 연준의 돈으로 덮어줬다. 문제는 이러한 조치가 전 세계적으로 소비가 부진해지자 투자가 살아나지 못하는 또 다른 형태의 위기를 초래했다는 것이다. 결국 미국을 포함한 전 세계는 '저금리, 저소비, 저투자, 저물가, 저성장'의 늪에서 헤어 나오지 못하는 인류 초유의 현상에 직면했다. 이를 금융인들은 '뉴노멀'이라 부른다.

미국 금권정치의 폐해

미국 정치의 가장 큰 문제는 월가 세력이 주도하고 있는 금권정치에 있다. 이는 정치뿐 아니라 사회 전반에 걸쳐 광범위하게 영향력을 미치고 있다.

뉴욕타임즈가 2016년 대선 관련 연방선거관리위원회의 자료를 분석한 결과, 대선 후보들이 모금한 돈 대부분이 상위 1%에 해당하는 부자들로부터 나왔다고 보도했다. 10만 달러 이상씩 낸 거부들이 대선 자금 기부자의 반 이상이었다.

미국에서는 흔히 대선 후보가 정치자금을 얼마나 모으느냐로 당선 가능성을 가늠한다. 돈이 많이 들어오면 유력 주자로 인정받고 그렇지 못한 후보는 약체로 간주되어 선거운동을 접는 것이 관행이다. 이런 과정을 거쳐 대통령에 당선된 사람은 자신을 대통령으로 만들어준 사람들의 영향력을 무시할 수 없다. 거액 기부자들은 백악관 만찬에 드나들며, 정당위원회로부터 특별 대우를 받는다. 민주주의는 한 표 한 표가 모여 전체 의사를 결정하는 과정이다. 부자들의 입김이 강한 미국의 금권정치를 민주주의를 구현하는 제도라 볼 수 있을지 의문이 드는 부분이다.

금권정치의 가장 큰 문제는 필요 이상으로 과도한 화폐 발행과 신용 창출을 할 수밖에 없는 사회정치적 구조이다. 금융세력은 적절한 수준의 화폐 발행과 신용 창출로는 만족하지 않고, 끝없이 부의 창출을 하기 위해 통화량을 늘리려 한다.

미국의 금권정치 구조에서는 정부가 금융세력에 휘둘릴 수밖에 없다. 오죽했으면 2015년 9월 교황이 미 의회에서 연설하며 미국의 정치·경제적 양극화 문제를 강력하게 질타했겠는가.

> "우리를 둘로 나누는 어떠한 형태의 양극화에도 맞서야 한다. 정치는 인간을 위해 봉사해야 하며, 그러기 위해서는 경제와 돈의 노예가 되어서는 안 된다."

통화정책의 종언

연준은 제로 금리와 무제한 양적완화 시행으로 이제 통화정책은 바닥을 드러냈다. 사태가 더 악화 되어도 특별히 쓸 정책이 남아있지 않다. 그런데 그보다 더 안 좋은 것은 연준이 아무리 돈을 풀어도 소비와 투자가 살아나지 않는다는 점이다. 그 돈들이 상위 1%의 수중으로 들어가 소득불평등과 부의 편중만 심화시킬 뿐, 중산층과 서민들에게는 흘러가지 않는다. 곧 유동성이 자산 시장에만 머물고 실물경제에는 다다르지 못하는 것이다. 그러다 보니 소비자 물가는 오르지 않고 주식과 부동산 등 자산 가격만 올려놓아 부자들의 배만 채워주었다.

이러한 현상을 시정하려고 나온 대안이 '기본소득'과 '현대 통화이론'이다. 2008년 글로벌 금융위기 이후 나온 양적완화 정책은 상위 10% 부자들과 월가의 부를 보장하고 늘려주기 위해 나온 유동성 살포 정책이지만 이번 미국 정부의 부양책은 하위 90%와 소상공인의 재해를 보상해주기 위해 시행되는 점적관수식 지원정책이다.

발터 샤이델(Walter Scheidel)의 책《불평등의 역사》에 의하면, 역사적으로 소득불평등과 빈부격차를 해소한 사례를 보면 큰 규모의 인구 이동을 수반하는 전쟁, 혁명, 국가붕괴, 전염병 창궐 등이었다. 이번에도 코로나19가 금융자본주의의 판을 '포용 자본주의'로 바꾸고 있다. 소득 양극화를 해소할 불평등하고 불합리한 제도의 개선이 포용 자본주의의 핵심이다. 이를 위해서는 기득권의 진입장벽을 허무는 기회의 불공정 해소, 독점적 자본과 권력의 결탁을 끊어내는 부조리 근절이 필요하다.

기본소득과 현대통화이론의
시험장이 된 미국의 경제부양책

세계 경제가 무너져 내리고 있다

코로나19의 전 지구적 확산세가 계속되고 있다. 2020년 7월 들어 미국은 확진자가 하루에만 6만 명 이상 늘어나 확진자수가 350만 명이 넘어서는 심각한 상황으로 완벽히 대응한다 해도 20만 명이 사망할 것이란 전망이다. 각국의 셧다운과 인적교류의 금지는 글로벌 공급망의 단절로 교역의 급감을 가져오며 세계 경제에 큰 타격을 가하고 있다.

2월만 해도 올해(2020년) 3.2%의 세계 경제 성장률을 예상했던 IMF는 11년 만에 첫 마이너스 성장을 할 것이라며 각국이 최대한의 지출로 이 위기를 막으라고 권하고 있다.

코로나19는 중국에 이어 미국의 거의 모든 산업현장을 셧다운 시키고 있다. 항공편의 90%가 취소되면서 하루 500만 배럴 내외의 석유 수요가 사라졌다. 이런 와중에 발생한 석유전쟁은 유가를 폭락시켜 미국의 셰일업체들은 물론 여러 산유국을 힘들게 하고 있다. 이는 특히 회사채 시장을 강타하여 금융위기의 불안감을 조성하고 있다.

중국도 어렵기는 마찬가지이다. 그런데 중국 자체의 문제보다도 세계의 공장 중국의 셧다운으로 전 세계 공급망 중단의 영향이 예상보다 크고 오래갈 수 있다.

유럽과 일본도 어렵기는 마찬가지다. 특히 유럽에서 코로나19가 가장 크게 창궐한 이탈리아가 위험하다. 전국 이동제한령을 내리는 등 초강경 봉쇄조치가 관광산업 등 핵심 산업 위축으로 이어지며 그렇지 않아도 재정위기 가능성이 높은 나라라 시한폭탄이 동작 중인 셈이다. 글로벌 금융위기의 또 다른 도화선이 될 수 있다. 이탈리아 은행권은 국채의 25%를 보유해 정부재정이 흔들리면 줄도산할 수 있다. 프랑스, 스페인도 이탈리아 국채를 대량 보유해 이탈리아 위기가 이웃 나라들로 번질 가능성이 크다.

코로나19가 실물경제에 타격을 주면서 미국과 유럽 제조업 구매관리자지수(PMI)가 역사상 최저치를 기록했다. 국내총생산 (GDP)과 거의 같은 방향으로 움직여 경제 선행지표로 꼽히는 PMI 가 최저치로 나오면서 암울한 전망을 안겨주었다. 이 수치에 따르면 세계 모든 나라의 제조업이 무너져 내리고 있다. 대공황에 비견되는 충격이다.

지역별 경제 성장률 전망 (단위: %)

	2020년	2021년
세계	−5.2	4.2
미국	−6.1	4.0
유로존	−9.1	4.5
동아시아, 태평양	0.5	6.6
유럽, 중앙아시아	−4.9	3.6
중남미	−5.8	2.9
중동, 북아프리카	−4.4	2.3
남아시아	−2.7	2.9
사하라 이남	−2.8	3.1

출처: 세계은행

⋯ OECD 2020년 세계 경제 전망치

OECD는 코로나19의 2차 확산이 없을 경우 2020년 세계 경제는 -6%의 후퇴를 예상했고, 만약 2차 확산이 시작된다면 -7.6%로 전망했다.

미국의 부양책 들여다보기
: 기본소득과 현대통화이론을 받아들여 통화주도권 연준에서 정부로

사태가 심각함을 깨닫자 미국은 역대 최강의 지원책을 연일 쏟아붓고 있다. 2020년 3월 연방준비제도이사회는 신속히 제로 금리를 만든 데 이어 '무제한 양적완화'라는 파격 조치를 내놨다. 사실상 한계 없이 달러를 무한정 찍어내겠다는 것이다.

더구나 부도 위기에 몰린 BBB 투자등급 이상 회사채는 모두 지원하기로 했다. 이는 무제한 양적완화보다도 더 파격적인 조치로 글로벌 금융위기 때도 쓰지 않았던 카드다. 그리고 미국은 우방들의 외환위기를 우려해 한국 등 9개국과 서둘러 달러를 공급하는 통화스와프도 체결했다.

여기에 더해 트럼프 행정부도 빠르게 부양책을 마련했다. 미국 국민 90%에게 성인 1,200달러, 아동 500달러를 지급하는 등 2조 2,000억 달러 규모의 돈을 풀겠다는 것이다. 트럼프의 재정 정책은 GDP의 10%를 투입하는 역대 최대 규모 부양책이다.

그런데 미국의 부양책을 자세히 들여다보면 몇 가지 특이한 점이 보인다. 재난 상황이긴 하지만 '기본소득과 현대통화이론'을 전격 받아들였다는 점이다.

현금은 연소득 9만 9,000달러 이상의 고소득층을 제외한 국민 90%에게 4인 가구 기준 3,400달러씩 지급되는데, 이는 트럼

프의 경제정책이 '기본소득' 쪽으로 방향을 틀어 서민과 중산층에게로 향하고 있음을 말해준다.

이번 미국 정부의 시장부양 정책자금 2조 2,000억 달러는 미국의 연간예산 반년 치에 해당하는 큰돈이다. 3월 초 연준 자산총액 곧 달러 발행총액이 4조 3,000억 달러임을 고려할 때, 그 규모가 얼마나 큰지 알 수 있다. 게다가 달러는 발행액의 60%가 해외에서 유통되니 미국 내에서 유통되는 달러보다도 더 많은 돈을 찍어내 부양책으로 지원하겠다는 것이다.

그뿐만이 아니다. 므누신 재무부장관은 연준과 협력하여 레버리지를 통해 4조 달러를 기업 대출에 사용하겠다고 밝혔다. 이는 정부가 필요하다고 판단한 곳에 돈을 직접 풀겠다는 것으로 이 금액은 현재 연준 자산과 비슷한 금액이다. 므누신 장관은 "우리는 전쟁을 하고 있다. 국민들을 보호하기 위해 얼마든지 쓸 것"이라고 강조했다.

재무부가 기업 대출을 시행하면서 기업 대출자금 5,000억 달러를 기반으로 연준과 공조하여 대출패키지를 만들어 제공하겠다는 것인데, 그 규모가 4조 달러에 이를 것으로 예상된다. 아직 어떤 방식으로 돈을 풀지는 정해지지 않았지만 5,000억 달러의 종잣돈이 매칭 펀드를 통해 8배로 불어나는 것이다. 결국 미국 정부의 부양책 총액은 5조 7,000억 달러에 달하는 셈인데 이는 올해 미국 예산 4조 7,000억 달러를 훨씬 상회하는 엄청난 금액이다.

그런데 금액보다 더 눈여겨보아야 할 대목은 비상시국이긴 하지만 정부가 통화주도권을 연준으로부터 가져오고 있다는 점이다. '현대통화이론'(MMT)의 첫 발걸음으로 볼 수 있다.

그밖에도 소상공인을 위한 대출과 지원에 3,490억 달러를 배정했다. 이 대출을 소상공인이 직원급여와 사무실 임대료, 시설 관련 등에 사용하면 그 금액만큼은 대출상환에서 면제해준다는 내용이다. 곧 실업을 막기 위해 직원급여와 임대료는 정부가 대신 내주겠다는 것이다. 오바마의 임기 마지막 해까지만 해도 6,000억 달러를 밑돌았던 미국의 적자예산은 트럼프 정부에서 대폭발을 일으키고 있다. 2019 회계연도 재정 적자 9,840억 달러에 이어 2020년 회계연도(2019.10~2020.9)에는 이를 훨씬 뛰어넘는 3조 달러에 육박할 듯하다.

이번 재정 부양책에 대선판에서 포퓰리즘 논란을 불러왔던 '기본소득'과 정부주도 통화정책인 '현대통화이론' 개념이 비록 비상시국의 '재난기본소득'과 '기업구제'라는 명분이지만 자본주의 종주국 미국에 의해 채택되었다는 점이 우리에게도 많은 생각거리를 던져주고 있다.

2020년 6월 중순 현재 미국 의회는 행정부의 4차례에 걸쳐

2조 8,000억 달러의 재정부양책을 승인했다. 여기에 더해 피터 나바로 백악관 무역정책국장은 차기 경기부양책을 언급하며 "트럼프 대통령이 최소 2조 달러가 넘는 부양책을 심도 있게 검토하고 있다."고 밝혔다.

왜 '기본소득'과 '현대통화이론'이 재조명 받는가?

'기본소득' 사례에 가장 자주 소개되는 곳이 미국 알래스카주다. 알래스카는 1976년 주민투표를 거쳐 석유 등 천연자원 수입으로 조성된 금액 중 일부를 알래스카 영구기금에 적립하기로 했다. 이 기금의 운용 수익으로 1982년부터 모든 주민에게 배당액을 지급해왔다.

이 외에도 스위스는 2016년 기본소득 지급 여부를 국민투표에 부친 바 있고, 핀란드는 2017년부터 2년간 기본소득 실험을 진행했다. 결과적으로 스위스는 기본소득 안이 부결됐고 핀란드는 실험을 중단했지만, 현재 기본소득에 대한 논의가 전 세계적으로 활발하게 진행되고 있는 것만은 확실하다.

최근 현대통화이론이 미국과 일본에서 뜨거운 감자로 떠오르고 있다. 현대통화이론은 화폐 발권력이 있는 정부가 돈을 직접 풀어내도 인플레이션이 발생하지 않으니, 재정 적자는 아무 문제가 없다는 이론이다. 현대화폐이론은 돈을 푸는 방식이 다른데, 기존 양적완화는 통화정책 수단으로 시중 은행들의 자금을 풍부하게 만드는 데 반해, 현대통화이론에서는 정부가 직접 돈을 적재적소에 쓴다. 정부가 서민복지와 공공사업에 돈을 쏟아붓고 노동자를 대거 고용한다는 것이다. 곧 중앙은행이 시중 은행의 마지막 대부자인 것처럼 정부는 일자리의 최종 공급자로 역할을 한다는 것이다.

경기를 살리기 위해서는 돈을 풀어야 하는 것은 맞는데, 은행을 통한 공급은 상위 극소수층에만 흘러가 자산 버블만 만들뿐 낙수효과를 발휘하기 힘들다는 점에서 현대통화이론이 주목받고 있다. 주류경제학에서는 현대통화이론을 말도 안 되는 발칙한 이론이라며 반대하고 있다. 세상에 공짜 점심은 없다는 것이다. 돈을 풀면 인플레이션은 필연이라는 것이다.

하지만 앞서 말했듯 레이 달리오는 이 이론에 찬성하고 있다. 그는 금리 인하나 양적완화보다는 정부가 돈을 찍어내 필요한 곳에 쓰면 경제 전체도 이롭게 되고 빈부격차도 해소될 수 있다고 주장한다. 여기에 민주당 대선후보 버니 샌더스와 뉴욕 민주당의 정치 샛별인 알렉산드리아 오카시오-코르테스 하원의원이 자신들의 공약을 이행하는데 이 이론의 활용을 지지하면서 세간의 주목을 받고 있다.

포스트 코로나19 시대의
새로운 투자 포트폴리오

우려되는 유동성 장세,

포트폴리오에 금과 은 추가해야

코로나19 사태로 경제가 무너지자 세계 각국이 '사상 최대'라는 말이 무색할 만큼 돈을 '무진장' 풀고 있다.

　연준의 양적완화로 2020년 3월~5월 3달 사이에 미국에는 3조 달러가 풀렸고, 미 행정부의 재정 정책으로 5조 7,000억 달러가 풀렸다. 여기에 더해 2020년 7월 현재, 추가로 2조 달러 규모의 재정부양책이 추진되고 있다. 이러고도 인플레이션이 일어나지 않으면 이상할 정도다.

미국의 경우 과거 금융위기에는 월스트리트를 중심으로 유동
성을 살포했으나 이번 경제위기에는 소비자와 기업이 있는 메인
스트리트를 정조준해서 돈을 풀고 있다. 이러면 인플레이션은 필
연이다. 실제로 인플레이션 핵심지표라 할 수 있는 M2(광의의 통
화)가 급상승하고 있다. 2020년 4월과 5월의 M2 증가율은 전년
동기 대비 각각 18.5%와 23%로, 가파르게 상승하고 있다. 더구
나 미국의 유동성 증가 속도가 EU와 일본, 영국 등을 압도하고
있어 달러 인덱스, 즉 주요 6개국 통화 대비 달러화 가치를 나타
내는 지표가 추락하는 것도 시간문제로 보인다.

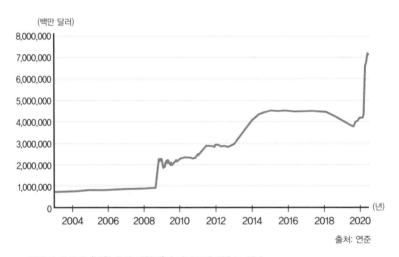

출처: 연준

⋯ 연준의 자산 즉 '본원 통화 발행액'이 가파르게 치솟고 있다.

로치 교수의 섬뜩한 전망, 달러 가치 35% 하락

모건스탠리 아시아지역 회장을 지낸 스티븐 로치 예일대 교수는 2020년 6월 9일 블룸버그통신 기고를 통해 "머지않아 달러 인덱스가 현재(93.32)보다 35% 하락할 것"이라고 주장했다.

책상머리에서 공부만 한 학자가 아니라 금융계 일선에서 뛰었던 이론과 경험을 겸비한 전문가의 발언이라 더욱 주목된다. 로치 교수는 달러 가치 약세의 근거로 미국 내 저축률 급락과 막대한 부채, 곧 큰 폭의 경상수지 적자와 재정 적자 그리고 미국의 리더십 붕괴를 지목했다.

2020년 1분기 미국의 '순국민저축'은 국민소득 대비 1.4% 수준으로 떨어졌는데, 앞으로 이 수치가 최소 -5%에서 최대 -10%

출처: CNBC

···▸ 스티븐 로치 교수가 방송에서 2020년 6월 16일 달러 지수에 대해 말하고 있다.

까지 떨어질 수 있다고 로치 교수는 보고 있다. 이는 국민들이 저축은커녕 빚내어 생활한다는 뜻이자 미국이 투자와 성장을 위해서는 자국민의 저축이 아닌 외국의 저축에 의존해야 한다는 의미이다.

고질적인 경상수지 적자와 재정 적자도 위험 요소로 꼽았다. 로치 교수는, 저축의 붕괴는 경상수지 적자를 급격히 확대해 국내총생산(GDP)의 -6.3%를 훨씬 뛰어넘을 것으로 보았다. 그는 2020년 미국의 재정 적자를 당초 예상의 두 배인 GDP의 17.9% 수준까지 치솟을 것으로 예측한다.

로치 교수는 달러 가치 하락이 인플레이션으로 이어질 수 있다고 우려했다. 그는 "코로나19 사태가 종결돼도 경제 회복세가 강하지 않을 것."이라며 "불황 속 물가가 지속적으로 상승하는 스태그플레이션이 올 수도 있다."고 말했다. 로치 교수는 이때가 지금보다 더 위험하다고 본다. 달러 가치에 대한 회의가 대두될 수 있기 때문이다.

그는 "코로나19와 인종차별 항의 시위, 달러 붕괴가 겹치면서 미국 경제와 리더십이 매우 혹독한 시험대에 서게 됐다"고 진단했다.[*] 중국통인 로치 교수는 CNBC 인터뷰에서 중국이 부상하

---

[*]   참고자료: '스티븐 로치의 경고 달러 시대, 끝이 보인다', 한경닷컴, 박상용

고 있는 가운데 미국은 교역 파트너들과 괴리되고 있다면서 이로 인해 수년 안에 달러의 지위가 급속히 약화될 것이라고 전망했다.

트럼프 행정부 이후 보호주의 무역정책 강화, 파리기후협정 탈퇴, 환태평양경제동반자협정(TPP) 탈퇴, 세계보건기구(WHO) 탈퇴, 유럽 등 전통적인 우방들과의 갈등 등이 모두 미국의 리더십이 급격히 쇠퇴하고 있다는 증거다. 게다가 코로나19 바이러스 대응에 대한 총체적 실패와 흑백갈등 등 사회적 혼란으로 인해 미국 행정부는 미국 내에서조차 위상이 흔들리고 있다.

우려되는 외환시장

로치 교수의 예측대로 달러 가치가 크게 하락한다면, 이는 곧 원화와 위안화 가치 상승으로 이어질 것이다. 그런데 위안화는 크게 절상될 수 있는 처지가 아니므로 인위적인 평가절하가 예상된다. 그러면 위안화에 연동되어 있는 원화는 다시 절하되는 등 외환시장이 극도로 혼란스러워질 수밖에 없다.

또한 달러 가치 하락은 인플레이션을 의미하는데 이는 금리인상을 불러올 수밖에 없다. 금리인상은 기업 부채에 악영향을 미쳐 부도 도미노 현상으로 관련 파생상품이 탈이 날 수 있다. 신용경색이 일어날 수 있다는 뜻이다. 그 외에도 유동성 장세는 언제, 어떤 일로 시장이 타격을 받을지 모른다.

유동성 확대가 위험한 이유

근대 이후 여태까지의 주요 경제 공황은 모두 통화 교란으로 인해 발생했다. 그 출발은 '유동성 공급과잉'이었다. 유동성이 버블을 키우고 그 버블이 터짐으로써 경제위기가 도래했던 것이다. 그럼에도 많은 사람들은 '이번만은 다르다.'고 이야기한다.

주식 등 자산 가격의 증가는 경제 성장 또는 기업의 내재 가치 증가에 비례해 커지는 것이 순리다. 그런데 시중의 유동성 확대로 주가가 내재 가치에 비해 턱없이 높아지면 그것이 바로 버블이고, 버블이 터지면서 나타나는 현상이 경제 공황이다.

위기를 유동성으로 막는 것은 미봉책이다. 부실을 파헤쳐 시장에서 제거하지 않고 오히려 유동성으로 부실을 덮는 것이기에, 결국에는 부실을 키우는 셈이 되고 만다. 각국의 유동성 확대 곧 환율전쟁이 세계 경제의 암적인 존재이자 위험한 이유이다.

지금은 인플레이션이 미약한 수준이지만 메인스트리트에 뿌려진 유동성의 순환 속도가 빨라져 M2를 높여 통화승수(M2/본원통화)가 올라가면 두 가지 위험이 생긴다. 하나는 급격한 인플레이션의 상승 가능성이고, 다른 하나는 인플레이션을 차단하기 위해 중앙은행이 급격히 금리를 인상할 경우 기업 부채 등에서 문제가 터져 또 다른 경제위기가 올 가능성이다.

연준의 우려

실제로 시장에서는 이상 기류들이 나타나고 있다. 미국 연준으로서는 붕괴하는 실물경제 시장을 유동성으로 떠받치기는 해야겠는데 그러다가 도가 지나쳐 인플레이션에 휩싸일지 모른다는 불안감을 갖고 있는 듯하다. 또, 경제위기에 주식시장이 붕괴하지 않도록 밑에서 받쳐주고 있다고 생각했는데 경제위기와 어울리지 않는 신고가(高價) 행진도 부담스럽기는 매한가지이다. 연준은 이를 자산 시장의 비이성적 과열, 곧 '버블'로 인지하고 있는 것으로 보인다.

미국은 자금시장의 흐름이 중국 등 신흥국 시장으로 향하는 것도 부담스럽다. 중국은 기준금리 격인 1년물 대출우대금리(LPR)가 3.85%로 미국 기준금리 0~0.25%와 차가 크다. 또한 7월 중순 중국 국채 10년물 수익률은 3.10% 내외로 미 국채 10년물 수익률 0.7%에 비하면 수익률이 2.4%나 높다. 최근 홍콩을 통해 중국으로 달러 자금이 흘러들어가는 이유 중 하나다.

연준은 2022년 말까지 제로금리 동결, 매월 1,200억 달러 양적완화 시행, 유통시장 회사채는 물론 발행시장 회사채도 사주겠다고 호언장담을 서슴치 않았다. 더구나 미국 정부의 재정부양용 국채발행 계획도 분기별로 6,630억 달러어치씩 예정되어 있다. 미국은 최소 분기별 1조 달러 이상의 유동성이 풀릴 예정으로 2020년 말에 9조 달러가 넘는 돈이 시중에 풀릴 것이다. 여기에 더해 트럼프 행정부는 8월에 2조 달러의 추가 부양책을 준비하고 있다.

　　연준의 고민이 깊다. 연준은 약속한 양적완화를 계속 시행하는 한편 시중의 유동성을 흡수하는 전략을 동시에 실행하고 있

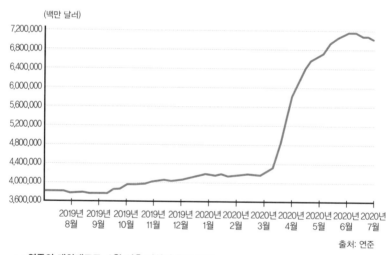

출처: 연준

⋯› **연준의 대차대조표. 6월 이후 자산이 줄고 있다.**

다. 6월 이후 연준의 대차대조표를 보면 자산이 줄고 있음을 알수 있다. 연준은 초단기 대출 시장인 레포 시장의 금리를 올리고 유동성을 빨아들이는 한편 우방국들에게 빌려주었던 달러 스와프들을 거두어들이고 있다.

혼란기에 투자자는 어떻게 자산을 지켜야 하나?

이래저래 투자자들은 혼란스럽다. 지금은 유동성 장세인 만큼 투자자들은 연준의 다음 행보를 유심히 지켜보아야 한다. 그리고 '달러 가치 하락, 광의의 통화 M2의 가파른 상승, 인플레이션 예상, 외환시장 우려, 버블 붕괴의 위험, 연준의 애매한 스탠스 등'의 혼란 속에서 투자자들은 자기 자산을 지켜줄 수 있는 방법을 찾아야 한다.

포트폴리오에 안전 자산인 금, 은을 필히 추가해야 하는 이유이다.

금, 다시 주목받다
- 이번에도 미국이 금값을 가둘 수 있을까?

레이 달리오의 금 포트폴리오 이야기

레이 달리오는 투자 패턴이 10년을 주기로 바뀌고 있다며 이번에는 포트폴리오에 금을 추가할 것을 강력히 권하고 있다. 무한대로 쏟아지는 채권 수익률에 비해 월등한 금값 상승이 예상되기 때문이다. 사실 2020년과 같은 경제위기 상황에 안전자산인 금값이 오르는 것은 당연한 현상이다.

　첫째, 제로 금리에는 금이 선호된다.

　둘째, 더구나 연준이 양적완화로 이미 2조 달러를 풀었다. 여기에 더해 미국 정부의 재정부양책에 의해 연준과 공조로 5조 달러 이상의 돈이 메인스트리트 곧 실물시장에 풀린다. 이는 2008년 글로벌 금융위기 시에 양적완화로 풀렸던 3조 5,000억 달러의 두 배 이상의 돈이, 그것도 월스트리트가 아닌 주로 메인스트리트에 풀리기 때문에, 이번에는 달러 약세와 더 나아가 인플레이션이 예상된다. 달러 약세와 인플레이션은 금값의 상승을 의미한다.

셋째, 수익률곡선 제어정책(Yield Curve Control·YCC)이 시행되면 국채의 무제한 구입 곧 달러 유동성의 무제한 확대를 의미하기 때문에 달러 약세, 금리 약세로 금값이 상승할 수밖에 없다.

넷째, 코로나 바이러스가 수그러들면, 곧 경기회복 기대시기에 들어가면, 금값 상승과 더불어 은값이 더 빨리 올라간다. 지난 2008 글로벌 금융위기 회복 시에도 2011년 9월 금이 온스당 1,920달러까지 오른 사례가 있다.

골드만삭스, 1년 내 금값 사상 최고치 전망

실제 골드만삭스는 2020년 6월 20일 금 투자 관련 보고서에서 앞으로 1년 안에 국제 금값이 온스당 2,000달러까지 오를 수 있다고 전망했다. 이는 2011년 11월의 전고점인 1,920달러를 돌파한다는 뜻이다. 그런데 금값이 보고서가 나온 지 한 달 반이 채 안되어 2,000달러를 돌파했다. 그러자 뱅크오브아메리카(BOA)는 금값이 3,000달러까지 갈 수 있다는 전망을 내놨다.

하지만 금값 상승에는 투자자들이 주의해서 보아야 할 복병이 있다. 지나친 금값 상승은 달러에 대한 불신을 의미하기 때문에 이를 미국 정부와 연준이 보고만 있겠냐는 이야기이다.

금융시장 큰손들 사이에는 불문율이 있다. '두 가지에 맞서지 말라, 하나는 경제 흐름의 대세에 맞서지 말며, 두 번째는 정부에 맞서지 마라.'

과연 이번에도 금값이 2011년의 고점인 온스당 1,900달러를 돌파해 승승장구할 때 미국의 반응이 어떻게 나올지가 관전 포인트다. 미국이 과거에 어떻게 금값을 억눌렀는지 그 사례를 살펴보자.

2011년 9월부터 2013년 5월 사이에 금 가격은 온스 당 1,920달러에서 1,200달러 대로 폭락했다. 그런데 이 시기는 글로벌 금융위기로 인한 제로금리 시기이자 실질금리가 마이너스 시절이었다. 실질금리가 마이너스면 금 가격은 오르는 게 순리이다. 그런데 무슨 일이 있었기에 금값이 폭락한 걸까?

금은, 달러 가치와 반대로 움직인다

2008년 글로벌 금융위기 이후 미국은 경기부양을 위해 천문학적 수준의 돈을 풀었다. 그 결과 달러를 불신한 투자자들이 달러 대신 안전자산인 금을 선호하기 시작했다. 달러 가치는 급속도로 떨어지고 금값은 천정부지로 올랐다. 2011년 9월 5일 금 가격은 사상 최고치인 온스당 1,920달러까지 치솟았다. 7개월 사이에 무려 600달러가 상승한 것이다.

금은 전통적으로 재미없는 안전자산이다. 금이 2011년까지 10년 만에 4배 이상 급등한 것은 달러화 약세 때문이었다. 그러자 달러를 대신해 금이 포트폴리오 분산 차원에서 투자대상으로 떠올랐다.

실제로 세계 주요국 중앙은행들과 국부펀드들이 달러화 자산 대신 금으로 옮겨갔다. 특히 중국은 이를 대놓고 선언했다. 다른 나라들이 중국을 따라 외화보유고에서 달러 표시 자산을 축소하고 금 등 안전자산을 늘리려는 움직임을 보였다. 미국으로서는 이를 그냥 묵과할 수 없었다. 미국 정부와 연준은 금 투자국들과 투자자들에 대한 독수를 준비했다.

미국은 달러에 대한 금의 도전을 용서치 않는다

미국으로서는 금값 상승이 달가울 리 없다. 왜냐하면 이자 한 푼 안 붙는 안전자산으로 돈이 몰린다는 뜻은 그만큼 달러에 대한 불신을 뜻하기 때문이다. 게다가 중국 등 각국 중앙은행들이 외화보유고에서 달러 표시 자산 비중을 줄이고 금 보유를 늘리는 것을 견제할 필요가 있다.

미국이 결코 용서하지 못하는 것이 두 가지 있다. 하나는 달러에 대한 도전이고 또 다른 하나는 전략자산인 석유에 대한 도전이다. 기실 이라크의 후세인이 죽은 것도 달러와 석유에 대한 도전 때문이었다. 그가 석유를 달러 대신 유로화로 팔겠다고 선언함으로써 넘지 말아야 할 선을 넘어버린 것이다. 게다가 이라크 남부 유전개발을 중국에 넘기겠다고 한 것이다.

금 선물거래 증거금을 연달아 올리다

2011년 하반기 들어 금 가격이 계속 오름세를 보이자 미국 정부는 금 거래를 위축시킬 필요가 있었다. 우선 가장 손쉬운 방법을 택했다. 금 현물시장(실물 금)을 선도하는 선물시장(종이 금)을 손보기로 했다. 금 선물시장의 증거금을 대폭 올렸다. 증거금이 인상되면 거래비용 부담이 늘어나 거래량이 줄면서 상품 가격은 하락하는 법이다.

시카고상품거래소(CME)가 2011년 8월 10일 금 선물거래 개시증거금을 6,075달러에서 7,425달러로, 유지증거금을 4,500달러에서 5,500달러로 22% 인상했다. 그럼에도 금값은 상승 랠리를 멈추지 않았다. 그러자 금융당국은 당황했다.

　시카고상품거래소는 8월 24일 금 선물거래 유지증거금을 또 다시 27% 인상했다. 이날 비로소 뉴욕상품거래소(COMEX)에서 금 선물 가격은 전날보다 5.6% 하락한 온스당 1,785달러를 기록했다.

연준의 독수, 폭락하는 금값

8월에 금 선물거래 증거금을 두 번이나 대폭 올렸음에도, 9월 들어 금값이 온스당 1,900달러 선을 넘보고 있었다. 게다가 중국이 미 국채 구입 규모를 급속히 줄여가고 있었다. 미국으로서는 상황이 다급해졌다.

　우선 연준은 2011년 9월 21일부터 4,000억 달러 규모의 '오퍼레이션 트위스트'를 실시했다. 오퍼레이션 트위스트는 장기국채를 사들이고 단기국채를 팔아 장기금리를 끌어내리고 단기금리는 올리는 희귀한 공개시장 조작방식이었다.

　이는 장기금리를 끌어내려 투자를 유인하는 데 목적이 있다고 연준이 발표했다. 하지만 이는 윗돌을 빼다 아래에 괴는 임시방편으로 유동성이 늘어나지 않아 경기부양에 회의적인 경제학자들이 많았다. 게다가 장단기 금리역전의 위험성도 있었다. 당시 경기부양론자들조차 이 정책의 무용론을 질타할 정도로 혹독한 비판을 했다. 그러나 금융시장의 구루(Guru)들조차 눈치채지 못한 이 정책의 목적은 장기투자 유도 이외에 더 중요한 이유가 있었다.

연준의 타깃은 바로 금이었다. 단기금리가 오른다는 것은 이자 한 푼 벌어들이지 못하는 금 투자자에게는 치명적이었다. 금값이 수직 낙하했다. 이틀 만에 1,900달러 대에서 1,600달러 대로 20% 이상 폭락했다. 사람들이 안전자산이라 믿고 있는 금값도 이렇게 급락할 수 있다는 것을 연준이 보여준 것이다.

금 선물시장을 다시 옥죄다
: 증거금 21% 인상

미국정부는 여기에 그치지 않았다. 금의 대량거래로 현물시장을 선도하는 선물시장을 한 번 더 손보기로 했다. 오퍼레이션 트위스트를 시작한 지 딱 이틀 뒤인 9월 23일 금과 은의 선물거래 증거금을 각각 21%와 16% 인상한 것이다.

그러자 금값은 일주일 사이에 거의 10%가 폭락했다. 금에 투자한 헤지펀드들에게는 날벼락이었다. 보통 헤지펀드들은 20배 정도의 레버리지(부채)를 사용해 금에 투자하는데 이때 너무 큰 타격을 받았다. 조지 소로스(George Soros)와 폴 존슨이 그해 큰 손해를 본 이유였다.

이때를 기점으로 제이피모건체이스 은행은 금에서 은 매집으로 방향을 바꾸었다.

제2의 오퍼레이션 트위스트

중국 등 외화보유고 대국들이 미국 국채보다는 금을 선호했다. 중국은 더 이상 달러 자산을 늘리지 않겠다는 호언도 서슴치 않았다. 미국은 이런 현상을 더 이상 좌시할 수 없었다. 특히 중국의 입에 재갈을 물릴 필요가 있었다.

미국은 언제라도 금값에 치명적인 단기금리를 내릴 수 있음을 또 다시 보여주기로 했다. 2012년 6월부터 2,670억 달러 규모로 2차 오퍼레이션 트위스트를 실시했다.

대량 매도로 선물시장 폭격하다
: 2013년 4월 12일 황금 대학살

그럼에도 금 수요는 줄지 않았다. 오히려 2012년 12월부터 뉴욕

상품거래소에서는 실물 금에 대한 인도 요청이 늘어났다. 그 뒤 4개월 사이에 무려 보유분의 27%가 줄어들었다. 너무 빨리 줄어드는 금 재고분에 대한 우려가 커졌다. 미국 정부는 다시 이에 대한 대책이 필요했다. 이제는 간접방식이 아닌 직접 금 현물시장을 찍어 누를 필요가 있었다.

2013년 4월 12일. 금요일이었다. 뉴욕상품거래소(COMEX)가 개장하자마자 갑자기 금 100톤짜리 매도주문이 날아들었다. 갑작스럽게 쏟아진 어마어마한 매도물량이 시장을 덮쳤다. 금 가격은 대폭 하락했다. 두 시간가량 지나 시장이 안정을 찾을 무렵 300톤의 매도물량이 다시 쏟아졌다. 이는 2012년 세계 금 생산

국제 금값 추이

(단위: 온스 당 달러)

1월 2일
1,688.80

12월 31일
1,202.30

2013년

출처: 뉴욕 상업거래소

량의 11%에 이르는 규모였다. 온스당 1,521달러였던 금 가격은 오후 5시께 1,476달러까지 떨어졌다. 이날 하루 거래된 금만 무려 1,100톤이었다. 이는 2012년 세계 금 채굴량의 45%에 이르는 규모였다.

그리고 주말을 넘긴 월요일 아침(4.15일)부터 금요일보다 더 큰 물량이 쏟아졌고, 오전 금값이 100달러 이상 밀리며 1,400달러 아래로 추락했다. 한 마디로 금 투자 큰손들에게는 재앙이었다. 양 이틀 이러한 거대 물량을 쏟아낼 수 있는 기관은 딱 한 군데밖에 없었다. 연준을 의심할 수밖에 없는 이유였다.

대량 매도물량과 함께 금 선물 증거금도 전격 인상

대량 매도물량을 쏟아낸 이날 시카고상업거래소(CME)는 금과 은 선물 거래 시의 증거금을 18.5% 인상한다고 전격 발표했다. 15일 뉴욕상품거래소(COMEX)에서 6월물 금 가격은 전주의 온스 당 140.30달러에서 9.3% 폭락한 1,361달러에 마쳤다. 이는 1980년 1월 22일 17% 폭락한 이후 30여 년 만에 최대 하락폭이었다.

이후에도 금값이 꿈틀거릴 때마다 대량 투매는 종종 있었다. 이에 놀란 투자자들이 금시장에서 발을 빼기 시작했다. 연준과 맞설 수는 없기 때문이다. 투자자들이 미국 국채로 몰리면서 달러 가치는 오르지만 금값은 많이 떨어졌다. 미국 정부가 금 비중을 늘리는 각국 중앙은행과 금 투자자들에게 멋지게 카운터펀치를 먹인 셈이다.

이런 연유로 한때 온스당 1,900달러를 넘어섰던 금값이 많이 떨어져 1,100~1,350달러 대의 밴드 안에서 가격이 형성되어 오르내렸다. 그런데 이번 경제위기로 금값이 밴드를 탈출해 2020년 8월, 사상 처음으로 온스당 2,000달러를 돌파했다.

국제 금 가격은 어떻게 정해지나?

로스차일드 가문이 세계의 금본위제를 주도해 온 이래 1600년대 후반부터 21세기 초까지도 세계 금 가격은 런던의 로스차일드 가문이 정해왔다. 지금도 세계 금의 70% 이상이 런던에서 거래되고 있다. 하지만 장내거래가 아니고, 장외거래로 비공개 회원 간에 거래되는 시스템이다.

한편 세계 최대 선물거래소를 운영하는 미국 뉴욕상품거래소(COMEX)에서는 금 선물이 거래된다. 곧 현물 금 가격은 영국에서, 선물 금 가격은 미국에서 정해지고 있다.

종이 금 시장에 대한 불신 증가

투자자들의 종이 금 시장 곧 선물시장에 대한 불신이 날로 커지고 있다. 투자자들은 종이 금 시장이 과포장된 허상일 수 있다는 생각을 하고 있다. 그 이유는 세계 금 총량에 비해 거래량이 너무 많다는 점이다. 귀금속 컨설팅업체 톰슨로이터 GFMS에 의하면 세계 금 총량이 약 17만 톤, 7조 달러 정도인데, 2016년 런던 금시장연합회(LBMA) ETF시장에서 거래된 양이 160만 톤, 64조 달러이고, 뉴욕상품거래소 선물시장에서 거래된 양이 24만 3,000톤, 10조 달러이다.

이는 금 선물시장이 있지도 않은 가상의 금을 갖고 거래를 하든지 아니면 레버리지를 활용한 초단타 프로그램 매매가 극심하다는 의미이다. 한편으로는 초단타 거래를 통해 허위매수를 올려 체결 직전에 취소함으로써 금값을 끌어내리는 것이 아닌가 하는 의심도 든다. 이는 고객의 수익을 가로채는 명백한 범죄다. 스푸핑(Spoofing)이라 불리는 이 방법은 제이피모건체이스 은행이 현물 은 매집 시 주로 썼던 방법으로, 선물시장을 통해 은 가격을 내리누르는 방법이다. 스푸핑은 '사기치다'는 뜻인데, 직접적으로 시스템에 침입하지 않고 피해자가 공격자의 악의적인 시도에 의한 잘못된 정보, 혹은 연결을 신뢰하게끔 만드는 일련의 기법을 의미한다. 이 공격은 특별한 검증 행위 없이는 자신이 속고 있음을 알아채기 힘들다.

선물을 이용해 현물 가격을 억누를 때 사용되는 또 다른 방법은 '무차입공매도'이다. 없는 금을 파는 것이다. 대형 투자자들이 대량매도를 통해 금값을 떨어트릴 때 쓰는 전형적인 수법이다.

그보다 더욱 큰 의심은 유사시 종이 금을 실물 금으로 인출할 수 있을지에 대한 불안감이다. 실제 미국정부는 오랫동안 금 실사를 거부해왔다. 이런 불안감 때문에 여러 나라들이 미국 연준에 맡겼던 금을 인출하고 있다. 2012년 베네수엘라의 금 인출에 이어 2014년 네덜란드가 122.5톤의 금을 미국으로부터 인출했으며, 독일 역시 2016년 미국에 맡긴 금을 환수하고자 했으나 미국의 반대로 2017년에 300톤만 인출할 수 있었다. 2018년에는 터키가 220톤, 약 253억 달러어치 금을 인출했다.

이러한 불신은 일반 투자자들에게도 전이되어 금 선물시장의 현물 인도를 의심하는 사람들이 늘어나고 있다. 시중 골드바의 인도가 몇 달 치씩 밀릴 정도로 주문이 폭주하는 배경이다.

중국 등 아시아 국가들, 실물 금 거래소 개설하다

런던 금시장이 가격 조작 문제 때문에 신뢰를 잃어가자 중국은 2002년 10월 개설된 상하이금거래소(SGE)를 개편해 2014년 9월

'국제 금 거래소'를 개장했다. 이로써 미국은 종이 금(선물시장), 중국은 실물 금 거래에 치중했다. 실제 중국은 세계 최대 금 생산국으로 실물 금을 매집하고 있다.

이후 싱가포르, 홍콩, 한국 등이 잇달아 국제 금 거래소를 설립했다. 이들 거래소들이 런던과 뉴욕이 주도적으로 결정해온 글로벌 금 가격에 영향을 줄 정도로 커지면 금 가격이 시장의 공급과 수요에 의해 결정될 수 있다.

2011년 이후 주요국 통화는 급속히 팽창하는데
금 가격은 하락세 면치 못해

원래 통화 공급이 늘어나면 돈 가치가 떨어지고 금 가격은 오르는 게 순리이다. 1971년 온스 당 35달러였던 금 가격이 달러 공급이 급격히 늘어나자 40년 만에 달러 대비 50배 이상 가격이 오른 것이 그 예였다. 그런데 2011년 이후 제로금리와 마이너스 실질금리 시절에 달러를 비롯한 세계 3대 기축통화가 그렇게 많은 돈을 공급했음에도 불구하고 금 가격이 오르긴 커녕 5년간 계속 떨어졌다. 이런 마법은 어떻게 설명할 수 있을까?

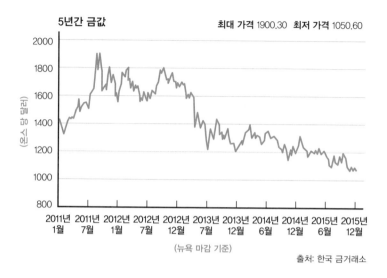

2011~2015년 국제 금값 추이

5년간 금값　　　　　　　　　　최대 가격 1900.30　최저 가격 1050.60

(온스 당 달러)

2011년 2011년 2012년 2012년 2012년 2013년 2013년 2014년 2014년 2015년 2015년
1월　7월　1월　7월　12월　7월　12월　6월　12월　6월　12월

(뉴욕 마감 기준)

출처: 한국 금거래소

세계 각국의 금 보유량, 안개 속을 헤매다

2019년 전 세계의 중앙은행들이 보유한 금 총량이 대략 3만 톤
으로 추정된다. 미국 8,133톤, 중국 4,000톤(최근 공식발표 1,885톤),
독일 3,369톤, IMF 2,814톤, 이탈리아 2,451톤, 프랑스 2,436톤,
러시아 2,168톤 등이다. 반면 우리 한국은행은 104톤을 보유하
고 있다.(세계 금 위원회, 2019년 8월 기준)

　미국 마켓워치는 중국의 금 보유량이 중국 정부 발표 1,885톤
보다는 2~3배 더 많을 것으로 보고 있다. 현재 세계의 금 최대 생
산국이 중국으로 연간 약 500톤 내외를 생산하고 있다. 반면 미

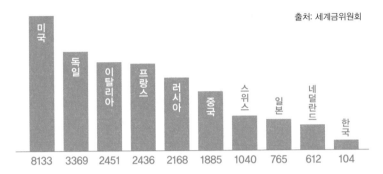

주요국에 비해 저조한 한국의 금 보유량 (단위: 톤)

출처: 세계금위원회

미국	독일	이탈리아	프랑스	러시아	중국	스위스	일본	네덜란드	한국
8133	3369	2451	2436	2168	1885	1040	765	612	104

··· 한국은행의 금 보유량은 104톤으로 세계 52위에 그친다. 이는 스리랑카, 요르단 수준 이다.

국이 아직도 금을 8,000톤 이상 보유하고 있는지도 의문이다.

미국과 중국이 서로 금 보유량에 대한 정확한 통계를 밝히고 싶지 않은 것은 그만큼 금시장에 대한 신경전이 치열하다는 의미이다. 양국의 금 보유량이 역전되는 시기가 바로 세계 금시장의 주인이 바뀌는 시기일 수 있다.

시장이 벼르고 있다

미국도 금시장을 장악했다고 안심하기에는 이르다. 왜냐하면 금값이 싸지면 일반인들과 큰손들의 수요가 살아난다. 그뿐만 아니라 1968년에 미국이 금시장을 평정하려 영국과 손을 잡고 금

9,300톤을 시장에 풀었을 때 그 많은 금을 시장이 소화해 버린 역사적 사실이 있다. 미국에서 또 대량의 금이 쏟아져 나온다면 시장이 벼르고 있을 수 있다. 그 중심에 중국이 있다.

게다가 세계의 금이 중국과 인도로 흘러 들어가고 있다. 지난 10년간 연간 세계 금 생산량은 3,700톤 내외였는데 이것의 약 65%인 연간 2,400톤 내외를 중국과 인도가 수입했다. 중국의 경우 민간인들의 금 소유를 장려하고 있어 민간인들이 가지고 있는 금의 양이 엄청나게 많을 것으로 추정된다. 싱가포르 금괴 판매회사 불리언 스타(Bullion Star)의 애널리스트 쿠스 잰센은 수년간 중국 금시장을 연구해 왔는데, 2017년 1월 말 기준 중국 금 보유 총량이 1만 9,500톤이라고 추정했다. 이는 민간 금 보유량이 1만 5,500톤이라는 이야기이다. 한편 러시아도 미국 달러화에 대한 의존도를 낮추겠다면서 지난 10년간 금 보유고를 4배 이상 늘렸다.

투자자들은 금 가격이 전고점을 돌파해 오르면 과거 사례와 같은 현상이 발생하는지 여부와 시장의 흐름을 눈여겨보아야 한다. 그래도 금값이 치솟는다면 이는 달러에 대한 불신을 의미하기도 해 달러가 예상보다 빨리 신뢰를 상실할 수 있다.

공포가 끝나면
은값이 폭등한다

　　2020년 3월 26일 현재 20달러대 초반의 유가는 각국 석유생
산업체의 손익분기점에 못 미치는 18년만의 최저 가격대이다.
또 금과 은의 교환비율이 1:111로 역사상 최대 폭으로 벌어져 있
다. 두 현상에 내포된 의미는 무엇일까?

공포지수 역사상 최고로 치솟아

시장이 무너져 내렸다. 주가, 유가, 금리, 환율, 부동산, 금값이 동
시에 주저앉았다.

미국 연방준비이사회는 3월 3일과 15일 두 번에 걸쳐 긴급회의를 소집해 기습적으로 기준금리를 대폭 내려 제로 금리에 진입했다. 동시에 대규모 양적완화도 가동했다. 원래 이렇게 금리를 내리고 돈을 풀면 월가는 환호하고 주가는 반등하는 게 보통이다. 그런데 미국의 주가지수는 오히려 심하게 빠졌다.

연준은 왜 이리 급하게 쫓기듯이 기준금리를 대폭 낮춰야 했을까? 이번 금리 인하를 코로나19로 인한 경기침체 우려에 대한 선제적 경기부양책으로 이해할 수 있다. 하지만 이것만 가지고는 완벽히 설명되지 않는다. 그럼 무슨 문제가 있었던 것일까?

연준이 제로 금리와 양적완화 정책을 발표한 다음 날인 3월 16일 일명 '공포지수'라 불리는 변동성지수(VIX)가 82.69로 치솟았다. 전날보다 무려 43%나 급등한 것이다. 이는 글로벌 금융위기 당시인 2008년 11월 21일 최고치인 80.74를 넘어서는 사상 최고 기록이었다.

변동성지수는 향후 30일 동안의 주식시장 변동성에 대한 시장의 두려움을 나타내는 잣대이다. 곧 앞으로 한 달 이내에 더 큰 변동성(폭락)이 올 것을 겁낸다는 뜻이다. 월가에 흐르는 공포심의 실체를 파헤쳐보자.

CCC 복합위기가 투매 불러

코로나19 확산으로 실물경기가 심하게 가라앉고 있는 가운데 3월 6일 사우디와 러시아 간의 석유전쟁이 터졌다. 배럴당 60달러 대였던 유가가 18년 만의 최저치인 20달러 초반으로 폭락했다. 시장은 바짝 긴장했다. 셰일업체의 손익분기점인 40달러 대를 한참 밑도는 유가는 회사채 시장을 걱정하게 만들었다. 셰일기업들의 회사채 부실을 시발로 혹여 CLO(대출채권담보증권) 파생상품의 붕괴로 연결되지 않을까 하는 우려가 확산됐다.

CLO라는 '대출채권담보증권'은 신용등급이 낮은 기업 대출을 묶어 증권화한 것이다. 회사채가 부실해지면 CLO가 부실해지며 이는 다시 한번 글로벌 금융위기를 불러올 수 있다. 이러한 파생상품이 위험한 이유는 장외거래 상품이라 누가 얼마만큼을 가진 지 파악이 힘들어 순식간에 신용경색이 생기기 때문이다. 이로 인해 공포지수가 급등했다.

이를 'CCC 복합위기'라 부른다. 'Corona19', 'Crude oil', 'Corporate bond' 세 가지 위기가 엎친 데 덮친 격으로 동시에 발생했기 때문이다.

이는 13년 전의 신용경색 악몽을 떠올리게 하는 데 충분했다. 세계의 금융사들이 만약의 경우를 대비해 주식과 금 등 거의 모든 자산들을 팔아치우며 달러 현금 확보에 열을 올렸다.

위기 속에 기회 있다

1997년 IMF 외환위기 때 삼성전자 주가는 1998년 2월 32,500원까지 떨어졌다. 현재의 액면 분할가로 계산하면 650원 꼴이었다. 이를 당시 1,000만 원어치만 사놓았다고 가정하면 2020년 6월 중순 현재 8억 500만 원이다.

2008년 글로벌 금융위기 때 씨티그룹 주가는 장중 1달러도 안 될 정도로 폭락했다. 씨티그룹 1주를 팔면 ATM 수수료도 안 나왔다. 씨티그룹 주가는 이번 경제위기로 거의 반토막이 났음에도 2020년 6월 중순 현재 52달러이다.

2008년 11월 초 온스 당 9.46달러까지 떨어졌던 은은 이후 2년 반 동안 390%가 상승해 46.47달러까지 올랐다. 이렇듯 위기는 항상 기회이기도 하다.

시장이 회사채 공포에 떨고 있다

지난 10여 년간의 초저금리는 정말 많은 기업부채를 생산해냈다. 최근 미국의 '신용 스프레드'가 벌어지고 있다. 미국 국채와 회사채 간 금리 격차, 이른바 신용 스프레드는 올해 초까지만 해도 눈에 띄는 특이점이 없었는데 2월 중순부터 급격히 높아지기 시작했다. 전례 없는 속도여서 자칫 채권시장 전반을 뒤흔드는 연쇄부도 우려가 커졌다.

3월 14일 CNN에 기업부채의 위험성에 대한 기사가 하나 떴다. '세계 경제를 침몰시킬 진짜 위협은 19조 달러 규모의 위기등급 회사채'라는 기사의 주요내용은 다음과 같았다.

- 투자적격 등급 중 최하위 등급인 BBB등급 회사채는 10년 전의 48조 달러에서 현재 75조 달러로 폭발적으로 늘어났다.
- 2011년에는 BBB등급 회사채는 시장의 3분의 1가량이었는데. 이제는 전체 기업부채의 절반에 달한다.
- 코로나바이러스와 유가폭락으로 인해 에너지, 항공, 관광, 자동차 기업들의 채산성이 크게 악화되어 관련 회사채들의 이자를 못 낼 위험이 커졌다. 이는 회사채로 인한 신용위기를 초래할 수 있다.
- 이런 회사채는 은행이 아니라 사모펀드나 헤지펀드, 연기금펀드 등이 주로 가지고 있는데, 여기서 신용등급이 하나만 더 떨어져도 금융기관들은 회사채를 대거 팔아야 하고, 그러면 금융시스템에 큰 충격이 온다. 기업들은 구조조정에 들어갈 수밖에 없다.

기업부채가 미국 GDP의 45%를 넘어섰을 때 경제위기가 왔었는데, 지금은 이미 넘어선 상태이다.

미국정부, 사상 초유의 지원에 나서다

사태가 심각함을 깨닫자 미국은 역대 최강의 지원책을 연일 쏟아 붓고 있다. 미국 연방준비제도이사회는 3월 23일 '무제한 양적완화'라는 사상 최대의 파격조치를 내놨다. 사실상 한계 없이 달러를 무한정 찍어내겠다는 선언이다.

국채와 모기지 채권 무제한 매입, 유동성 위기에 직면한 회사채도 BBB 이상 투자등급은 모두 지원, 성인 1,200달러, 아동 500달러 지급을 포함하는 2조 달러 규모의 재정정책까지 의회를 통과했다. 이로써 연준과 트럼프 정부가 할 수 있는 거의 모든 조치가 신속하게 이루어졌다. 이번 조치에 그간 미국 대선에서 포퓰리즘으로 매도되었던 '기본소득'과 '현대통화이론' 개념이 차용된 점이 우리에게도 생각거리를 던져주고 있다.

이러한 대규모 지원에도 불구하고 루비니 뉴욕대 교수는 시장을 비관적으로 보고 있다. "대공황보다 더 심각한 대공황이 오고 있다. 코로나19가 멈춘다 하더라도 세계 금융시장은 한동안 추락을 지속할 것이라며 경제는 위축되고 시장은 무너질 것"이라는 어두운 예측을 했다.

레이 달리오: 투자의 패러다임이 바뀌어
국채보다 금이 선호되는 순간이 온다

3월 23일 연준의 무제한 양적완화와 회사채 지원계획이 발표되자 금 가격은 폭등하기 시작했다. 그렇지 않아도 이번 위기 이전부터 세계 최대의 헤지펀드를 이끄는 '레이 달리오'는 투자의 패러다임이 바뀌고 있다며 금을 포트폴리오에 추가해 균형 잡힌 분산 포트폴리오를 구성할 것을 투자자들에게 강력히 권했다.

그는 이번 위기에도 연준과 정부과 통화정책과 재정정책에 매달릴 수밖에 없는데 이는 결국 제로 금리에 더해 무한대의 국채발행으로 채권의 기대수익률이 마이너스가 되는 순간이 도래할 것이고, 투자자들은 다른 형태로 부를 저장하는 방법을 선택할 것이라고 말했다. 곧 저축이나 국채보다 금이 선호되는 순간이 온다는 뜻이다.

경기가 회복되면 금보다 은 가격이 더 빨리 오른다

그런데 재미있는 것은 경제위기에 반응하는 금과 은의 가격 변화가 크게 다르다는 점이다. 원래 이런 경제위기 상황에 안전자산인 금값은 오르는 게 정상이다. 그런데 이번에는 금융사들이 달러 현금을 움켜쥐려고 위험자산, 안전자산 가리지 않고 팔아치우다보니 금값이 맥을 못 추었다. 3월 9일 온스당 1,700달러를 넘보던 금 가격이 3월 18일 1,470달러대까지 떨어져 약 14%가 빠졌다. 그런데 은값은 2월 24일 온스 당 18.9달러에서 3월 18일 12.7달러로 무려 33%나 떨어졌다. 이게 위기 상황에서 금과 은의 차이다.

보통 금과 은의 가격은 동행한다. 1990년 이후 20년간 금과 은 가격의 상관계수는 0.92~0.95로 동행성이 상당히 높다. 그런데 이렇게 위기가 닥치면 은 가격은 떨어질 때 금보다 더 빨리 떨어지고 오를 때 더 빨리 오르는 특성을 보인다. 그래서 금이 오르는 시기에 은에 투자한 사람들의 수익률이 훨씬 높았다.

지난 2년간 금과 은의 교환비율은 1:80~90 수준이었다. 그런데 경제위기가 닥치자 이 격차가 120배 이상으로 커졌다가 2020년 6월 중순 현재 100 내외에 위치해 있다. 그럼에도 역사상 최고치이다. 이렇게 벌어진 사례가 없었다.

2008년 글로벌 금융위기 때도 금의 교환비율이 87배가 최고치였는데 이번의 격차 벌림은 사상 초유의 대격차이다. 2008년 금융위기 때 1:50이었던 격차가 석 달 만에 1:87로 벌어졌으

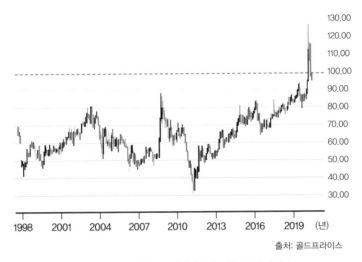

출처: 골드프라이스

⋯ 2000년 들어 50~80 사이에서 오르내리던 금은교환비율의 격차가
2019년 이후 심하게 벌어지고 있다.

며 이후 위기의 정점을 지나자 격차가 좁혀지면서 2011년 초에
는 1:32까지 축소된 일이 있었다. 이 기간 은의 수익률이 금보다
3배 가까이 좋았다. 곧 2008년 금융위기 이후 온스당 8.92달러
까지 폭락했던 은 선물 가격이 2011년 4월 555% 폭등한 온스당
49.52달러까지 기록했던 경험이 있다.

이런 현상이 벌어지는 이유는 금과 은은 쓰임새가 조금 다르
기 때문이다. 금은 장식용 수요가 전체의 절반이고 투자용 수요
는 24% 정도, 산업용 수요는 10% 안팎이다. 그런데 은은 산업용
수요가 절반을 넘는다. 전기 전달능력이 뛰어나 컴퓨터, 전자부

품, 의료기기 등의 재료로 쓰인다. 항균 능력도 뛰어나 항균제 성분으로도 쓰인다. 그래서 경기불황이 예상되면 산업용은 수요가 줄어들어 은값이 금값보다 더 빨리 내리고 경기회복이 예상되면 반대로 더 빨리 올라간다. 그래서 은값은 금값보다 가격 변동성이 크다.

금은교환비율의 역사를 살펴보면, 고대에 금은 태양을 상징했고 은은 달을 상징했다. 그래서 태양이 1년에 지구를 한 바퀴 돌 때 달의 삭망주기가 12번 반이라 금과 은의 교환비율을 1:12.5였다. 이 비율은 거의 근대까지 오랜 기간 지켜졌다.

그러던 것이 현대 들어 1944년 금과 달러의 교환비율을 1트로이온스당 35달러로 고정시킨 '브레턴우즈 체제'가 시작된 이후 27년간 평균 33배였다.

그 뒤 1971년 금 태환 정지로 브레턴우즈 체제가 붕괴되자 교환비율은 점차 올라갔다. 이후 2010년까지 40년간 평균 교환비율은 56배였다. 이 기간에 달러로부터 해방된 금값이 트로이온스당 35달러에서 1,000달러로 30배 가까이 상승했지만 은값은 평균 10달러대에 머물면서 격차가 점점 벌어졌다.

제이피모건체이스 은행은
어떻게 은 시세를 조작했나

금과 은 가격이 크게 치솟고 있다. 얼마만큼 더 오를 수 있을까가 초미의 관심사일 정도다. 금과 은은 동행성이 강하다. 다만 금과 은은 경제위기에 대한 반응이 다르다. 가격이 떨어질 때는 금보다 은의 속도가 빠르다. 하지만 경기가 회복되면 은 가격 상승률이 금보다 빠르다. 금에 비해 은이 산업용 수요가 많기 때문이다. 금의 산업용 수요는 전체 수요의 12~15%인 데 반해 은의 산업용 수요는 56% 정도로 높다.

금은 최고가 경신했는데,
은은 최고가의 절반 정도만 올라

2020년 7월 말 국제 금 가격이 사상 최고치를 경신했다. 종전 최고 가격이었던 2011년 9월 장중 최고가 온스당 1,921달러를 돌파한 것이다. 그런데 은의 경우 최고가인 2011년 4월 온스당 49.52달러의 절반을 조금 상회하는 26달러대에 머물러 있다.

왜 이런 현상이 생겼을까? 이유는 크게 3가지이다.

하나는 인위적인 시세조작이다. 제이피모건체이스은행이 2011년부터 대량의 실물 은을 매집하고 있다. 코멕스(COMEX) 상품거래소 은 창고에 보관되어 있는 은 물량의 절반인 1억 6,000만 온스가 제이피모건체이스은행 소유의 은이다. 이외에도 사설 창고에 2억 5,000만 온스의 은이 별도로 보관되어 있다고 한다.

제이피모건체이스은행은 실물 은 매집 과정에서 무차입공매도와 스푸핑 수법으로 선물 은 가격을 억눌렀다. 극초단타 매매를 하면서 호가 창에 대규모 허위매수를 올려놓아 상대방이 사려고 하면 거래 성사 직전에 전격 취소하여 가격을 끌어내린 것이다. 이는 1,000분의 3초 이내에 일어나는 일로 명백한 시세조작 범죄 행위이다. 이로 인해 제이피모건체이스은행은 법원으로부터 3번이나 기소당했다.

두 번째는 2011년 이후 달러 가치의 상승이다. 달러인덱스가

2011년부터 2016년 말까지 6년간 계속 상승 추세에 있었다. 금과 은은 달러 가치와는 반대로 움직이는 특성이 있다.

세 번째는 산업용 은 수요의 일시적 감소이다. 20년 전에는 은 채굴량의 4분의 1이 넘는 2억 6,600만 온스가 사진을 현상할 때 사용되었는데, 디지털카메라가 대중화되면서 2020년에는 사진 현상에 쓰이는 은의 양이 80%나 감소해 5,300만 온스로 줄어들었다.

이 3가지 요인으로 금이 종전 최고가를 갈아치우고 사상 최고치를 경신하고 있는 데 반해 은 가격은 많이 오르지 않았다. 그런데 요즈음 상황이 달라지고 있다. 은 가격 상승을 가로막던 요인들이 바뀌고 있기 때문이다.

우선 시세 조작에 제동이 걸렸다. 미국 법원이 제이피모건체이스은행의 스푸핑 행위를 3번 기소했는데 그 3번째 기소가 2019년에 있었다. 이로 인해 앞으로 제이피모건체이스은행이 은 시세 조작을 자행하기는 쉽지 않을 것으로 보인다.

또 현재는 달러 가치가 떨어지는 추세이다. 미국 연준의 양적완화와 재무부의 재정정책 확대로 유동성이 크게 늘어나 달러 가치가 하락하고 있다. 이는 금과 은 가격의 상승을 의미한다.

마지막으로 은의 산업적 수요가 크게 증가하고 있다. 은은 2019년 기준으로 산업용 수요가 55%, 주얼리 제작용 20%, 투자용 19%, 기타 은 제품 6%였는데 앞으로 태양광 산업과 5G산업에서 은 수요가 크게 늘어날 전망이다.

제이피모건체이스 은행의 은 매집 이야기

제이피모건체이스 은행은 왜 범법 행위를 넘나들면서까지 은을 매집하고 있을까?

제이피모건체이스 은행이 은을 매집하는 이유는 3가지다. 첫째. 주가폭락과 달러가치 하락에 대비한 리스크 헤지용, 둘째. 금 매집은 미 정부와 연준에 맞서는 행위이기 때문에 금 대신 은을 선택, 셋째. 달러를 기초로 만든 스테이블코인 암호화폐(JPM코인)의 미래용 실물자산 구축을 위해서이다.

2011년 조지 소로스와 폴 존슨 등의 헤지펀드들이 금을 매집하다 미국 정부의 규제에 호되게 당해 몇 십억 달러씩 손해를 보았다. 이를 본 제이피모건은 그때부터 금이 아닌 은 매집으로 방향을 돌렸다,

게다가 제이피모건은 2008년 금융위기 당시 미 연준의 긴급요청과 300억 달러 지원으로 이틀 전만 해도 주당 15달러였던 베어스턴스를 주당 2달러에 인수했다. 이 베어스턴스의 전문분야 중 하나가 은 매집과 은 파생상품이었다.

당시 너무 파격적인 금액과 지원으로 제이피모건이 베어스턴스를 인수해서 이와 관련해 음모론적인 눈초리도 많은데, 당시는 리먼브라더스 파산 문제와 겹쳐 연준이 빨리 사태를 수습하는 게 급선무여서 그리 됐던 것이라는 게 중론이다.

제이피모건체이스 은행의 암호화폐

제이피모건의 회장 제이미 다이먼은 암호화폐가 처음 나왔을 때 화폐로서의 가치가 없는 사기라고 혹평했었다. 근데 어느 날부터인가 180도로 변해 암호화폐 옹호론자가 되었다. 그리고 미국 대형은행으로서는 최초로 'JPM코인'이라는 암호화폐 발행을 추진하고 있다.

JPM코인은 스테이블코인으로 일정 자산 가격 곧 달러에 연동하여 암호화폐의 단점이던 변동성 문제를 해결하고자 하는 코인이다. 이 JPM코인은 제이피모건을 이용하는 기관 간 거래에 쓰일 예정으로 은행 보유 법정화폐(달러) 총액을 넘지 않는 범위에서 발행된다.

현재 제이피모건의 기업 고객 간에 이루어지는 결제금액은 하루 6조 달러다. 이에 JPM코인은 1차적으로 결제 송금 시 사용될 예정이다. 제이피모건은 2019년 6월 'JPM코인'을 개발하여 이미 테스트를 진행 중이다.

JPM코인은 제이피모건이 자체 개발한 이더리움 기반 허가형 블록체인 쿼럼(Quorum)을 기반으로 구축된 은행 간 정보공유 네트워크 거래용으로 개발되었다. 테스트는 기업 간 결제, 채권거래 등의 처리속도 개선을 목표로 진행되고 있다. JPM코인을 사용해 송금하면 수수료가 저렴할 뿐 아니라 즉시 송금되며 그 결과 또한 즉시 확인할 수 있다. 앞으로 외국 간 송금에 일대 혁신이 될 수 있다. 제이피모건의 '은행 간 정보네트워크'에 참여 의사를 밝힌 전 세계 회원사는 2019년 말 기준 365개나 된다. 우리나라 은행들도 가입되어 있다.

나아가 JPM코인은 일반결제에서도 사용할 수 있도록 개발될 예정이다. 이의 일환으로 제이피모건체이스가 암호화폐 거래소 코인베이스와 제미니에 대형은행으로는 처음으로 2020년 3월 은행 서비스를 제공하기 시작했다.

제이피모건은 은을 얼마나 매집했나?

2011년 4월 제로였던 제이피모건의 뉴욕상품거래소(COMEX) 창고 은 보유량이 2019년, 1억 6,000만 온스로 증가했다. 제이피모건의 은 매집량은 COMEX 창고 은 보유량의 절반에 가까운 물량이다. 이는 전부 선물시장에서 실물결재 요구를 통해 축적되었다.

은 채굴 원가가 보통 온스 당 14~17달러 정도로 알려졌는데 제이피모건의 은 매집 단가가 15~18달러로 알려져 그간 심하게 선물시장을 억눌렀음을 알 수 있다.

제이피모건은 어떻게 그렇게 싸게 은을 매집했나?

2008년 글로벌 금융위기 이후 경기가 회복되면서 은 가격은 2011년 온스 당 50달러에 육박할 정도로 치솟았다. 제이피모건의 본격적인 은 매집은 은값이 정점이었던 2011년 4월부터 시작되어 지금까지 계속되고 있다. 이는 1980년 석유재벌 헌터 형제나 1998년 워런 버핏의 버크셔해서웨이가 최대로 보유했던 은 보유량보다 훨씬 많은 양이다. 곧 제이피모건의 은 매집 규모는 과거 2차례 대규모 매집 사례들보다 더 큰 규모의 매집이다.

은 값이 정점을 이루었던 2011년 4월부터 제이피모건의 은 매입이 시작되었는데 그 이후 은 가격은 계속 곤두박질치고 있다. 원래 수요가 많아지면 가격은 오르는 게 정상이다. 그런데 왜 은 가격이 폭락했을까?

이유는 두 가지다. 하나는 당시 미국 정부와 연준이 달러에 도전하는 금 가격을 찍어 누르면서 선물증거금 인상 등 여러 가지 규제를 가할 때 은 역시 규제했기 때문이다.

또 다른 하나는 제이피모건이 실물 은을 매입하는 과정에서 선물 은 시세를 조작하여 은 가격을 지속적으로 낮추었기 때문이다. 앞에서 이야기한 무차입 공매도와 '스푸핑'(spoofing)이라는 수법을 사용한 것이었다.

워런 버핏의 은 투자 전략

현대 은 역사상 2차례 유명한 은 대규모 매집이 있었다. 첫 번째 사례는 1980년대 초 헌터 형제가 실물 은 1억 온스를 매집했었다가 결국 자금부족으로 버티지 못하고 실패한 일이다. 이때 헌트 형제는 10억 달러 이상을 잃었다. 게다가 시세조종 혐의가 인정돼 1억 달러가 넘는 벌금도 물어야 했다.

두 번째는 1997~1998년 사이에 워런 버핏의 버크셔해서웨이가 은 1억 2,970만 온스를 매집했다. 그 뒤 2006년 두 번에 걸쳐 분할 매도하여 약 100%의 수익을 실현했다.

이후 워런 버핏은 은 매집을 다른 방법으로 시도했다. 곧 은 대신 제이피 모건 주식을 산 것이다. 2018~2019년 그는 제이피 모건 주식 5,010만주 약 49억 달러어치를 매수했다. 그는 이번 경제위기로 그 중 3%를 처분하고 아직도 4,860만주를 보유하고 있다.

은의 장점 2가지

은은 금과 마찬가지로 안전자산이다. 따라서 포트폴리오에 은을 편입함으로써 주가폭락이나 달러 가치 하락 시 그리고 인플레이션 발생 시 자산 방어에 유용하게 대처할 수 있다. 또 하나는 경기 회복 시 산업용 수요가 많은 은이 금보다 훨씬 강하게 상승한다. 곧 경제위기 시 자산 방어에도 유용하고 경기급등 시에도 빛을 발하는 양수 겸장의 투자대상이다.

금은 사상 최고가를 경신했는데 은은 아직 갈 길이 멀다. 또한 금·은 교환 비율은 2008년 금융위기 이전에는 1:50이었다. 그리고 제이피모건체이스 은행이 본격적으로 은값을 억눌렀던 2019년까지의 과거 10년간 금은 교환비율 평균도 1: 67.6배였다. 2020년 8월 17일 기준 금·은 교환비율이 1: 74.4배임을 고려할 때 은 가격의 추가적인 상승세가 기대된다.

달러의 미래,
디지털화폐가 변수다

인류문명사에서 화폐는 세 번에 걸쳐 전환기적 변화를 맞았다. 첫 번째는 '실물화폐(commodity currency)'의 등장으로 근현대의 금, 은 등이 여기에 속한다. 두 번째는 금, 은이라는 실물과의 고리를 끊은 '신용화폐(fiat currency, 명목화폐)'의 탄생이다. 특히 달러는 사상 초유의 글로벌 신용화폐에 해당한다. 이후 2008년 글로벌 금융위기 와중에 탄생한 '신뢰(trust)' 프로토콜을 기반으로 하는 '암호화폐(cryptocurrency)'는 세 번째 화폐혁명에 해당한다는 게 나의 생각이다. 그만큼 의미 있는 변화다.

화폐는 인간사의 흐름을 바꾼다

앞 두 번의 변화는 가히 혁명적이었다. 화폐의 발명은 무에서 유를 창조한 것과 같았다. 인류는 물건과 물건을 바꾸다가 화폐라는 매개물을 통해 교환하고 더 나아가 재화를 쌓아 축적할 수 있게 되었다. 인간의 경제활동이 먹고사는 2차원의 문제에서 재화를 쌓아 놓는 3차원으로 진화해 잉여의 축적이 시작된 것이다. 이로써 잉여시간을 활용해 문화가 발전할 수 있었다.

첫 번째 혁명에서 인상적인 것은 그리스의 드라크마 은화, 로마의 데나리우스 은화, 스페인 8레알 은화는 제국의 확장과 함께 해당 정치-경제 권역의 기축통화로 자리 잡았다는 점이다. 국가제도와 결합된 화폐는 해당국가 세력권에서 패권적 경제행위와 정치행위를 할 수 있었다.

이후 등장한 미국의 달러는 금본위제와의 고리를 끊어버린 신용화폐(명목화폐)임에도 거의 전 세계 모든 나라를 경제적으로 지배하거나 조종해왔다. 달러는 전 지구적 화폐라는 점에서 그전까지의 지역패권 화폐와 다르다. 그 배경에 금융자본주의라고도 불리는 초유의 패권적 시장근본주의 경제통치 체계가 자리 잡고 있다.

요약하면, 화폐 진화의 역사에서 가장 큰 사건은 화폐라는 불세출한 개념의 탄생, 즉 1차 화폐혁명이라 할 수 있다. 2차 화폐혁명은 강대국이 공여하는 신용을 토대로 패권적 화폐권력의 탄생이다.

하나의 현상, 하나의 힘이 가장 강성할 때 다음을 예비하는 또 다른 힘이 잉태되기 마련이다. 달러의 그늘 밑에서는 암호화폐가 태동했다.

2008년 9월15일, 자본의 탐욕이 만들어낸 투기 버블이 터지던 날, 세계 4대 투자은행 가운데 두 개가 침몰해 세계를 경악과 공포 속으로 몰아넣었다. 리먼브라더스가 파산신청을 냈으며 메릴린치가 뱅크오브아메리카에 팔린 날이다. 이를 기점으로 예금주들이 은행을 못 믿고, 은행이 은행을 못 믿는 신용위기의 공포가 세상을 덮치며 전 세계가 글로벌 금융위기 속으로 빠져들어갔다. 그로부터 3개월여 뒤인 2009년 1월 3일 비트코인이 탄생했다.

1990년대 초부터 정부나 중앙기관으로부터 개인의 프라이버시를 지키려는 '사이퍼펑크 운동'에 가담한 유대인 암호학자들이 있었다. 그들은 돈 거래에도 개인의 프라이버시가 존중되어야 한다고 믿었다. 또 그들은 거대 달러통화 기득세력에 도전하는 익명성이 보장되는 세계화폐가 있어야 한다고 믿었다. 그 일환으로 그들은 탈중앙형 암호화폐를 개발해 기명 또는 익명으로 발표했다.

새로 태어난 암호화폐는 그간의 강력한 화폐들과 달리 공간적 확장성, 물리적 패권을 추구하는 데 목적이 있지 않았다. 3차 화폐혁명의 주역, 암호화폐는 공간 지향적이지 않고 가치 지향적으로 패권을 추구하지 않고 분권을 지향했다. 자유와 창의가 암호화폐의 가치이다.

추적 가능한 중앙집권형 디지털화폐 등장

하지만 탈중앙화 암호화폐가 화폐의 본원적 기능을 미처 완비하지 못한 틈을 타 민간 섹터의 스테이블코인과 각국 중앙은행의 중앙집권형 디지털화폐가 먼저 시장을 장악할 준비를 하면서 출사표를 준비 중이다.

2019년 페이스북의 '리브라' 발표, 제이피모건체이스 은행의 'JPM코인' 발표, 2020년 중국 중앙은행의 디지털위안화 테스트 시작 등으로 세계는 지금 민간 스테이블코인과 각국 중앙은행의 중앙집권형 디지털화폐(CBDC, Central Bank Digital Currancy) 시대로 접어들었다.

케인즈의 세계화폐

사실 세계 화폐에 대한 생각을 한 사람은 비트코인을 만든 암호학자들이 처음은 아니었다. 20세기 중반에 이미 세계화폐의 개념을 이야기한 사람이 있었다. 바로 유명한 경제학자 존 메이너드 케인즈다.

케인즈가 세계화폐를 주장한 이유는 크게 두 가지였다. 첫 번째는 무역전쟁과 환율전쟁 문제로 3차 세계대전이 벌어지지 않게 하기 위해서다. 또 다른 이유는 특정국가의 위기가 다른 국가로 전이되는 현상을 방지하기 위해서다. 달러가 기축통화일 경우, 미국 내에서 유동성 위기가 일어나면, 경제위기는 전 세계로 전이되지만 세계화폐를 활용할 경우, 경제위기의 전이는 제한적인 수준에 그친다는 게 케인즈의 생각이었다.

케인즈는 자본주의 경제의 화신처럼 회자되지만 그는 사실 사회주의 경제학자에 더 가까웠다. 그는 생전에 이자율의 점진적 인하로 금융자산 불로소득생활자들의 안락사를 요구했다.

하이에크, 화폐의 탈국가화를 주장하다

케인즈만 세계화폐를 주장한 게 아니다. 중앙정부가 돈을 발행하는 현재의 화폐제도에 대해 우려하는 오스트리아 출신 유대인

경제학자가 있었다. 바로 시카고대학 경제
학교수이자 노벨경제학상 수상자인 프리
드리히 하이에크다.

시카고 대학의
프리드리히 하이에크 교수

1차 대전 때 오스트리아 병사로 이탈
리아 전선에서 싸웠던 하이에크는 빈으로
돌아와 초토화된 현실을 마주해야 했다.
급격한 물가상승으로 부모의 저축은 휴지
조각이 됐다. 이때 경험으로 그는 망가진
경제를 정부가 화폐공급량을 늘려 인플레이션으로 경기를 진작
시키자는 주장에 단호하게 반대하게 됐다. 또한 그는 스탈린이
반대세력 68만 명을 사형시키고 63만 명을 강제수용소로 보냈으
며, 같은 시기 히틀러가 유대인 600만 명을 죽이는 걸 보면서 정
부의 권력 강화가 얼마나 커다란 위험을 초래할 수 있는지를 절
감하고 자유주의를 신봉하게 되었다.

하이에크는 시장의 자유를 철저히 보장하고 정부는 일절 개
입해선 안 된다고 믿었다. 그는 사람들이 화폐발행권을 중앙은행
이 독점하는 것이 당연하다고 생각하겠지만 이 제도가 재정팽창
을 유발하고 경기변동을 일으킨다고 했다. 그는 1976년 《화폐의
탈국가화》라는 책에서 화폐발행의 자유화를 주장했다. 그는 중
앙은행은 정치적 제약으로 인해 높은 인플레이션 문제를 해결할

수 없으므로 시장에서 경쟁을 통해 민간주체 누구나 화폐를 자유롭게 발행할 수 있어야 한다고 역설했다. 이 제도가 시행되면 민간주체들이 자발적으로 발행량을 조정하며, 결국 경쟁에서 우수한 화폐가 살아남는다는 것이다.

국가의 화폐발행권 독점 때문에 오히려 경제가 불안정해진다는 게 하이에크의 생각이다. 그래서 화폐의 국가 관리에 반대한 것이다. 사람들은 중앙은행이 통화량을 조정하지 않으면 큰 혼란이 일어날 것이라고 생각하겠지만 하이에크는 중앙은행이 없는 세상이야말로 바람직한 세계라고 생각했다. 이런 하이에크의 생각은 이후 암호화폐의 모습으로 실현되었다.

밀턴 프리드먼의 예견, 미래화폐

화폐의 미래에 대해 이야기한 또 한 명의 학자가 있다. 바로 1974년 화폐이론으로 노벨경제학상을 수상한 또 다른 오스트리아계 유대인 경제학자 밀턴 프리드먼이다.

그는 경제학에서 통화를 경제의 가장 중요한 변수로 강조하는 통화주의 창시자이자 시카고학파의 태두이다. 그는 격심한 인플레이션이나 대공황과 같은 심각한 경제교란은 대부분 급격한 통화 팽창이나 수축 때문에 발생한다고 했다.

프리드먼이 주장한 화폐 정책의 핵심은 정부가 인위적으로 화폐 발행량 결정을 하지 말고 일정한 통화증가율을 사전에 공시하고 이를 준수하라는 것이다. 이를 'K% 준칙'이라 불렀다. 곧 화폐는 경제 성장률을 조금 상회하는 수준에서 발행량을 늘려야 된다는 것이다. 정부는 이 준칙만 지키고 나머지는 민간에 맡기면 통화량의 급격한 변동으로 인한 경제 혼란을 예방할 수 있고, 미래의 불확실성을 제거하여 경제주체들이 보다 합리적인 경제활동을 할 수 있게 된다는 것이다. 그는 "모든 인플레이션은 언제, 어떠한 경우라도 화폐적 현상이다."라고 말하며 K% 준칙을 위배하는 통화교란이 경기불안의 원천임을 밝혔다. 독일연방은행은 1974년부터 이 준칙을 지켜왔다. 독일 경제가 견실하게 성장한 배경이다.

프리드먼은 그의 저서 《화폐경제학》 서문에서 과거의 화폐들을 설명하면서 미래화폐에 대한 물음을 던진다.

"그러면 미래의 화폐는 어떤 형태를 가지게 될 것인가? 과연 컴퓨터의 바이트(byte)일까?"

그가 컴퓨터로 거래되는 암호화폐의 탄생을 지켜볼 수 있었다면 과연 자신이 생각한 미래화폐의 형태가 맞았다고 평가할지가 궁금하다.

그는 책의 에필로그에서 이런 말도 적었다.

"화폐는 너무 심각한 문제이기 때문에 중앙은행에만 맡길 수
없다. (중략) '인플레이션은 언제 어디서나 화폐적 현상이다'
이라는 명제는 수백 년 동안 학자들과 실무자들이 알고 있다.
그러나 이 명제에도 불구하고 정부당국은 화폐 가치의 변조
'국민의 참여 없는 조세'에 의해 국민들을 수탈하고자 하는
유혹에 빠지는 것을 막지 못했다. 그러면서 정부당국은 자기
네가 결코 그러한 짓을 하고 있지 않다고 완강히 부인하고 결
과적으로 초래되는 인플레이션은 온갖 다른 나쁜 요인의 탓
으로 돌렸다. 이러한 명제가 무시되는 까닭은 개인의 상황파
악과 사회적 상황파악 사이에는 차이가 있기 때문이다. (중략)
개인의 입장에서는 생산성 향상이든 정부의 통화발행이든
소득증가는 좋은 것이다. 그러나 사회 전체의 입장에서는 생
산성 향상은 축복이지만 통화증발은 저주가 될 수 있다."[*]

21세기에 들어서도 밀튼 프리드먼의 말은 여전히 유효하다.

[*] 출처: 〈화폐혁명〉, 홍익희, 홍기대 지음, 메디치미디어, 2018년

경기침체 시 중앙은행의 무리한 금리인하와 양적완화는 경기의 단기적 회복을 위해 자산 가격을 부풀리고 인플레이션 리스크를 감수하는 꼴이다. 더 나아가 민간중앙은행을 갖고 있는 미국의 통화정책이 금융세력들의 이익에 따라 휘둘리고, 이들의 이득을 위해 유동성을 무책임하게 늘림으로써 세계 경제를 잠재적 위험에 빠트리고 있다. 이로 인해 각 나라마다 피곤한 환율전쟁을 치루고 있다.

국제결제은행, 각국 중앙은행들 암호화폐 준비하라고 권해

기축통화 달러를 주도하는 기존 금융자본은 암호화폐의 달러에 대한 도전은 결코 용서할 수 없지만, 아이러니하게도 암호화폐 기술만큼은 그들에게도 매우 유용함을 알아차렸다.

중앙은행들의 중앙은행으로 불리는 국제결제은행(BIS)은 "암호화폐 시장의 급성장이 금융시스템 안정을 해칠 위험이 있는 만큼 각국 중앙은행이 디지털화폐의 특성을 파악하고 직접 발행 여부를 결정할 필요가 있다."고 권고했다. 국제결제은행이 이렇게 권고한 이유는 기술혁신의 대세를 거역할 수는 없다고 보았기 때문이다.

이로써 많은 중앙은행들이 탈중앙형 암호화폐의 기술을 모방하여 추적 가능한 중앙형 암호화폐 개발에 착수하게 된다.

연준 등 각국의 중앙은행, 암호화폐 개발 중

윌리엄 더들리(William Dudley) 전 뉴욕 연방준비은행 총재 역시 2017년 11월 29일 뉴저지 럿거스대학 연설에서 '비트코인을 어떻게 생각하느냐'는 질문에 이렇게 답했다.

> "투기활동에 가깝다. 화폐로서 필수적인 요소인 '가치 안정성'이 없다. 다만 비트코인 기술에는 흥미로운 부분이 있고 관심을 가질 필요가 있다. 지금 단계에서 말하기는 너무 이르지만 연방준비제도가 디지털화폐를 제공하는 방안을 생각하기 시작했다."

사실 연방준비제도의 '연방코인'의 아이디어는 상당히 오래 전부터 있어왔다. 유럽에서도 그리스 금융 사태를 계기로 '유로코인'과 같은 아이디어가 탄력을 받고 있다.

특히 영국 중앙은행이 적극적이다. 마크 카니 영란은행 총재는 "암호화폐는 미래 금융부문의 잠재적 혁명"이라고 평가했다. 영란은행은 2015년 중앙은행의 암호화폐 발행을 중요한 연구과

제로 설정하고 지속적으로 연구결과를 발표하고 있다.

2019년 8월 미국 잭슨홀 회의에서도 마크 카니 영국 중앙은행(영란은행) 총재는 "미 달러의 지배적 지위가 글로벌 경제 안정성을 해치고 있다. 국제통화기금(IMF)이 달러를 대체할 화폐를 마련해야 한다."고 주장했다. 한마디로 기축통화를 바꿔야 한다는 얘기다.

카니 총재는 "미국은 국제 무역에서 10%, 글로벌 경제 생산량에서 15%만을 차지하고 있지만 세계 무역 거래 중 절반과 글로벌 증권 발행 중 3분의 2가 달러를 통해 이뤄진다."고 지적했다. 달러의 과수요가 글로벌 금융안정을 해친다는 게 카니 총재의 지적이다. 그는 골드만삭스 출신이라 누구보다 월스트리트 사정에 해박한 사람이다.

크리스틴 라가르드 전 IMF 총재이자 현 EU중앙은행 총재도 암호화폐 긍정론자이다. 그녀는 암호화폐가 기존 화폐와 치열한 경쟁을 펴칠 것이라고 생각한다며, 암호화폐가 더 이상 무시 받을 존재가 아니라고 밝힌 바 있다. 라가르드 총재는 국가기관이 힘이 없고 국가 통화가 불안정한 국가에서는 암호화폐가 기존 통화를 대체할 가능성을 밝히기도 했다.

크리스틴 라가르드

그녀는 영란은행 컨퍼런스에서 앞으로 법정화폐는 암호화폐로 가야 한다고 했다.

"달러 같은 다른 국가의 통화를 채택하기 보다는 암호화폐를 사용하는 국가들이 늘어날 수도 있다. 기존 화폐보다 암호화폐가 쉽고 안전하다는 생각이 많이 퍼질 경우 잠재적 성장가능성이 매우 크다. 암호화폐 시장이 더욱 안정된다면 이러한 시나리오는 더욱 빨리 진행될 수 있다."

노벨상 경제학 수상자인 조셉 스티글리츠 역시 "미국이 물리적인 화폐를 폐지하고 디지털 화폐로 전환할 것이고, 해야만 한다."고 말했다.

또 듀크대 캠벨 하비 교수는 "비트코인 기술은 우리가 생각하는 돈의 개념을 완전히 뒤바꿀 것이며 종이화폐가 사라지는 건 시간문제"라고 말했다. 그에 따르면 모든 거래 내역이 정부의 블록체인에 기록될 수 있기 때문에 범죄자들이 돈을 숨기거나 세탁하는 게 어려워지는 것이야 말로 국가 암호화폐의 장점이라고 주장했다. 그는 연방코인을 "연방정부가 모든 거래 내역을 들여다볼 수 있는 디지털화폐"라고 정의하면서 초기에 자유주의자들이 정부통제를 벗어날 수단으로 생각했던 블록체인기술이 국민들에 대한 완벽한 통제를 가능하게 할 것이라고 했다.

여러 중앙은행들이 자신들만의 코인을 고려하고 있다. 스웨덴 중앙은행은 정부차원 암호화폐 'e-krona'의 발행을 적극 검토하고 있다. 암호화폐 발행을 검토하고 있는 곳은 스웨덴 중앙은행만이 아니다. 중국, 러시아, 네덜란드, 캐나다, 핀란드, 이스라엘, 싱가폴, 에스토니아, 파푸아 뉴기니와 다른 여러 나라 중앙은행들이 비슷한 움직임을 보이고 있다.

주요국 중앙은행 중 가상화폐 발행에 가장 근접한 곳은 중국 인민은행이다. 러시아도 국가 암호화폐 발행에 대해 큰 관심을 보이고 있다. 푸틴 대통령은 러시아 국가 암호화폐인 '크립토루블' 발행을 지시했다. 캐나다 중앙은행은 연구논문에서 금본위제와 비슷한 비트코인본위제를 고려하고 있는 것으로 나타나 흥미를 끌고 있다.

하비 교수에 의하면, 정부들이 국가차원 암호화폐에 대한 아이디어를 좋아하는 또 다른 이유는 마이너스 금리를 손쉽게 시행하는 등 암호화폐가 통화정책 관리를 도울 수 있기 때문이다.

제이피모건체이스 은행의 스테이블코인
'JPM코인' 테스트

미국 최대 상업은행인 제이피모건체이스 은행은 2019년 6월 송금용 암호화폐를 개발하여 현재 테스트 중이다.

JPM코인은 스테이블코인을 목표로 달러에 연동하여 암호화폐의 단점이던 변동성 문제를 해결하고자 하는 코인이다. 이는 제이피모건체이스 은행을 이용하는 기관 간 거래에 쓰일 예정으로 은행이 보유하고 있는 법정화폐 곧 달러 범위 내에서 발행될 것으로 보인다.

현재 제이피모건의 기업 고객 간에 이루어지는 결제금액은 하루 6조 달러이다. 이에 JPM코인은 1차적으로 기관 간 결제 송금 시 사용될 예정이다. 제이피모건체이스 은행은 이미 2019년 6월 'JPM코인'을 개발하여 테스트 진행 중이다.

JPM코인은 제이피모건체이스 은행이 자체 개발한 이더리움 기반 허가형 블록체인 쿼럼(Quorum)을 기반으로 구축된 은행 간 정보공유 네트워크용으로 개발되었다. 테스트는 기업 간 결제, 채권거래 등의 처리속도 개선을 목표로 테스트가 진행 중이다. 참고로 제이피모건의 '은행 간 정보네트워크'에 참여 의사를 밝힌 전 세계 회원사는 2020년 7월 말 기준 412개로 우리나라 은행들도 가입되어 있다.

나아가 JPM코인은 일반결제에서도 사용할 수 있도록 개발될 예정으로 제이피모건체이스 은행이 암호화폐 거래소 코인베이스와 제미니에 대형은행으로는 처음으로 2020년 3월 은행 서비스를 제공하기 시작했다. JPM코인은 현재로서는 은행 간 송금에 사용하겠다고 밝히고 있지만 나중에는 다른 통화나 일반인 결제에도 진출할 것으로 보인다. 이에 자극 받아 골드만삭스 등도 암호화폐 개발을 추진하고 있는 것으로 알려졌다.

페이스북의 세계화폐 리브라 백서가
촉발시킨 디지털화폐 전쟁

2019년 6월 페이스북이 암호화폐 리브라 백서를 발표했다. 은행 없이도 빠른 송금과 결제가 가능한 암호화폐이다. 세계인구의 3분의 1인 25억 명의 페이스북(인스타그램, 왓츠앱 포함) 회원을 감안하면 핵폭발적 파급력을 예상할 수 있는 암호화폐가 될 게 확실했다.

리브라는 세계화폐를 지향했다. 스테이블코인인 리브라의 준비금 법정통화바스켓에는 주요국의 통화들이 담길 계획이다. 그비중을 보면, 달러 50%, 유로화 18%, 엔화 14%, 파운드화 11%, 싱가포르 달러 7%로 구성되어 있었다. 페이스북의 세계화폐 발행 방침에 미국정부는 불허 결정을 내렸다.

한편 주요통화 가운데 유독 위안화만 빠져 있었다. 이게 중국 정부를 자극한 일면이 있다. 이로 인해 중국은 5년 전부터 준비해온 디지털화폐 개발에 총력을 기울이게 된다. 또한 리브라 통화 바스켓에 포함된 당사국들 역시 모두 반대함으로써 페이스북의 리브라 발행추진이 난관에 봉착했다.

리브라 백서로 인해 EU 유로화와 영국 파운드화 디지털화폐도 개발을 가속화하는 계기가 되었다. 현재 페이스북은 세계화폐가 아닌 지역별 단일통화 연동 방식으로 방향을 바꾸어 리브라 코인 발행을 다시 추진하고 있다.

중국 중앙은행, 암호화폐 테스트 시행 중

중국 중앙은행인 인민은행이 디지털화폐 유통 시험에 이미 착수해 오는 2022년 베이징동계올림픽 때까지 진행할 예정이라고 공식 입장을 냈다. 미국 달러 중심의 글로벌 통화체제에서 위안화의 영향력이 확대되는 계기가 될지 주목된다.

인민은행은 현재 "선전, 쑤저우, 슝안신구, 청두와 향후 동계올림픽이 개최될 장소에서 폐쇄식 테스트를 하고 있다."고 밝혔다. 특히 동계올림픽이 열릴 때까지 개최 예정지에서 시험을 실시한다고 밝혀 개막행사에 맞춰 디지털화폐를 상용화할 가능성이 있는 것으로 보인다.

디지털 위안 전자지갑

사진 속 전자지갑은 중국 국유은행의 것이다. 디지털화폐 그림 속에도 실물 화폐처럼 발행연도 등이 포함된 고유번호가 들어가 있다. 이는 추적이 가능하다는 의미이다.

이 애플리케이션은 현재 중국에서 널리 쓰이는 알리페이처럼 QR코드를 스캔해 돈을 지불하는 기능을 갖고 있으며 송금 기능도 있다. 또 스마트폰 두 대를 서로 맞대는 '부딪치기' 기능도 있는데 이는 인터넷 환경이 구축되지 않은 곳에서도 근거리 통신 기술을 활용해 서로 돈을 주고받는 기능일 것으로 추정된다. 이런 부딪치기 기능은 특히 아프리카와 일부 일대일로 지역 등 최빈곤 지역의 경제를 단기간에 획기적으로 향상시킬 수 있는 화폐 시스템이 될 수 있다. 농업은행은 인민은행의 지침에 따라 일부 도시에서만 이 전자지갑 애플리케이션을 테스트 중인 것으로 전해졌다.[*]

중국의 암호화폐가 주목 받고 있는 이유는 중국이 세계 최대 무역국이기 때문이다. 향후 중국과 거래하는 나라들의 수출입 품

---

* 참고자료: 더비체인, 2020.04.16.

목이 위안화 암호화폐로 거래될 공산이 있다. 특히 암호화폐는 전송이 빠르고 편리하며 환전 및 송금 수수료가 저렴하다는 장점을 갖고 있어 미래화폐로 부상할 가능성이 크다.

세계는 디지털화폐 경쟁 중

중국 디지털화폐 테스트 발표를 계기로 디지털화폐가 올해 세계 중앙은행들의 핫 이슈로 떠올랐다. 블록체인 기술을 기반으로 한 디지털화폐에 세계 각국의 중앙은행들이 눈길을 돌리기 시작한 것은 사실 오래 전이다. 국제결제은행(BIS)이 오래 전부터 암호화폐 연구를 권해왔기 때문이다.

중국과 스웨덴, 프랑스 등이 이미 디지털화폐 발행 프로젝트를 추진한 데 이어 유럽중앙은행(ECB)이 디지털화폐 개발에 상당히 적극적이다. 특히 암호화폐 옹호론자 크리스틴 라가르드 ECB 총재는 취임 후 첫 통화정책회의에서 "디지털화폐와 관련해 변곡점 앞에 서 있다."며 화폐를 발행하고 통화정책을 주도하는 중앙은행으로서 신기술에 걸맞은 변화를 주도해야 한다고 주문했다.

2020년 연초에 유럽중앙은행(ECB)과 영란은행(BOE), 일본은행(BOJ), 캐나다은행, 스웨덴 중앙은행, 스위스국립은행이 '중앙은행디지털화폐(CBDC)'에 대해 공동연구 그룹을 만들기로 했다.

그 결과 디지털화폐는 달러인덱스와 관련된 6개국 모두가 개발하고 또 연대하고 있다. 이 6개 나라가 공동으로 사용하는 디지털화폐가 탄생한다면 달러에 대항하는 또 하나의 기축통화가 탄생할 것으로 기대된다.

영란은행의 마크 카니 총재는 2019년 8월 "달러 환율 충격을 흡수하기 위해 글로벌 경제에 다수의 기축통화가 있어야 한다."면서 "디지털화폐로 가상 기축통화를 만들자."고 제안했다.

국제결제은행에 따르면 세계 60여개 중앙은행 가운데 70%가 디지털화폐를 연구하고 있다. 우리나라도 내년 초부터 한국은행이 디지털화폐 테스트를 시행할 것이라고 발표했다.

각국 중앙은행의 고민, 디지털화폐의 익명성 보장

각국 중앙은행이 추진 중인 디지털화폐는 추적 가능한 중앙집권형 화폐이다. 그런데 국민들의 입장에서 자신들의 계좌가 추적당한다고 생각하면 반발이 클 수밖에 없다. 그래서 중앙은행들은 디지털화폐의 운영체계를 이원화하는 작업을 추진하고 있다. 곧 중앙은행에서 상업은행으로 디지털화폐를 보낼 때는 추적 가능한 디지털화폐를 보내지만, 상업은행과 개인 또는 기업 간 거래에는 추적 불가능한 익명성이 보장된 암호화폐 시스템과의 연동을 검토하고 있다. 중국은 국가주도 블록체인 서비스 네트워크(BSN)에 '허가형' 블록체인 하이퍼레저 패브릭과 이더리움, 이오스 플랫폼을 포함하는 것으로 알려졌다.

이원화 시스템을 사용하는 이유는 두 가지다. 하나는 중앙은행이 초당 30만 건 이상 거래되는 소매시장까지 관여할 경우 통화관리비용이 너무 많이 든다는 점이고, 또 다른 하나는 소액거래에서 개인의 익명성을 최대한 보장해주기 위함이다. 다만 이는 무제한의 익명성 보장이 아니라 '관리 가능한 익명성' 보장을 의미한다. 곧 일정액 이상의 큰 금액의 거래는 실명 전자지갑을 통해 거래되어야 하며, 마약, 도박 등 불법거래 자금으로 의심될 경우 정부는 영장을 발부받아 거래를 추적할 수 있다. 정부는 가능한 국민들의 거래 익명성을 최대한 존중하지만 필요시에는 개인의 거래내역을 추적할 수 있다는 말이다. 빅브라더 사회의 본격적 도래이다.

다른 중앙은행들도 비슷한 종류의 디지털화폐 결제시스템을 개발하고 있다. 프랑스의 경우도 거액거래는 중앙은행이 개발한 블록체인 시스템이 쓰이지만 소액거래 시에는 이더리움과 리플 플랫폼을 활용할 가능성이 있다. 또 스웨덴의 경우, R3사의 코다(Corda) 분산원장기술(DLT)에 기반한 플랫폼 설계를 활용하고, 캐나다 중앙은행의 경우도 이더리움과 코다 플랫폼이 사용될 것으로 보인다.

이렇게 현재 6개국 중앙은행이 암호화폐와 연동하여 디지털 화폐를 개발 중이다.

디지털화폐 사용은 화폐개혁을 의미

디지털화폐는 종이화폐와 달리 '추적 가능한 화폐'다. 모든 사람의 계좌 추적이 가능하다는 것은 빅브라더의 출현이 현실화됨을 의미하므로, 앞으로 이 문제에 대한 논란은 더욱 뜨거워질 것이다. 향후 디지털화폐가 대세가 되면 그간 지하에 잠겨 있던 종이돈들이 환전을 위해 모두 은행으로 들어가게 될 것이다. 그렇게 소유주 실명이 밝혀지면 자연스레 화폐개혁 성격을 띠게 되는 것이다.

중국은 디지털화폐를 추진하면서 지하 자금 양성화와 지하경제 근절에 많은 기대를 걸고 있다. 대한민국의 원화도 디지털화폐가 사용되면 그 기회에 '리디노미네이션'(화폐단위 변경)을 단행할 것으로 보인다. 현재 통용되는 구권을 디지털화폐 신권으로 교체할 때 1000대 1로 교환을 단행하는 리디노미네이션이 시행이 예측된다.

디지털화폐 사용이 본격화되면 추적 불가능한 암호화폐 사용 확대도 예상된다. 종이돈이 사라지면 추적 가능한 디지털화폐와 추적 불가능한 암호화폐의 양강 구도도 상정해 볼 수 있다. 인간 사에서 지하경제의 완전 소멸이 어렵기도 하고, 또 자신의 프라이버시를 지키려는 사람들이 추적 불가능한 암호화폐를 선호할 것이기 때문이다.

달러 결제 시스템 대항마들의 출현

중국은 달러가 주도하는 국제 결제시스템 스위프트(SWIFT)에 대항하여 위안화 결제시스템 CIPS(China International Payments System)를 구축했다. 2019년에만 CIPS를 통한 거래액이 1년 사이에 80%나 늘어 날 정도로 빨리 자리를 잡아가고 있다. CIPS 결제시스템에 89개국 865개 은행이 참여하고 있다.

러시아도 루블화 거래시스템을 만들었다. 이는 중국 CIPS와 연결될 예정이다. 인도는 개발 중인 시스템을 러시아 중앙은행 플랫폼과 이을 계획이다. 더 나아가 중·러·인도는 SWIFT를 우회해 3개국 30억 명을 잇는 대안 결제시스템을 만들기로 합의했다. 이로써 중, 러, 인도 3개국이 달러 패권에 정면 도전하는 양상을 보이고 있다.

뿐만 아니다. 마크 카니 영란은행 총재 역시 '합성패권통화

(Synthetic Hegemony Currency)'를 제안했다. 각국의 중앙은행 디지털 화폐(CBDC) 네트워크를 연결해 일종의 '디지털 공동통화'를 만들어 기축통화로 쓰자는 주장이다. 2020년 양회에서 중국은 한·중·일·홍콩 간 디지털화폐 표준을 통일하자는 제안을 내놓은 바 있다.

스위프트(SWIFT) 내 유로화 결제 비중도 크게 늘고 있다. 2018년 말 기준, 달러 대 유로화 결제 비중이 39.6 : 34.1로 그리 큰 차이를 보이지 않았다. 이래저래 달러화 입지는 점점 줄어드는 형국이다.

블록별 암호화폐 탄생 가능성

브릭스(Brics, 브라질, 러시아, 인도, 중국, 남아프리카공화국) 같은 경제블록별 암호화폐가 탄생할 가능성이 있다. 특히 중국이 2017년 브릭스 정상회의에서 '다변화 주의'를 주장하고 나섰다. 각국의 보호무역주의 대두에 맞서 중국은 세계화와 자유무역 수호를 기치로 내걸고 미국 등 서방국가에 대항해 세계 질서를 다극 체제로 전환해야 한다는 입장을 내세우고 있다. 이에 대해 러시아도 적극 동조하고 있다.

이미 브릭스는 무역거래에서 달러 의존도를 낮추기 위해

2013년에 브릭스 통화안정기금을 발족했고, 2016년부터 브릭스개발은행을 설립해 운영하고 있다. 미국 주도의 국제통화기금(IMF)과 세계은행에 대한 도전이 시작된 것이다.

2018년 브릭스 정상회의에서 5개국의 국책 개발은행들이 블록체인기술을 공동 연구하기로 했다. 블록체인 공동연구에 참여하는 5개 은행은 브라질개발은행(BNDES), 러시아 국영 대외경제개발은행(VEB), 중국개발은행(CDB), 인도수출입은행(Exim Bank), 남아프리카공화국개발은행(DBSA)이다. 브릭스 5개국은 전 세계 인구의 약 40%, 전 세계 경제 성장의 50% 정도를 차지하기 때문에 국제사회에 영향력이 큰 편으로 브릭스 암호화폐가 탄생하면 그 파급력이 클 수밖에 없다.

브릭스 암호화폐가 순조롭게 순항을 시작하면 이어 중남미연

2018년 브릭스 정상회의

합과 아프리카연합 같은 지역 암호화폐도 등장할 수 있다. 그리고 이슬람 암호화폐 등이 탄생해 이 싸움에 가세할 공산이 크다. 결국 기존의 법정화폐와 중앙화 암호화폐들이 세력 다툼을 할 것이다. 이렇게 되면 달러의 기축통화로서의 입지가 많이 축소될 것이다.

미국, 마음이 급해질 듯

중국의 중앙은행 디지털화폐(CBDC, Central bank digital currency) 발행 계획에 대해 미국정부와 연준의 대응이 주목된다. 연준은 2019년 페이스북의 디지털화폐 '리브라' 발행 계획을 불허한 바 있다. 달러에 대한 도전으로 인식했기 때문이다.

그런데 중국 중앙은행의 디지털화폐 발행 계획 발표는 큰 파장을 몰고 오고 있다. 은행 구좌도 없이 사는 아프리카 등지의 많은 사람들에게 구좌 없이도 서로 돈을 주고받을 수 있는 디지털화폐의 영향력은 클 것이기 때문이다.

미국은 중국의 디지털화폐가 확장일로에 들어서기 전에 무언가 새로운 대안을 내놓아야 할 것이다. 아마도 JPM코인 사용 확대와 리브라 사용의 재검토 등과 아울러 연준 자체의 디지털화폐 발행 계획을 앞당길 것으로 보인다.

미국은 그간 디지털화폐(CBDC) 개발에 대해 소극적인 태도를 보여 왔다. 그러나 페이스북 리브라의 출현과 코로나19 사태로 인한 경제위기로 디지털화폐에 대한 입장이 빠르게 변하고 있다. 연준이 디지털화폐 도입 검토에 들어갔고, 미국 의회도 경기부양책의 하나로 '디지털달러' 정책을 밀고 있다.

뉴노멀 시대의 투자자에게
필요한 마음가짐
-자신의 오류를 인정하라

2020년 들어 이른바 '동학개미운동'이 시작되면서 백만 명 이상이 새로 주식 투자를 시작했다고 한다. 좋은 현상이다.

우리나라 가계는 미국 등 선진국에 비해 자산 구성이 유독 부동산 일변도로 편중되어 있다. 미국 가계의 자산 구성은 2015년 기준, 주식과 펀드 32%, 부동산 30%, 보험과 연금 29%, 현금과 저축 9.5% 등으로 균형분산되어 있다. 반면 우리나라 가계는 2018년 기준, 부동산 등 비 금융자산 58.3%와 금융자산 41.7%로 구성되어 있는데 그나마 금융자산의 4분의 1은 전세보증금으로 부동산 관련 자산 비중이 압도적으로 높다.

이번 기회에 개미들의 투자 마음가짐에 대해 생각해 보고자 한다. 현대 주식시장은 인공지능이 주도하는 컴퓨터 프로그램 매매가 전체 거래의 80% 이상을 차지하고 있으며 그것도 극초단타 매매가 거의 대부분이다. 개인들이 시시각각 변화에 재빨리 대응하는 인공지능과 겨루고 있는 것이다.

그래서 너무 확신에 찬 투자는 위험할 수 있다. 더구나 투자자가 자산의 균형 잡힌 포트폴리오에 신경 쓰지 않고 확신에 찬 '몰빵' 투자를 계속하면 언젠간 큰 코 다칠 수 있다. 투자자가 자신의 투자에 확신이 생기면 자기도 모르게 사고가 경직되고 나아가 편향에 사로잡히게 되기 때문이다.

이를 철학 공부로 이겨내어 열린 사고와 열린 세계를 추구한 투자가가 있다. 투자에 대한 자기 확신이 틀릴 수 있음을 인정하는 '오류성'과 시장과 상호 교류에 의해 자신의 틀린 생각을 교정해 나가는 '상호작용성'을 바탕으로 '재귀성이론'을 완성해 이를 투자에 적용해 큰돈을 번 사람이다.

철학을 사랑한 어느 투자가의 이야기

사람은 원래 자신이 가지고 있는 생각이나 신념을 확인하려는 경향이 있다. 곧 '사람은 듣고 싶은 것만 듣고 보고 싶은 것만 보는' 특성이 있다. 이를 '확증편향'이라 한다. 그런데 투자시장에서는 이러한 자기 확신이 큰 걸림돌이 되어 크게 손해 보는 경우가 많다.

철학을 온몸으로 사랑한 어느 한 젊은이가 철학자가 되기 위해 공부하던 중, 그의 지도교수이자 《열린사회와 그 적들》을 저술한 칼 포퍼(Karl Popper)의 이론에 심취했다. 그리고 사회나 개인의 발전은 자신의 오류 가능성을 인정하고 열려 있을 때 비로소 외부와의 상호작용을 통해 발전할 수 있음을 깨닫는다. 이 깨달음을 투자에도 적용할 수 있겠다고 확신한 그는 '오류성'과 '상호작용성'을 토대로 '시장은 극한 상황까지 가서야 제자리로 돌아온다.'라는 '재귀성이론(theory of reflexivity)'을 완성한다.

고난을 딛고 일어선 한 젊은이

그는 독일군과 소련군의 부다페스트 시가전을 두 눈으로 목격한 유태인 젊은이였다. 그의 가족은 전쟁통에서 목숨은 건졌지만, 가난의 수렁에서는 빠져나오지 못했다. 암시장, 담배사업 등 가족과 함께 일을 하며 동유럽의 민주화를 위해 노력했지만, 생활은 늘 궁핍했다. 그는 야반탈주를 감행해 런던으로 갔다.

단돈 200파운드로 시작한 런던에서의 정치적 망명 겸 유학생활 역시 순탄치는 않았다. 빈민가를 전전하고, 닥치는 대로 일을 했다. 뼈가 부러질 정도로 심각하게 다치기도 했다. 영국에서의 생활은 훗날 그가 "내 생애에서 가장 어려웠던 시절이었다."고 회상할 정도로 배고픔과 고난의 나날이었다.

그런데 주목할 점은 그가 거듭된 실패를 겪는 중에도 온 힘을 다해 철학 고전을 읽었다는 것이다. 그는 아리스토텔레스, 에라스뮈스, 마키아벨리, 홉스 같은 천재 철학자의 저작을 온 마음으로 공부했다.

그가 1949년 수영장 안내원으로 일하면서 꿈에 그리던 영국 최고 명문 런던정경대학 합격자 발표를 기다리는 동안에 읽은 책 중의 하나가 칼 포퍼의 《열린사회와 그 적들》이었다. 이 책은 그를 충격에 빠트릴 만큼 날카로운 통찰로 가득했다.

그 뒤 그는 고학을 하며 런던정경대학(LSE, London School of Economics and Political Science)에서 철학을, 대학원에서 경제학을 공부하고 1952년에 조기 졸업했다. 그는 기억력과 집중력이 뛰어나 천재의 면모를 보였다.

칼 포퍼의 열린사회와 만나다

당시 그가 다니던 런던정경대학에는 세계적 석학 칼 포퍼 교수가 있었다. 유명한 유대인 철학 교수 칼 포퍼가 그의 논문 지도교수였다. 포퍼 교수는 반 전체주의, 반 마르크스 성향의 우익 사상가이자, 양자역학 등 물리학을 철학적 분석틀로 즐겨 사용하던 당대의 '과학 철학자'였다. 칼 포퍼를 통해 그는 논리적 사고를 철저히 전수 받는다. 스승 칼 포퍼의 사상은 그에게 절대적인 영향을 미쳤다.

칼 포퍼는 "영원히 올바른 것은 없다."고 주장한다. 그는 모든 기존관념을 거부했다. 그에게 진리란 이성에 의해 비판될 수 있는 것이다. 그의 사상은 '모든 사상은 불확실하고 인간은 반드시 잘못을 저지른다. 그러므로 잘못을 인정하고 그것을 끊임없이 수정해 가는 열린사회(Open Society)야 말로 이상적인 사회다'로 요약된다.

포퍼에 따르면 열린사회와 반대편 대극 관계에 있는 것이 전제주의 사회와 공산주의 사회다. 또 포퍼는 "모든 삶은 근본적으로 문제해결이다."라고 인간의 삶을 정의했다.

그의 핵심 투자이론, '재귀성이론'

이러한 스승의 사상에 적극 공감한 그는 그 뒤 포퍼의 사상에 자신의 사상을 더해 '오류성'(Fallibility)과 '상호작용성'(Reflexibility)이라는 자신의 개념을 완성했다.

'오류성'이란 인간은 불완전하여 세상을 인지하는 데 있어 항상 왜곡된 시각을 갖게 되며 전체가 아닌 부분을 보게 된다는 것이다. 따라서 인간의 지식은 틀리기 쉬우며 다음의 전개를 예측해도 틀릴 수 있다. 곧 남은 물론 자신의 판단도 틀릴 수 있음을 항상 인정하고 투자에 임하라는 것이다.

'상호작용성'이란 기대와 현실 속에서 사람과 사람은 서로 영향을 주고받으며 행동한다는 것이다. 서로 상대방의 행동과 그에 따른 결과에 영향을 받는다는 사고방식이다. 이 두 개념은 나중에 '재귀성이론'으로 발전한다.

포퍼 교수는 "열린사회를 거부하는 전제적인 이데올로기는 궁극적인 진리라고 주장하는 점에서 논리적인 오류를 가질 수밖에 없다."면서 "인류사회는 인간이 오류를 범할 수 있다는 점을 인식할 때만 진보하며 궁극적인 진리를 독점할 수는 없다."고 강조했다. '수요와 공급에 의해 시장이 균형을 이룬다.'는 기존의 정설을 거부한 그의 투자 철학은 포퍼 교수의 이 같은 주장에서 비롯되었다.

그는 훗날 가격을 "수요와 공급이 주어졌다는 가정은 현실과 동떨어진 이론이다. 시장 참여자들의 생각과 시장의 움직임은 서로 영향을 미치는 상호작용적인, 곧 재귀적인 관계를 갖는다. 가격은 수요와 공급에 따라서만이 아니라 판매자와 구매자의 기대에 따라서 좌우된다."고 설명한다.

이렇게 심리학을 경제학에 접목해서 인간의 행동을 관찰하는 '행동경제학'은 고전학파 이론의 가정 자체가 틀렸다고 보았다. 인간은 부분적으로만 합리적이라는 것이다. 오류를 범할 수밖에 없는 인간의 판단과 행동을 가정하는 게 더 합리적인 경제인이라는 주장이다. 그런 의미에서 인간행동의 오류성을 지적한 그는 행동경제학을 몸에 체화한 젊은이가 되었다.

무위험 차액거래로 금융시장에 발을 들이다

힘들게 명문 런던경제대학을 졸업했어도 그는 일자리를 구하지 못했다. 그는 독일에서 수입한 가죽제품을 취급하는 잡화상에서 핸드백 세일즈 영업사원 생활로 사회에 첫 발을 내디뎠다. 그러나 이내 자신의 길이 아님을 깨닫고는 런던에 있는 모든 투자은행에 취업을 부탁하는 편지를 보냈다. 딱 한 군데서 답이 왔는데, 그 회사는 마침 헝가리 이민자가 설립한 'Singer & Friedlander'라는 투지회사였다. 인터뷰 끝에 이 회사에 견습 사원으로 취직해 여기서 기초 금융지식을 습득했다.

그는 증권 재정거래(Arbitrage Transaction)를 맡았다. 원래 '재정거래'란 어떤 상품의 가격이 시장 간에 서로 다를 경우 가격이 싼 시장에서 사서 비싼 시장에 팔아 매매차익을 얻는 거래행위를 말한다. 이를 '차익거래'라고 한다. 이는 리스크 없는 무위험 수익거래다. 그의 주 업무는 신주인수권부 채권과 같이 권리가 붙은 증권의 가격과 실제 주식 가격의 차이를 이용해 신주인수권만 거래하여 차익을 챙기는 일이었다. 일종의 파생금융상품 거래라고도 볼 수 있다.

빨리 50만 달러를 벌어 철학자의 삶을 살기로 결심하다

젊은이의 꿈은 빨리 돈을 벌어 스승과 같은 철학 교수가 되거나 철학자로 사는 것이었다. 그러기 위해선 먼저 돈을 벌어야 했다. 런던 금융시장보다는 뉴욕에서 일하는 게 돈 버는 시간을 단축하게 할 거라 생각했다.

1956년 26세가 된 그는 드디어 대망의 땅 미국에 진출한다. "최단 시간에 50만 달러를 벌어서 그 돈으로 철학자가 된다."는 극히 이상주의적 목표를 가지고 월스트리트로 향한 것이다.

첫 번째 직장은 소형 투자은행이었던 'F.M. Meyer'이었다. 여기서 맡은 일도 차액거래였다. 당시만 해도 대서양을 사이에 두고 통신 인프라가 빈약해 이른바 정보의 비대칭이 존재하던 시절이었다. 런던과 뉴욕에서 거래되는 유럽 증권의 가격 차이를 이용해 그 차익을 챙기는 것이었다. 당시 미국에는 유럽의 증권 사정을 아는 사람이 거의 없었다. 런던 증권회사에서 일했던 그는 자신의 지식을 살려 점차 이름을 알리고 신용을 구축해 갔다. 하지만 금리균등세가 도입되면서 차익이 세금으로 다 나가 이 거래는 중단되었다.

여기서 3년을 근무한 후, 1959년에 리서치에 강한 증권사인 '베르트하임(Wertheim&Co.)'의 수석 연구원으로 자리를 옮긴다. 이때부터 드디어 그의 진가가 나타나기 시작했다. 그는 월스트리트의 가장 유능한 종목 발굴가(stock picker) 중 한 사람이 되었다.

학교로 돌아가다

그럼에도 그의 철학 공부에 대한 열정은 식을 줄 몰랐다. 근무 시간에도 틈만 나면 철학 서적을 읽었다. 주말에는 철학과 대학원생의 개인지도를 받았다. 이미 50만 달러 이상을 모은 그는, 그 뒤 배움에 대한 갈증으로 아예 학교로 되돌아가 3년 동안 철학 공부를 더 했다. 그는 결코 서두르지 않았다. 지금 당장 급한 것보다는 자신이 하고 싶은 진정 중요한 일을 했다. 그는 온 마음으로 철학고전을 읽었다.

인문고전을 읽는 천재들의 공통점은 보이지 않는 것의 중요성을 안다는 점이다. 우리는 보이는 것(sight)에 주목한다. 그러나 천재들은 보이지 않는 것(insight)에 주목한다. 통찰력을 의미하는 'insight'는 'sight'에 'in'이라는 접두어가 붙어 있다. 통찰력이란 보이는 것보다 더 깊은 곳에 있는 것을 보는 것이다.

예를 들어 소크라테스의 사고방식은 '진리를 탐구하는 것'이다. 이러한 사고방식은 군중의 사고와는 반대된다. 왜냐하면 진리는 보이지 않는 것인데 군중은 보이는 것만 믿기 때문이다. 그래서 부자들은 입을 모아 "돈은 이상하게도 군중이 가지 않는 곳에 쌓여 있다."고 말한다.

천재들은 단순히 자기 자신만의 만족을 위해서가 아니라 사람을 사랑하는 마음으로 책을 읽었다. 그렇기에 다른 사람이 보지 못하는, 눈에 보이지 않는 영역을 보는 통찰력(insight)을 가질 수 있었다.

불행히도 그는 너무 주식 투자를 잘했다

철학 공부를 더 하러 월스트리트를 떠나기에는 그 자신이 너무나 주식 투자를 잘한다는 사실을 스스로 인정하고, 결국 떠나지 못하게 된다.

1973년 마흔셋이 된 그는 독립을 결심하고 방 두 칸짜리 소형 사무실을 얻어 창업했다. 이것이 그 유명한 퀀텀펀드이다. 이미 월스트리트에서 주식종목 선정가로서는 탁월한 기량을 입증한 상태에서 시작한 헤지펀드라 초기 투자가를 찾는 일은 그다지 어렵지 않았다. 이 펀드는 일단 자본금 4백만 달러로 시작했다. 직원은 그를 포함해 3명이 전부였다.

그의 재귀이론은 이른바 효율적 시장가설을 주장하는 주류 경제학파들에게는 '논할 가치도 없는' 해괴한 담론이라는 혹평도 있었다. 하지만 그는 1969년 펀드운용을 시작한 이래 1981년 한 해만을 제외하고는 수익을 냈다. 그것도 연평균 35%라는 경이적인 성과를 낸 인물의 말이기에 그의 재귀이론을 어떻게 취급해야 할지 경제학계는 오늘도 고민하고 있다.

훗날 그는 국제 자선사업에 첫 발을 내디디면서 만든 자선기금에 '열린사회 기금'(Open Society Fund)이라는 이름을 헌사하는 것으로 스승에 대한 예를 표했다. 그리고 그는 2017년 이 재단에 180억 달러를 기부했다.

이것은 20세기 최고의 펀드 매니저이자 헤지펀드계의 대부라고 평가받는 조지 소로스의 이야기다. 그는 자신이 자란 동구의 민주화를 위해 매년 3억 달러 이상을 기부하고 있다. 그가 이제까지 기부한 돈만 430억 달러가 넘는다. 자기가 번 돈의 86%를 사회적 약자들과 동구의 민주화를 위해 내놓았다.

그의 실체가 투기꾼인지 철학자인지 박애주의자인지는 보는 사람 각자의 몫이다. 그러나 인간의 본성을 고민하며 평생 투자자의 길을 걷고 있는 그의 투자 이론에 한 번쯤은 귀 기울여 보았으면 한다.

ABOUT
MONEY

〈돈의 인문학〉 독자들께 무료로 제공되는
홍익희 저자의 온라인 강의

돈 인문학자의 유대인 투자법

▶ QR코드를 스캔하시면 강의 페이지로 연결됩니다.

돈의 인문학

초판 1쇄 발행 2020년 9월 7일
초판 6쇄 발행 2023년 11월 1일

지은이 홍익희

펴낸이 김남전
편집장 유다형 | 편집 이경은 | 디자인 양란희 | 외주 교정교열 이선일
마케팅 정상원 한웅 정용민 김건우 | 경영관리 임종열 김다운

펴낸곳 ㈜가나문화콘텐츠 | 출판 등록 2002년 2월 15일 제10-2308호
주소 경기도 고양시 덕양구 호원길 3-2
전화 02-717-5494(편집부) 02-332-7755(관리부) | 팩스 02-324-9944
홈페이지 ganapub.com | 포스트 post.naver.com/ganapub1
페이스북 facebook.com/ganapub1 | 인스타그램 instagram.com/ganapub1

ISBN 978-89-5736-359-1 (03320)

가나출판사는 당신의 소중한 투고 원고를 기다립니다. 책 출간에 대한 기획이나 원고가 있으신 분은 이메일 ganapub@naver.com으로 보내 주세요.